U0947125

本书为国家社科基金项目“价值观视域下中国特色社会主义文化自信研究”（项目批准编号 17XKS022）的阶段性研究成果

新时代
和谐企业文化
研　究

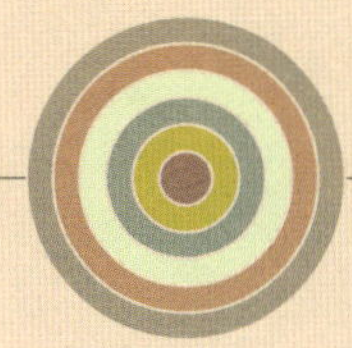

A STUDY ON
HARMONIOUS
ENTERPRISE
CULTURE
IN THE NEW ERA

饶静安　著

社会科学文献出版社
SOCIAL SCIENCES ACADEMIC PRESS (CHINA)

目　录

导　论

一　选题背景与意义

从整个企业发展历史来看，企业是社会发展的产物，企业和社会之间互相影响、互相促进。社会的发展变化影响着企业生存和发展，反过来，企业作为经济社会的基本组织与细胞，企业的经营管理和发展状态，也在一定程度上影响着社会的发展。随着现代科学技术的发展，企业在经济社会中的地位不断提高，影响力日益增强，企业与整个社会的关系发生急剧的变化。企业作为现代社会的微观主体，也是至关重要的微观经济基础。社会对企业的要求越来越高，一个最重要的表现就是要求企业承担起社会责任，维护社会和谐。从社会环保运动的不断壮大，公众的集体行动，政府不断加大的立法力度，企业社会责任相关理念和标准以及组织在全球相继诞生可以得以佐证。然而，现实中企业往往在追求利益的过程中导致企业与自然、人与人利益的对立和冲突。这种逐利本能和社会环境的冲突在各国时有发生。企业发展演进的历史以及国内外企业的经验教训充分证明了一个规律，那就是能够有效协调企业内外部利益相关者利益，能够整合企业内外各种资源以及力量实现其战略目标的企业才能实现可持续发展。不能适应的不是被公众抵制就是被法律惩处，试想一个充满矛盾冲突的企业怎么可能集中所有资源及力量去参与竞争，更不可能在市场竞争中赢得社会的广泛支持。即使因为某些个别的因素如产品的独创性而取得成功，也只是昙花一现，这样的例子在现实中不胜枚举。企业要可持续发展就必须协调好相关者的利益，其实质用中国传统文化术语表达就是“和谐”。

所谓和谐就是和睦、协调，强调矛盾的同一性，系统各要素的共生共荣，是事物发展的一种理想状态。只有和谐才能凝聚人心，激发人的创造力，只有和谐才能为企业赢得广泛的支持和良好的外围条件，提高企业生产经营效率，增强企业竞争力。和谐既是企业发展的理想状态，也是企业发展的动力、发展途径与方法。随着时代的发展，企业竞争更加激烈，因此树立和谐发展理念，营造和谐生存和发展环境，也是企业总结历史经验，适应新形势，实现自身可持续发展的客观需要。概言之，和谐社会呼唤和谐企业，和谐发展是企业适应环境变化的必然选择。

从企业经营管理规律来看，企业作为以营利为目的从事生产经营活动的经济组织，是利益当事人和相关者缔结的契约联合体，其本质是利益关系的集合体，因而，利益冲突和矛盾也就难以避免。要实现企业和谐，从根本上来说就是要协调好企业内外部利益关系。而能否达成利益协调，表面上看取决于各方的利益博弈，实质上最终决定各利益主体行为方式的是其观念，也就是说“企业成员及其利益相关者的认知水平、观念决定企业的发展状态”。[①] 企业文化是企业群体观念、意识形态的综合，是企业思想灵魂和精神实质，也是企业群体的思维模式和行为模式，有什么样的文化就会塑造什么样的企业。企业文化作为企业的基本价值观和行为模式，从根本上决定企业的生产经营行为和企业形象，因此越来越受到关注。企业文化理论研究与实践也早已证明先进的企业文化，不仅对“劳资关系的协调，企业员工积极性的调动，企业生产力的进步和员工全面发展有重要作用，而且对全社会人的地位不断提高，人的目的和价值的最终实现都有重要的意义”[②]。因此企业和谐与否与企业文化息息相关，要建设和谐企业，实现企业可持续发展就必须加强企业文化建设，以和谐的文化观念和文化氛围作为和谐企业的文化支撑。本书把这种支撑和谐企业，以和谐为价值核心的文化系统称为“和谐企业文化”。反过来，可以说和谐企业文化是和谐企业的思想指引、精神内涵和组成部

① 程民选、罗后清：《企业和谐的实质及其文化支撑》，《当代经济研究》2010 年第 11 期。

② 李新苗：《加强企业文化建设．促进企业和谐发展》，《山西工人报》2007 年 12 月 26 日。

分，也是其持续发展的精神动力和文化氛围。没有和谐企业文化也就谈不上和谐企业，和谐企业文化是和谐企业的本质特征和基本条件。缺乏和谐精神支撑的企业不可能走上和谐发展之路，即使在强有力外部约束的情况下。因此，和谐企业的实现必须倡导和谐企业文化，以和谐企业文化为支撑。

和谐企业文化命题在我国的提出有着更深刻的历史背景。党的十六大立足社会主义初级阶段基本国情，总结中国发展实践，借鉴国外发展经验，适应中国发展要求，提出了科学发展观这一重大战略思想，提出"坚持以人为本，树立全面、协调、可持续的发展观，促进经济社会和人的全面发展"①，按照"统筹城乡发展、统筹区域发展、统筹经济社会发展、统筹人与自然和谐发展、统筹国内发展和对外开放"② 的要求推进各项事业的改革和发展。科学发展观强调经济发展与社会发展、人的发展的协调与和谐，实质是一种和谐发展观。2004 年，针对 21 世纪新阶段我国所面临的前所未有的发展机遇和严峻挑战，为全面贯彻科学发展观，党的十六届四中全会从中国特色社会主义事业总体布局和全面建设小康社会全局出发，提出构建社会主义和谐社会的重大战略任务。围绕贯彻科学发展观，构建社会主义和谐社会的一系列理论和实践问题，共产党带领全国人民开展了广泛深入的研究和探索。和谐社会要求我们不仅要促进宏观的整个社会的和谐发展，也要培育微观的和谐社会组织细胞。和谐企业作为和谐社会的重要组成部分和微观载体必须因应时代要求，承担时代重任。而和谐企业的实现必须倡导和谐企业文化，以和谐企业文化为支撑。由此，和谐企业文化是我国和谐社会建设中的题中应有之义。

美国历史学家戴维·兰德斯（David Landas）在《国家的穷与富》一书中断言："如果经济发展给了我们什么启示，那就是文化乃举足轻重的因素。"③ 社会和企业的发展都离不开文化的哺育。无论是一个国家还是一

① 《改革开放三十年重要文献选编》下，人民出版社，2008，第 1349 页。

② 《十六大以来重要文献选编》中，中央文献出版社，2006，第 235 页。

③ 转引自乔春洋《品牌文化》前言，中国营销传播网，http：//www. emkt. com. cn/article/364/36440. html，最后访问日期：2020 年 1 月 5 日。

个社会，没有文化就没有灵魂，也就没有了凝聚力和生命力。一个国家、一个社会的和谐，在本质上体现为一种和谐的文化精神。同样和谐社会如果没有和谐文化作为其支撑，和谐社会也只能是空中楼阁和空想社会。因此，有人说和谐文化是和谐社会的思想基础和精神支撑，当然也是其重要特征。一个真正的和谐社会应该是以和谐的价值观为共识和导向，和谐的文化因素深深渗入其各个角落、各个环节和要素，最终通过人的行为体现出来。因此，在社会主义和谐社会建设中和谐文化是其重中之重的内容和任务。而企业文化是社会文化在企业中的微观形态，是社会文化的生长点和有机组成部分。同时，对于社会文化来讲，企业文化属于亚文化，具有很强的环境依赖性，必然受到社会文化的深刻影响。研究表明，社会文化对员工的影响要大于企业文化的影响，尤其是对价值观和态度的影响。[①]可见，社会文化和企业文相互影响，相辅相成。因此，和谐企业文化是我国和谐社会文化构建的题中之义。

在这一背景下，将中国企业文化研究与中国社会改革相结合，探讨中国社会文化环境下的企业文化，提出极具中国特色的和谐企业文化命题就成为必然。一些学者就和谐企业文化内涵、意义和建设进行了开创性的研究，开辟了极具中国特色的社会主义企业文化道路。和谐企业文化的提出也标志着中国企业文化从传统谋利文化迈向现代和谐文化。不过国内现在从市场竞争角度探讨如何通过企业文化塑造提升企业竞争力的研究较多，将企业文化与中国社会改革相结合，特别是与时代变迁和中国特色社会主义发展目标相结合，讨论中国和谐企业文化的研究总体不足，且缺乏持续系统的研究。从文献来源来看，来自科研机构、高校的研究偏少，来源期刊的级别和规范性较低。大多数是来自企业的政治性伦理原则、理念的简单演绎和实践经验总结的文章。简言之，现有研究抽象思辨和实际应用普适性同企业文化的战略地位不太匹配。

和谐企业文化的持续发展在我国有着巨大的现实意义。随着中国特色社会主义进入新时代，企业文化也面临着新的挑战——因为文化从来都是

① 王建军：《企业文化评价理论研究综述》，《企业管理》2019 年第 5 期。

随着经济的发展而不断演绎出新的形式，提出新的诉求，实现新的价值。根据新的历史时期的问题、困难与矛盾的变化，2015 年 10 月 29 日，习近平总书记在党的十八届五中全会第二次全体会议上的讲话中鲜明提出了创新、协调、绿色、开放、共享的新发展理念。[①]“五大发展理念”既是对我国改革开放以来发展观以及国际先进经验与理论的继承与发展，又是契合新的历史条件指导我国未来经济与社会发展的科学思想。其实质是通过科学的核心发展理念，协调各方关系，实现中国特色社会主义新时代的和谐发展。新发展观还是强调协调发展，但已不是一种单纯重视形式的协调发展，而是更注重内容的协调发展。从科学发展观到新发展理念，和谐发展是主题，不同的是实现和谐的方式。由此，坚持新发展观必须继续坚持和谐企业文化。党的十九大指出，中国特色社会主义进入新时代，明确下阶段的战略目标，提出建立现代经济体系，推动经济高质量发展，是当前和今后一个时期我国经济发展的大逻辑。同时，在经济全球化、文化多元化的当今文化生态下，国际国内企业环境日益复杂多变，传统的企业文化模式已不能很好地契合新时代改革开放和市场经济条件下企业创新发展的需要。企业文化需要重新定义、重新激活，直面新变化。以新发展观为核心的习近平新时代中国特色社会主义思想为企业文化创新指明方向，提出了新的要求，也为理论研究提出了新的课题。这意味着，要全面贯彻新发展理念，适应新时代企业高质量转型发展的需要，必须推动和谐企业文化的持续创新。十九届四中全会作出的《中共中央关于坚持和完善中国特色社会主义制度、推进国家治理体系和治理能力现代化若干重大问题的决定》提出发展社会主义先进文化、广泛凝聚人民精神力量，是国家治理体系和治理能力现代化的深厚支撑。该决定强调必须坚定文化自信，牢牢把握社会主义先进文化前进方向，激发全民族文化创造活力，更好地构筑中国精神、中国价值、中国力量。由此，推动中国特色社会主义企业文化的创新发展是现实的需要。

---

① 《习近平：新发展理念就是指挥棒、红绿灯》，中国网，http：//news. china. com. cn/2016 - 12/15/content_ 39919744. htm，最后访问时期：2019 年 12 月 15 日。

综上所述，坚持新发展观，必须坚持和谐企业文化；要全面贯彻新发展理念，适应新时代企业高质量转型发展的需要，坚定文化自信，构筑中国精神、中国价值、中国力量必须推动和谐企业文化的创新发展。因此，探讨新时代和谐企业文化是企业适应新时代社会变革、践行新发展理念的现实需要。

2016年管理学一级期刊 *Academy of Management Journal*（*AMJ*）的许多编辑发表了一篇文章，回顾了近几十年发表的管理学文章在理论创新和贡献上的不足以及对西方理论过度偏重的情况，呼吁更多产生于东方式独特管理情境、能够解决社会实际突出问题的创新性理论及构念。企业文化具有很强的环境依赖性，因此，企业文化的研究应该着眼于独特的管理情境及社会实际问题。对于中国特色社会主义企业文化研究而言，一个普遍的共识是各国不同社会政治制度、民族文化历史、社会经济发展水平，企业文化呈现独有的风采。中国企业文化建设应植根于中国传统文化和现代社会文化背景，探讨构建具有中国特色的社会主义企业文化。观照我国企业文化发展现状，可喜的是，随着企业文化理论研究在我国的发展，我国的企业文化实践也取得重大进展，企业文化观念得到普遍认同，甚至纳入企业发展战略，被视为企业核心竞争力的主要来源。不过对于企业文化的价值及地位的认同与实践在我国表现出不均衡性，一些企业把它纳入战略规划，制定总体规划和实施计划，扎实推进，形成企业文化的浓厚氛围。但也还有很多企业做的企业文化是表面文章，企业文化停留于标语、口号和应景文章。分析我国企业文化发展历程，不难发现我国企业文化在改革开放初期作为企业主谋利的一种手段，以追求利润最大化为主要目标，因而在实践中不可避免会带来一系列利益冲突和危害性后果，任其自由发展下去，则冲突和危害会持续扩大，不仅危害社会利益，影响社会和谐，也影响企业的可持续发展。如随着我国不断深化的企业经营体制改革，企业利益格局深刻调整，企业不良行为实质上折射出我国企业谋利文化的危害。随着科学发展观的提出，和谐社会战略的实施，国家努力化解各种矛盾，理顺思想情绪，协调企业利益当事人和利益相关者的关系，推动企业发展与社会、环境的和谐统一。但劳动争议案件高企可以折射出企业谋利文化带来的矛盾冲突难以从根本上化解。因此，反思谋利文化危害、转变企业发展观念、树立和谐发展理念、构建和谐企业文化成为企业可持续发展的治本之道。第五届全国企业文化年会主题为“培育共享价值观，构建和谐企业”①，表明我国的企业文化建设正在走向新的发展阶段和历史时期，一批引领企业文化潮流的优秀企业正在自觉地从局部到整体，从表象到本质，开始探索和谐企业文化建设，踏上了追寻和谐价值理想的历程。随着我国改革开放的深入，经济全球化的发展，面对国内外复杂多变的环境挑战，多元文化及价值的冲突，经济高质量发展要求，我国企业面临巨大挑战。特别是中国特色社会主义进入新时代，新发展理念的指引下要实现经济转型，必然要求企业及其经营管理从理念到模式的深刻变革。要有新的文化理念及模式支撑和推动企业转型发展与组织变革。和谐企业文化作为企业文化演化发展的必然趋向，协调企业内外部关系，构建和谐生存和发展环境，增强凝聚力的一种先进文化理念和文化模式，进入新时代，并不意味着过时或者没落。新发展观和新时代新使命、新任务使和谐企业文化价值更为凸显。因此，对新时代和谐企业文化的探讨，是企业应对日益复杂多变的环境挑战，植根中国大地，坚定文化自信，进行文化创新，更好地构筑中国精神、中国价值、中国力量，实现企业可持续发展的内在要求。

和谐企业文化命题的提出也是对企业和谐治理研究的必要补充。既往的研究都偏好从正式制度设计、制度规制来实现企业的和谐治理，而忽视企业价值观的影响，忽视对企业具有长久的持续的根本性影响的企业文化，使研究以及实践难以达到预期目标。而马克思主义关于生产力和生产关系、经济基础和上层建筑的辩证关系以及上层建筑中制度与思想意识关系的阐述，表明了思想意识形态的价值以及企业制度和企业文化的相互关系。而新制度经济学关于企业正式制度与非正式制度关系的探讨也表达了同样的思想。新制度经济学指出，非正式制度如文化等对行为的影响和约

① 肖利平：《培育共享价值观 构建和谐企业 第五届全国企业文化年会即将举行》，《中外企业文化》2006 年第 11 期。

束力比正式制度更为广泛和持久，非正式制度与正式制度必须兼容和适应，缺一不可，如果缺乏与之相适应的非正式制度的支撑和补充，正式制度很容易流于形式，得不到有效实施。由此，要从根本上解决、实现企业的和谐，从企业文化这一维度将企业意识以及企业行为结合研究，才是最有效率的选择。

总之，虽然和谐企业文化在我国从理论到实践都有一定程度的发展，但现实的情况是谋利文化仍然大行其道。而经济社会的发展表明这种谋利文化已经不适应企业发展要求，会影响企业的可持续发展，甚至阻碍企业发展，企业文化理论与实践仍然面临巨大挑战。超越谋利文化，创造新的适应时代发展要求、支撑企业可持续发展的企业文化成为新时代企业文化研究的重要课题。和谐企业文化作为企业文化发展的必然趋势①，对新时代和谐企业文化的研究和实践，不仅是构建社会主义和谐社会、和谐文化的题中应有之义，更是企业全面贯彻新发展观，应对日益复杂多变的环境挑战，适应新时代社会变革的现实需要，也是新时代中国企业文化创新、可持续发展，推动国家治理体系和治理能力现代化的内在要求。本书把握中国特色社会主义新时代的新使命、新要求，以新发展观为指导，植根于中国传统文化，提出“新时代和谐企业文化”命题，并对新时代和谐企业文化的定义、内涵、结构、作用进行质化研究，形成了有中国特色的企业文化理论，为丰富和完善新时代中国特色企业文化研究做出一定贡献。研究中力求既有超前意识，又体现鲜明的时代特征，为企业文化理论研究与时俱进做出一点努力。

二 研究思路、框架和方法

（一）研究思路和框架

本书遵循回顾历史、分析现状、提出命题、理论解析、实践应用的思

① 详细论证见本书第二章“和谐企业文化的历史源起”。

路，提出“新时代和谐企业文化”，并围绕这一命题进行全面、系统、深入的研究。从历史渊源、现实依据、理论内涵到创新机制及其形塑，建构和谐企业文化的理论体系和实践路径。以期通过营造企业和谐文化氛围，构建企业和谐生存和发展环境，增强企业凝聚力和竞争力，来促进新时代中国企业高质量、高效率，更公平和更可持续发展，提高中国企业的国际竞争力。

本书由导论和正文七章组成。导论部分对新时代中国企业文化创新发展的时代背景做简要概述，提出新时代和谐企业文化研究的现实必要性和重要意义。第一、二、三章中对和谐企业文化的研究概况及理论基础、历史源起、现实依据及时代背景进行分析，发现和提出和谐企业文化既是企业文化演化发展趋向和企业可持续发展的理性选择，也是新时代中国企业文化创新模式的题中应有之义。第四、五、六章重点对和谐企业文化在中国文化土壤和时代背景下的理论内涵、独特属性、基本价值、创新机制等进行细致解析和阐释，构架和谐企业文化基本理论体系。第七章对和谐企业文化实践进行较为全面、系统的对策性探讨，为推动新时代我国企业文化创新发展，增强企业竞争优势，从企业文化的角度提供一定思路和行动策略。

（二）研究方法

本书以马克思主义的历史唯物论和辩证唯物论为指导，借鉴马克思主义哲学、现代经济学、管理学、社会学、伦理学等多学科方法的合理因素，采用历史与逻辑相统一的方法、矛盾分析法、规范分析与实证分析相结合、系统分析与个案分析相结合等方法展开研究，主要方法包括以下几个。

1. 以历史唯物论和辩证唯物论为指导，历史与逻辑相统一的方法和矛盾分析法

本书在对企业文化的演化历史及规律的研究中，以历史唯物论和辩证唯物论为指导，运用历史与逻辑相统一的方法和矛盾分析法，通过对企业正式制度与企业文化的辩证互动和协同演化的关系分析，揭示和谐企业文

化对企业可持续发展、社会和谐发展的意义，提出符合新发展观的理论假说，并构建相应的理论模型。

2. 规范分析与实证分析相结合的方法

经济学研究方法中实证分析侧重于回答“是什么”的问题，规范分析则侧重于解决“应当是什么”的问题，即将一定的社会价值判断标准融入对经济行为的评价之中。本书在研究中将规范分析和实证分析有机结合，在和谐企业文化内涵等基础理论的构建上，侧重于规范分析，突出和谐企业文化社会属性。同时通过实证分析剖析和谐企业文化生成与创新的机制及规律，结合实际探讨和谐企业文化实践路径。

3. 系统分析与个案分析相结合的方法

系统分析强调解决问题时要从全局出发，将研究对象视为一个统一的整体。以系统为中心，研究系统目标、系统要素，分析每个局部任务与总体目标之间的相互关系和相互影响，寻求可供选择的方案。本书运用系统分析法对和谐企业文化目标、构成要素、性质和功能、生成与创新进行系统研究，构建和谐企业文化理论系统。同时结合个案分析，收集、整理和分析优秀企业文化特质、产生与发展的过程、内在与外在影响因素及其相互关系，以形成对企业文化生成与创新等实践问题深入全面的认识和结论。

三 主要观点和创新点

（一）主要学术观点

第一，对和谐企业文化命题提出的历史源起进行了深入分析，通过对企业制度与企业文化辩证互动、协同演化的历史规律和演化趋势的分析，发现并提出和谐企业文化是企业文化演化的历史必然，是经济社会发展对企业的必然要求，也是企业适应新的时代、环境要求的理性选择。

第二，从对我国企业文化演化历史、现状和时代背景的分析，指出和谐企业文化是新时代我国企业践行新发展理念、创新企业文化、实现可持续发展的理性选择。

第三，和谐企业文化是企业谋利文化演化嬗变而来的一种企业文化新模式，是企业文化发展的新阶段。和谐企业文化是以“和谐”为基本价值内核，以“以人为本”“注重责任”“尊重自然”为指导思想和行为准则，兼顾企业的经济性和社会性，以实现企业可持续发展为目的的企业文化。和谐企业文化本质上是一种创新文化，因为只有不断创新、变革才能动态适应变化的内外部环境，实现和谐。新时代和谐企业文化更加注重创新的引领、质量和效率的追求，在适应性和竞争性上有所增强。

第四，对和谐企业文化的规约、凝聚、强激励和导向功能进行了分析，指出和谐企业文化更能充分发挥员工自我约束力，调动工作的积极性和创造性，增强组织凝聚力、抗风险能力，提升经营效率，降低管理成本，更有效地促进企业经济效益的实现。同时，和谐企业文化使企业树立良好的社会形象，获得一定的声誉资本，从而获得消费者投票、社会公众的认可、政府的支持，为企业的发展创造良好的外部条件，和谐企业文化可以有效化解利益和多元文化的冲突，实现企业可持续发展的目标。

第五，从宏观和微观的两个层次细致入微地探讨了企业文化形成和创新的一般原理与内在机制，揭示企业文化因应环境变迁在与企业制度的互动过程中，由观念性文化固化和内化为制度性文化的形成过程及内外影响因素，为和谐企业文化塑造奠定理论基础。

第六，本书对于我国企业文化问题的分析及和谐企业文化的塑造的探讨是将和谐企业文化理论结合我国实际的应用研究，在针对性和操作性上有一定发展。强调和谐企业文化塑造是一个系统工程，外部环境条件和保障机制构建需要政府制度供给和引导、推动，内部需要企业和谐制度安排和发挥企业内部强势人物和员工的作用，形成和谐企业文化生成与创新机制。

（二）创新点

第一，研究视角。本书着眼于当今世界多元文化交流、交融、交锋的国际文化生态和企业管理哲学，研究习近平新时代中国特色社会主义思想在企业文化中的贯彻落实，提出新时代和谐企业文化命题，为促进新时代企业高质量、高效率、更公平、更可持续发展提供了一个新的分析视角。

第二，学术思想。突出企业文化的本土化和时代化。植根于中华民族传统文化，致力于传统“和”文化在新时代企业中的创造性转化和创新性发展。同时，将企业文化与中国社会改革相结合，讨论中国特殊语境和时代背景下的中国特色企业文化。致力于构建符合时代要求、具有鲜明中国特色的和谐企业文化理论体系，提供符合中国国情的理论与方法论指引。

第三，整体架构。把和谐文化和企业管理哲学有机结合，进行历史、理论与现实等全方位的系统性研究。和谐企业文化相关的研究论文较多但有分量的少。目前有讨论“和谐文化”、以“和”为核心的管理伦理、“企业文化建设”的相关论著，但没有专门就“和谐企业文化”的理论内涵和实践路径进行系统理论研究的专著。本书将政策性解读和学理性论证相结合，有望在企业文化研究的抽象思辨程度和实际应用普适性程度上有一定贡献。

第四，方法创新。运用马克思主义哲学、经济学、管理学、社会学、伦理学等多学科知识，从多维视角，对统一的主题——新时代和谐企业文化进行全面的创新性的探讨，构建较为完整的新时代和谐企业文化理论与实践系统。

总之，本书的目的是从整个人类经济社会发展的角度提出符合新发展观的新的理论假说，并构建相应的理论模型。希望能推动企业文化理论与实践纵深发展，增进企业经济效益和社会福利，实现企业高质量、高效率、更公平、更可持续发展。不过研究也存在不足，由于时间的限制，和谐企业文化理论模型的构建还比较粗糙，有待于进一步深化，相关的实证研究也还有待加强。

第一章　和谐企业文化研究概况及理论基础

第一节　和谐企业文化研究概况

从企业文化的提出迄今，已有众多国内外学者对企业文化开展了多角度多层面的日渐广泛而又深入的研究，对企业文化与企业发展的关系进行了积极的探索，这些都为本书和谐企业文化的研究奠定了深厚的基础。为了找到更好的研究和谐企业文化的视角和方法，我们需要先对以往国内外企业文化研究的经典文献和理论、主要研究方法作系统而又精要的归纳分析。

一　国外和谐企业文化研究概况

（一）企业文化研究脉络梳理

和谐企业文化虽然是基于当前时代要求的适应性结果，不过今天是由昨天堆积而成，和谐企业文化的产生必然是企业文化日积月累演化而成，因此研究和谐企业文化同样有必要对国外企业文化研究和理论思想做一个梳理，以找寻和谐企业文化理论的历史基础。有人就有文化，企业作为一个群体，在成员长期的交互中，必然形成一种群体观念、思维方式和行为模式。从这个角度来说，企业文化随着企业的产生而产生，并因为群体环境和条件的不同而形成不同企业独有的个性文化。当然，在企业产生初期直到20世纪上半期，企业文化对企业的巨大价值并不明显或者未为人知。直到20世纪70~80年代日本企业在全球范围内取得巨大成功，促使美国的学者对日美企业进行比较研究。1979年佩迪格鲁（Pettigrew）及庞迪和米特罗夫（Pondy & Mitroff）相继发表论文并提出文化模式的研究概念，意味着对企业文化的研究在管理学界孕育而生。紧接着，1980年，美国《商业周刊》《斯隆管理评论》等杂志，先后以相当篇幅报道和讨论“企业文化”问题。从此，开启企业文化研究大幕，企业文化问题也逐步成为企业管理领域研究的主流，并于20世纪80年代形成理论探索的第一个高潮。这一时期，出现了一批非常有影响的研究成果。其中最著名的是被称为企业文化“四重奏”的四部经典企业文化著作：威廉·大内（William Ouchi）的《Z理论——美国企业怎样迎接日本的挑战》、帕斯卡尔·R. T.（Pascale R. T.）与阿索斯·A. G.（Athos A. G.）的《日本企业管理艺术》、托马斯·J. 彼得斯（Thomas J. Peters）及小罗伯特·H. 沃特曼（Robert H. Waterman）的《寻求优势——美国最成功公司的经验》、泰伦斯·狄尔（Terrence Deal）和爱伦·肯尼迪（Allan kennedy）的《企业文化——现代企业的精神支柱》。[①] 这四部著作奠定企业文化研究的理论基础，大大推进了企业文化理念的传播，使新的企业文化思想深入人心，获得广泛关注：一方面他们关于企业文化的内涵、要素等基本理论的研究为企业文化基础理论研究奠定了基础，另一方面他们对于企业文化的广泛调查，发现企业文化与企业经营绩效和企业发展有着重要联系，指明企业文化极大的实践应用价值，也为20世纪90年代后对企业文化理论的应用研究和定量分析奠定了思想基础。这一时期国外关于企业文化的代表性观点和著作值得一提的有玛丽·凯·阿什（Mary Kay Ash）的《用人之道》一书，充分论述了在企业文化中占首要地位的人本思想，强调要重视人、尊重人。[②] 彼得·圣吉（Peter Senge）的《第五项修炼》，创立了“学习型组织”理论，认为：“学习型

① 杨雨诚、唐欢庆：《企业文化理论综述》，《中外企业家》2006年第8期。

② 〔美〕玛丽·凯·阿什：《用人之道》，陈如为、赵之援译，新华出版社，1986，第1~19页。

组织必须具备自我超越、改善心智模式、建立共同愿景、开展团队学习、系统思考五项核心能力（或进行这五方面的修炼）”。[①] 其实彼得·圣吉提出的是一种学习型的企业文化，这一理论进一步丰富和发展了企业文化理论。迈克尔·哈默（Michael Hammer）和杰姆斯·钱皮（James Champ）提出企业再造理论，所谓“企业再造工程（reengineering）实际上是对企业最根本问题的哲学思考和再认识，他们认为企业获得成功的主要原因，是吸引企业员工，建立共同的目标和价值观念，造成职工对企业的忠诚，使企业具有更强的凝聚力和向心力”。[②] 德国学者曼弗雷德·马丁（Manfred Martin）等人在《重塑管理形象》一书中认为：“企业不仅是一种营利组织，而且还应该是一种社会和文化单位，运用动态演化的观点来考虑问题，提出了渐进式管理理论，从管理模式把企业分为七个等级，不同等级的企业都有其独特的企业文化特征。”[③] 这一思想事实上阐述了企业渐进式发展与企业文化变革的动态相关关系。上述内容各异的观点和著述有着相同的主题，即从不同角度阐述了一些关于企业文化的基本问题，丰富了企业文化观点。美国麻省理工学院教授爱德加·沙因（Edgar Schein）对于企业文化基础理论进行了扎实的研究，可以说奠定了企业文化基本理论研究的坚实基础。其代表性作品是 1984 年的论文《对企业文化的新认识》，1985 年的专著《组织文化与领导》[④] 中，沙因对企业文化的概念、功能以及发展变化和建设等问题进行了深入思考和阐述。他认为企业文化是由一些基本假设所构成的模式，这些假设是企业在探索解决对外部环境的适应和内部结合问题的过程中创造和形成的，是新成员在认识、思考和感受问题时必须掌握的正确方法。

随着企业文化理论与实践的发展，越来越多的企业意识到企业文化在企业发展中的作用。到了 20 世纪 90 年代，企业迫切需要通过企业文化来

---

① Peter Senge, *The Fifth Discipline*: *The Art and Practice of The Learning Organization*, Random House Business, 2006, pp. 115 - 350.

② 〔美〕哈默、钱皮：《企业再造》，王珊珊等译，上海译文出版社，2007，第 214 页。

③ 〔德〕曼弗雷德·马丁、加比·波尔纳：《重塑管理形象》，何妙生等译，中国经济出版社，1996，第 121 页。

④ 〔美〕爱德加·沙因：《组织文化与领导》，马红宇、王斌译，中国友谊出版社，1989。

凸显其竞争优势，基于实践的迫切需要，企业文化研究也逐步从基础理论研究转向应用的量化的研究。研究内容上可以大致划分为以下三个方面：一是企业文化基本理论的衍生研究；二是企业文化与企业效益和企业发展的关系研究；三是关于企业文化测量、诊断和评估的研究。可以说，企业文化由定性的基础理论探索，在逐步深化的基础上迈向了以社会方法论为指导的定量研究之路。在企业文化理论的深入研究上，1990 年本杰明·斯耐德（Beenjamin Scheider）在《组织气氛与文化》这一著作中提出了一个关于社会文化、组织文化、组织气氛与管理过程、员工的工作态度、工作行为和组织效益的关系的模型①，实质上阐述了企业文化作用机制，即在社会文化影响下的组织文化影响企业的人力资源管理活动，人力资源管理则通过创设组织的特定心理文化氛围，进而影响员工的心理、态度和行为，最终影响组织的经营绩效，1999 年，艾伦·A. 肯尼迪和特伦斯·E. 迪尔出版了《新企业文化》，对美国 20 世纪 80 年代以来的组织文化变迁进行了分析，他们认为建立稳定的企业文化对于企业的发展非常重要，主张应该借鉴著名公司的有益经验，积极寻求如何平衡企业的竞争力和员工的需求的满足之道，构建和谐的企业运行机制，激励员工，提高企业的经营业绩，应对 21 世纪的挑战。② 在定量研究中，具有影响力的是 1984 年罗伯特·奎因（Robert Quinn）等提出的竞争性文化价值理论模型。该理论模型按照“内部管理与外部环境、灵活自由与稳定控制两个主要维度对企业文化进行了分类”，最后形成了四种类型的组织文化：“团体文化（人际关系模式）、发展型文化（开放系统模式）、理性化文化（理性目标模式）和官僚式文化（内部过程模式）。”③ 这一理论模型用于分析组织的内部矛盾冲突和竞争紧张性，对组织文化进行测度，并深入探测组织文化蕴藏在其价值观、决策、发展背后的基本假设。组织文化量化研究关注的另

---

① 转引自沃伟东《企业文化的经济学解释》，博士学位论文，复旦大学，2006，第 11 页。

② 〔美〕艾伦·A. 肯尼迪、特伦斯·E. 迪尔：《新企业文化》，孙健敏译，人民大学出版社，1999，第 3 ~ 65 页。

③ Kim S. Cameron, Robert Quinn, *Diagnosing and Changing Organizational Culture: Based on the Competing Values Framework*, San Francisco: Jossey Bass, 2011, p. 288.

一个焦点是企业文化绩效效应的研究，很多学者运用实证方法证明了企业文化与经营绩效之间更为复杂的关系。比如约翰·科特（John Kotter）、詹姆斯·赫斯科特（Jmes Heskett）在《企业文化与经营业绩》中对企业文化与企业经济业绩的关系进行了实证研究，他们通过对1987~1991年美国22个行业72家公司进行的深入调查，研究了不同类型企业文化与企业长期经营业绩之间的相关关系，最后得出结论：企业文化与企业经济业绩有着直接的相关关系，并且推论出企业文化也将是未来企业发展中决定企业兴衰成败的关键。①

回顾国外企业文化研究30年来的发展历程，我们可以清晰地看到演进脉络。从现象的发现到初步的理论体系构建，从初期的定性探讨到后期的定量化测评，从概念、结构、机制的基础理论研究到企业文化测评及与其他管理要素结合的应用性研究，企业文化研究蓬勃发展，取得了丰硕的成果。值得注意的是优秀的企业文化都普遍体现和贯穿着一种和谐精神，国外很多学者对优秀企业文化的研究为和谐企业的文化构建提供了很好的研究基础。如瓦拉赫（Wallach）的支持文化，意在建立友好的环境，倡导开放、和谐，强调"家"的价值观，这种文化强调外部和谐关系及氛围的营造；奎因的团队文化，关注内部，提倡关心、承诺、士气、讨论、参与和公开，强调了企业内部的和谐；曼克斯（Mannlx）的关系导向企业文化，提倡建立和谐、合作、支持的环境，强调了竞合共赢的和谐关系的建立；还有胡德（Hood）的平等文化，戈菲（Goffee）和琼斯（Jones）的共有型文化。② 这些文化都表现出了和谐、协调的文化特征。虽然它们还不是明确地以和谐为价值导向的和谐企业文化，而仅仅是对这些企业文化所具有的某些和谐性质和特点的一种概括。但由此可以看出和谐企业文化是一种优秀、符合社会发展规律的企业文化，虽然处于萌芽状态，可以预见，作为一种新事物，将具有强大的生命力和远大前途。

---

① 〔美〕约翰·科特、詹姆斯·赫斯科特：《企业文化与经营业绩》，李晓涛等译，华夏出版社，1997。

② 转引自宋联可《构建和谐企业文化的 H－H 模型》，《企业文明》2008年第3期。

（二）国外和谐企业文化研究概况

为了解和分析和谐企业文化在国外的研究状况，笔者以“harmonious culture”为检索词，以词组为检索模式，在 EBSCO 数据库中检索，找到 2002～2017 年 135 篇相似文献（包括书和期刊），但是内容基本与和谐企业文化无关，仅有几篇文章提到文化中的和谐理念或者和谐环境的营造，以及和谐文化方法在企业内部营销中的运用。继续以“harmonious culture”为检索词，以“题名”（title）为检索项在 ScienceDirect 数据库中进行检索，检索结果是“No journal or book titles were found matching harmonious culture”，没有找到一篇以“harmonious culture”为 title 的文章。放宽检索条件，在“all fields”中检索，在 ScienceDirect 数据库中，找到 5382 篇包括有“harmonious culture”的文献（包括书和期刊）。但是在检索出的文献中 harmonious 和 culture 这两个词都没有连在一起，可见和谐文化这一概念都还没有明确提出和界定。经过笔者进一步筛选，仅有一些文献依稀提到文化中的和谐理念、企业的和谐发展、强调和谐的人际关系和和谐的工作环境等内容，可以看出和谐企业文化目前是较有中国特色的概念，国外研究对和谐企业文化的关注度很低，研究主要集中在国内。而国外与和谐企业文化在内容和要求上类似的企业文化研究则不少，正如在国外企业文化研究概述中提到的一些包含和谐企业文化因子的企业文化类型等，可见对于和谐企业文化的提出与研究是世界性趋势，只不过不同的文化背景和语境，在文字表述或者在概念使用上有一定差异，而且因为研究刚刚起步，所以在概念、理论体系上没有达成共识。因此需要在已有研究的基础上进一步发展，将和谐企业文化概念在准确界定的基础上进一步完善与发展，积极将该领域的研究成果推广到世界范围。

二 国内和谐企业文化研究概述

（一）国内企业文化研究发展历程

我国的企业文化研究起步较晚，20 世纪 80 年代中后期才有学者开始译介国外相关研究成果，并开始尝试帮助企业建设自己的文化。早期的企业文化理论研究主要是对企业文化定义的研究。随后在一系列全国性企业发展研讨会上，企业文化成为讨论的热点，也引起了更大关注。而1988年11月在北京宣告成立的中国企业文化研究会意味着企业文化在我国已经有了正式的研究组织机构。此后各省市都相继成立了企业文化的研究机构，在全国掀起了企业文化研究的热潮。政府也日益重视，从20世纪90年代初开始，党中央和国务院组织了若干次有关企业文化的大规模调研，“加强企业文化建设”等提法，在党的全国代表大会的报告、政府工作报告和有关文件中频频出现。1992年党的十四大首次将企业文化字样写入报告，中国的企业文化研究进入第一个春天。就我国的社会背景和经济体制而言，有了官方的介入，企业文化有了强有力的发展动力和推进器。20世纪末，经济全球化和信息化趋势增强，国际国内企业都面临紧张和激烈的竞争形势。如何保持企业的竞争优势成为各国迫切需要解决的问题。各种尝试的结果是发现企业文化对于企业的核心竞争力和持续竞争力有着关键的影响，因此企业文化也再次成为关注的焦点。这一时期的研究分为大陆和港台派。港台的学者多采用定量化的研究方法，具有代表性的有：占德干、张炳林的《企业文化构建的实证性研究——对四个不同类型企业的调查与分析》，陈正南、黄文宏的《成功企业之企业文化类型》，徐联恩、赖国茂的《企业文化属性与企业绩效—权变观点》，等等。大陆研究者则喜欢采用沙因（Schein）式现场观察和访问的临床研究方式以及“整体阐释性”分析框架，如陈春花的《企业文化的改造与创新》。这一时期我国的企业文化研究从内容来看主要研究民族文化与我国企业文化的关系，企业文化与民族文化相结合的阶段。如占德干、张炳林应用霍夫斯坦德文化差异理论，将企业文化与民族文化相结合，设计采用“中国价值倾向调查表”对中国企业文化构建的意向进行实证性研究。经过因素分析他们得到8个儒家价值指标：“君子人格、人际伦理、自我控制、知足常乐、面子、重利轻义、超脱圆滑、清高”。[①] 林娜就中日美三国在管理思想、主体、客

① 韩佳泉、刘欣凯、隋玉林：《国内企业文化研究综述》，《黑龙江电力》2005年第6期。

体以及管理方式等方面进行了差异比较，不过更关注东西方社会文化对诸如个人与集体关系、物质利益等问题的不同认识及哲学。[①] 文化的比较让我们认识到中国企业文化建设的既有背景和条件以及中国企业文化的独特性，开启了对我国企业文化建设的理性思考。胡晓清在《中国建设现代企业制度的社会文化困扰》一文中也指出，资本主义“这种独特的新式运转模式牵涉着一套独特文化和一种品格构造”，以追求“自我实现”为突出特征，而国内企业正是缺乏这样一种文化精神。[②] 他进一步指出我国社会缺乏一种与现代企业制度相兼容与促进的文化精神，使得我国的企业制度现代化变革遭遇极大困扰。[③]

21 世纪初，我国企业文化建设成果丰硕，发展势头良好。2003 年，党的十六届三中全会首次将“以人为本”的旗帜写在了建设有中国特色的社会主义的旗帜上，从此中国的企业文化进入一个新的历史时期。这一阶段企业文化研究内容广泛，涉及企业文化的内涵、作用、有中国特色的企业文化的建设途径、企业文化与企业绩效、企业文化与企业核心竞争力、跨文化、企业文化的变革、企业文化测评等。比较有代表性的研究如仲伟周认为，企业文化是社会文化在企业中的投射，也是企业内在人格的体现。而企业文化最深刻的经济学底蕴则是通过满足人们多种需求，在企业中形成一种激励和认同机制。而这种认同和激励是最完全也是最有效的，通过形成的共识可以替代一般的经济手段，有效地减少企业内部交易成本。[④] 吴臣军认为企业文化是一种非正式制度，在与企业的正式制度协同作用于企业发展的同时，又表现出与企业正式制度变迁的不同步与不兼容。由于企业文化常常滞后于企业正式制度的变迁，使企业正式制度的变迁受到一定的阻力，或表现为对所移植的某些正式制度具有排斥性。[⑤] 李晓华、吴元元根据监督、考核的难易程度把企业中的工作分为四类，分析了企业理

① 转引自韩佳泉、刘欣凯、隋玉林《国内企业文化研究综述》，《黑龙江电力》2005 年第 6 期。
② 胡晓清：《中国建设现代企业制度的社会文化困扰》，《管理世界》1998 年第 3 期。
③ 胡晓清：《中国建设现代企业制度的社会文化困扰》，《管理世界》1998 年第 3 期。
④ 仲伟周：《体制变革中的企业文化》，《价格与市场》1994 年第 11 期。
⑤ 吴臣军：《企业文化与企业制度》，《合肥工业大学学报》（社会科学版）2004 年第 2 期。

论对各类工作岗位上员工进行激励的解决办法和存在问题，在此基础上提出非正式制度——企业文化对员工激励的有效性和重要性。[①] 于风雨指出企业文化与企业核心竞争力的关系和对企业绩效的作用，培育集体学习能力，创建学习型的企业文化是企业培育核心竞争力的关键。[②] 郑宏星从制度的范畴分析企业文化及其与企业核心能力的关系，指出企业文化是企业的非正式制度，企业文化通过理性限定、偏好变异与均衡筛选三种方式激励—约束人的行为进而影响企业的经营绩效。[③]

一些学者在对国外量化研究成果的消化和借鉴的基础上结合我国实际，研究出了符合我国国情的企业文化测量模型。值得一提的是，最早进行这方面研究的是台湾大学的郑伯壎教授，他在沙因研究的基础上结合国情开发了组织文化价值观（Values in Organizational Culture Scale，VOCS）量表，[④] 包含“科学求真、顾客取向、卓越创新、甘苦与共、团队精神、正直诚信、表现绩效、社会责任和敦亲睦邻九个维度”。郑伯壎对这九个维度进行因子分析后，发现可得到两个高阶维度：“外部适应价值（包括社会责任、敦亲睦邻、顾客取向和科学求真）和内部整合价值（包括正直诚信、表现绩效、卓越创新、甘苦与共和团队精神）”。VOCS 量表可以说是在中国组织文化测评方面具有开创性的完全本土化的量表。王国顺也对 Denison 的企业文化模型进行了改进，设计出包括 45 个结构化指标和 7 个企业文化维度：“企业意识、员工意识、团队意识、创新意识、核心价值观、顾客意识、目标愿景”的测评量表。[⑤]

总之，我国企业文化研究在理论和实践上，都取得了一定的成绩。从国外企业文化的成果的译介到企业文化理论的本土化研究，从定性的基础理论研究到定量的应用研究，企业文化在我国取得长足的进展。研究范围从宏观环境转向微观组织，从国有企业，到非公有经济实体甚至虚拟企业

---

① 李晓华、吴元元：《企业理论、企业文化与员工激励》，《兰州商学院学报》2006 年第 3 期。

② 于风雨：《企业文化与核心竞争力》，《商业经济》2006 年第 1 期。

③ 郑宏星：《企业核心能力的文化基础：制度的视角》，《理论界》2007 年第 3 期。

④ 转引自周欢《企业文化测评研究综述》，《价值工程》2008 年第 4 期。

⑤ 王国顺：《企业文化测量模型研究——基于 Dension 模型的改进及实证》，《中国软科学》2006 年第 3 期。

的企业文化；研究对象从对企业内个体到员工整体；研究方法从规范分析、定性研究到实证调查、定量研究转变等。从企业文化内容上来看，开始强调企业的内部整合和外部适应，内部整合上提出了诸如以人为本、团队意识，在外部适应上强调了顾客导向和社会利益，可见我国的企业文化研究从内容实质上逐步迈向和谐企业文化，为和谐企业文化的提出和构建奠定了良好的理论基础。不过与国外企业文化研究的进展相比，我们的企业文化研究还存在很大差距，深入到组织内部对企业文化进行精心解释和整体认识，提供更丰富、更深刻的文化观点的定性研究并不多见，实证研究仍然有待于进一步拓展。同时由于企业文化的抽象性和多样性，目前的研究还没有形成统一的范式，这就要求研究人员继续深化对企业文化的认识和理解，并能结合时代变化、企业实际环境差异和文化的实践状况选择有效的研究方法对企业文化进行深入研究，并在实践中结合企业的外部环境和自身资源特点加以应用和验证。

（二）国内和谐企业文化研究概况

党的十六届四中全会提出科学发展观，构建和谐社会伟大战略。2005 年之后，越来越多的研究开始聚焦于和谐社会、和谐企业、和谐社会文化及和谐企业文化。企业文化研究开始倾向于与中国社会改革相结合，在和谐社会文化建设与和谐企业建设的背景下提出了和谐企业文化。和谐企业文化也可以说是以全社会倡导的和谐文化为背景，以企业为创建单位，以实现企业和谐发展为目的的文化。和谐企业文化与企业和谐发展逐渐成为企业文化研究的新热点，一些学者进行了开创性的研究，文献梳理发现关于这方面的研究主要集中在企业文化与和谐企业、和谐社会的关系（和谐企业文化提出的背景及意义）、和谐企业文化概念、和谐企业文化的建设等方面。

在 CNKI 系列数据库中分别以“企业文化”“和谐企业”“企业文化与企业和谐”“和谐企业文化”等为检索词，以“题名”为检索项进行检索，从 CNKI 的检索情况来看（见表 1－1），2000～2011 年，关于企业文化的文献很多，表明企业文化依然是研究热点；关于和谐企业的研究也比较多，但专题研究和谐企业文化的文献很少，只有 303 篇，博士学位论文检索为0。可见，国内理论界对企业文化与企业和谐的研究严重不足，缺乏系统深入的研究。

表1-1　CNKI检索情况（2000~2011年）

单位：篇

数据库 \ 篇名/题名	企业文化	和谐企业	企业文化与企业和谐	和谐企业文化
中国期刊全文数据库	16086	5751	5	298
中国博士学位论文全文数据库	13	0	0	0

注：匹配模式为“模糊”。如选择“精确”，数据略有不同。

资料来源：根据数据库CNKI整理。

以“和谐企业文化”为检索词的检索控制条件见表1-2。

表1-2　检索控制条件

学科范围	不限
数据库	中国学术期刊网络出版总库，中国博士学位论文全文数据库，中国优秀硕士学位论文全文数据库，中国重要会议论文全文数据库，中国重要报纸全文数据库，中国专利数据库，国家科技成果数据库
发表时间	不限
文献来源	不限
支持基金	不限
作者	不限
作者单位	不限

检索结果统计见表1-3。

表1-3　检索结果统计

文献类型	文献来源数当日/总量	文献篇数	基金论文数	高被引用文献数	高下载文献数
期刊	0/14	0/152	0/4	0/0	0/0
硕士	0/0	0/7	0/0	0/0	0/0
会议	0/0	0/11	0/0	0/0	0/0
报纸	0/1	0/56	0/0	0/0	0/0
合计	0/15	0/226	0/4	0/0	0/0

注：题名=和谐企业文化（精确匹配）。

从检索结果中可以看出，期刊论文有152篇，报纸有56篇，会议论文有11篇，硕士学位论文有7篇，而基金论文只有4篇。从引用和下载文献数来看，这方面影响较大的研究成果基本没有。筛选出的论文从主题上来看，226篇文献探讨和谐企业文化建设，包括和谐企业文化建设的目标、伦理原则、构建途径、评价机制等，占整个文献的75.8%。32篇文献是探讨和谐企业的文化基础（文化基因）、和谐企业文化重要性和内涵，占整个文献的10.7%。从研究内容来看，对于和谐企业文化的重要意义和建设的必要性已得到研究者的高度认同，对于什么是和谐企业文化以及如何建设和谐企业文化还处于探讨阶段。不同的学者从不同的角度试图对和谐企业文化进行界定，对和谐企业文化建设的基础、目标、原则和途径也进行了积极的探索。从文献检索来看这也是目前研究者关注的重点。从文献检索结果中也可以看出，关于和谐企业文化研究从2005年开始逐步增加，越来越多的研究开始关注和谐企业文化，研究的广度和深度都不断增加，为理论基础和实践应用奠定了一定的基础。

2012～2019年，根据CNKI数据库检索来看，包括硕士学位论文，总共才73篇。从趋势来看和谐企业文化研究越来越少（见图1－1）。从和谐企业文化的价值以及相比其他领域的研究来说，现有的成果还很不足。从文献来源看，大多是企业以及政府的探讨性、经验总结性文献，来自研究机构和高校的研究很少，从文献级别来看，核心以及以上的期刊文章非常少，说明和谐企业文化的理论基础薄弱，还有待进一步构建和完善。从研究方式来看，定性研究多，定量研究少。

（三）国内和谐企业文化研究主要内容概述

和谐企业文化命题在我国首先提出是和谐社会构建和新发展观在企业中落实的必然要求。在这样一个宏观背景和历史潮流下，无论是理论研究者还是企业一线都不约而同地关注和探讨和谐企业文化，和谐企业文化成为企业文化研究新的热点。严跃英在《浅谈构建现代企业制度下的和谐企业文化》一文中，较早使用了“和谐企业文化”一词，但文章并没有就和谐企业文化做出明确界定和阐述，只探讨了如何建立与现代企业制度相适

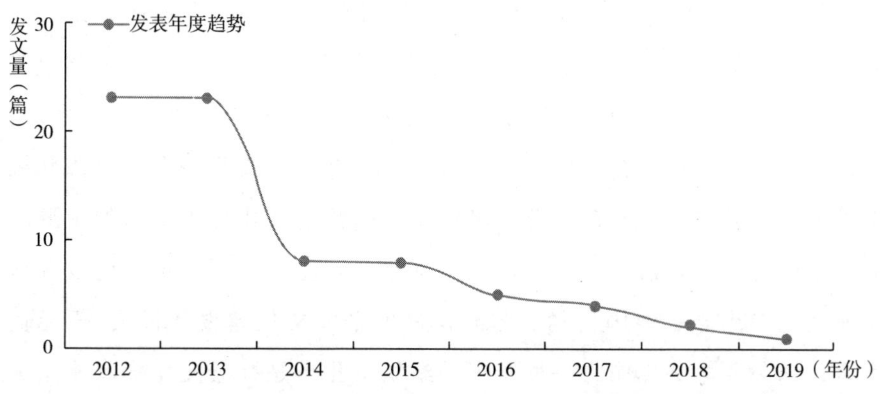

图 1－1　2012～2019 年和谐企业文化研究成果发表总体趋势

资料来源：本图系作者根据知网数据绘制。

应的企业文化。[①] 随后大多数的研究都从企业是经济社会的重要构成要素和微观基础的角度，强调了和谐企业对于和谐社会的价值和重要地位。继而从企业文化对于企业发展的重要性甚至是决定性的影响出发，阐述了和谐企业文化对于和谐企业的战略价值。大多数文献都强调了和谐企业文化是企业和谐的重要内容和基础条件，是企业可持续发展的保障、动力，也是社会和谐的精神支撑和基础条件。吴钦春强调："病态的企业文化却会给企业带来致命的伤害……所以企业的可持续发展必须建立在和谐健康的企业文化之上。"[②] 陈勇指出："和谐社会是公平正义的社会，优秀的企业文化体现了公平竞争的特征。和谐社会是诚信友爱的社会，优秀的企业文化体现了诚实守信的特征。和谐社会是充满活力的社会，优秀的企业文化体现了以人为本的特征"。[③] 李正光强调企业文化建设是构建和谐企业和追求民主法制、公平正义、诚信友爱、充满活力、安定有序、人与自然和谐等具体目标的理想途径，指出可以从三大基因注入上体现企业文化与和谐企业构建之间的内在联系："从战略设计上注入和谐基因；从价值导向上

① 严跃英：《浅谈构建现代企业制度下的和谐企业文化》，《科技情报开发与经济》2005 年第 24 期。

② 吴钦春：《刍议和谐企业文化的内涵及构建》，《商场现代化》2007 年第 24 期。

③ 陈勇：《企业文化与和谐社会建设的理论思考》，《广西社会科学》2007 年第 7 期。

注入和谐基因。从人力资源开发上注入和谐基因。”[①] 而中宣部理论局原副局长黄中平在山西召开的“中外企业文化2007太原峰会”上学习贯彻党的十七大精神、构建和谐企业的主题报告中指出坚持新科学发展观，建设企业和谐文化具有重要意义，指出了和谐企业文化与全球经济和社会发展历史潮流、企业自身发展趋势及我国传统文化传承要求的重要联系。屈燕妮指出和谐的企业文化是中国企业文化的发展方向，建设和谐企业文化是符合中国国情的、与时俱进的企业文化建设新模式。[②] 总而言之，和谐企业文化作为一种微观的组织文化，是社会文化的有机组成部分，对企业、社会和谐有着重要的甚至是决定性的影响，有巨大的研究和实践价值。

关于和谐企业文化的内涵的探讨，卞敏行等人认为，和谐企业文化是社会和谐文化的子文化，其内涵必须与社会和谐文化内涵一致。和谐企业文化是一种以和谐为核心价值观，以倡导、研究、阐释、传播、实施、奉行和谐理念为主要内容，以思想观念、思维方式、行为规范、社会风尚为主要表现形式，以实现人与自然、人与社会、人与人、人与自身和谐发展为目标的文化体系。这一观点指出了和谐企业文化的价值核心和根本目标。肖湘指出和谐企业文化有几个不同层面：“其一是企业文化本身不同层次之间的高度和谐；其二是企业发展的各项战略与企业文化之间应该互相适应、互相促进；其三是企业经营的各项工作与自己的经营理念、价值诉求和谐统一。”[③] 这强调了和谐企业文化系统自身的和谐。屈燕妮指出和谐的企业文化就是“使员工的需要和向往同组织的要求和目标统一起来，使企业得以和谐发展”[④]，强调了企业与员工的内部和谐关系。宋联可等人认为：“和谐企业文化传承了优秀的中国传统文化，是民族优秀文化的具体体现，顺应了当代企业发展的规律。”[⑤] 这一阐述表明了和谐企业文化的

---

① 李正光：《浅谈和谐企业的文化基因》，《大庆社会科学》2005年第5期。

② 屈燕妮：《论和谐社会中的和谐企业文化建设》《内蒙古财经学院学报》2006年第3期。

③ 肖湘：《构建和谐企业文化的三大基石》，《企业改革与管理》2005年第6期。

④ 屈燕妮：《论和谐社会中的和谐企业文化建设》，《内蒙古财经学院学报》2006年第3期。

⑤ 宋联可、杨浩：《和谐企业文化内涵与构建研究述评》，《江苏商论》2008年第10期。

传统文化渊源和性质。程良波等人从科学发展观的要求来定义和谐企业文化，指出和谐企业文化“体现‘以人为本’原则，能够协调好企业内外利益关系，追求全面、协调可持续科学发展，能够最大限度地调动广大员工的工作积极性、主动性和创造性，实现企业与人、企业与自然、企业与社会的和谐发展的一种企业文化”。[①] 汪志强则从和谐社会的要求谈和谐企业文化，指出和谐企业文化是企业文化与企业社会属性的高度结合，企业的社会属性渗透在企业文化的各个层面之中，形成以人为本、科学发展、注重责任的企业文化。[②] 宋联可等人认为：“和谐企业文化是在和谐文化影响下，以和谐为核心价值观，以企业与外部和谐、企业内部和谐为目标，在适应外界环境和整合内部资源的过程中获取，经全体员工认同并实践所形成的企业文化。”[③] 这一概括强调了和谐企业文化的认同与培育的过程性。不过现有的研究都是基于企业可持续发展的角度讨论如何协调企业和员工关系，激励员工更多产出，还没有真正认识到和谐企业文化与传统谋利文化的本质区别。

和谐企业文化的理论研究为和谐企业文化构建奠定了基础，和谐企业文化理论探讨与实践验证也成为企业文化的一个新的工作方向和发展趋势。关于和谐文化构建的文献，根据关注的内容和层次的不同进行分类：一类是从宏观的角度来探讨和谐企业文化构建的本质性特点及其规律，为和谐企业文化实践提供理论指导；另一类则是从微观的角度探讨和谐企业文化实践，关注和谐企业文化构建的现实问题和具体措施。当然这两者之间难以截然分开，而是紧密联系，相互支撑，共同构成和谐企业文化实践系统。从文献内容看，精神文化层次的探讨内容比较丰富，集中在和谐企业文化的核心价值观和基本理念体系。大多数文献提出了和谐理念及其价值体现，强调将“以人为本”、全面协调和可持续发展纳入企业文化精神体系，融入企业文化实践之中。关于和谐企业文化精神的形成，中国企联

---

① 程良波、林成景：《和谐企业文化建设初探》，《集团经济研究》2007 年第 6 期。

② 汪志强：《浅论企业文化社会责任与和谐社会的构建》，《企业家天地下半月刊》（理论版）2007 年第 7 期。

③ 宋联可、杨浩：《和谐企业文化内涵与构建研究述评》，《江苏商论》2008 年第 10 期。

宣委会常务副秘书长祝慧烨指出现阶段中国企业的发展视野要进一步拓展，实现从利润驱动、绩效驱动向价值驱动的转变，坚守核心价值观，不断化解“利”与“义”的矛盾，建立有序、可控的企业文化，实现企业内外和谐与持续发展。熊锡征提出：“建设和谐文化的路径要坚持先进文化的前进方向，以和谐文化为主旋律；继承和发扬中国传统文化中的和谐思想观念；注意吸收和借鉴世界优秀文明成果。”[①] 从和谐企业文化的目标来看，很多学者认为和谐企业目标包括企业自身和谐、企业与社会的和谐、企业与自然的和谐。概括地说指企业内部和谐和外部和谐两个方面。如孟凡驰认为：“企业和谐文化建设要分为对外和对内两个方面。对外，要建立五种和谐关系：共同繁荣的社会关系；诚信的客户关系；竞合共赢的对手关系；与自然和谐的关系；文化相容的联盟关系。对内，和谐文化建设一是一个和谐的主题——要建立和谐的劳动关系；二是一个理论依据——以人为本；三是一个核心话题——公正；四是建立两个共同体——平等尊重的精神共同体和共创共享的物质共同体。”[②] 由此很多学者都提出了要实现企业和谐目标首先要处理好企业内部关系，主要集中在企业与员工的关系上，树立“以人为本”原则，尊重人、关爱人，实施人性化管理，营造和谐人际环境和氛围，建立企业与员工共同发展的双赢体系。企业外部和谐，则强调企业要善于处理好与自然和社会的关系。企业与社会，则要求企业树立良好的社会形象，服务社会，回馈社会，积极承担社会责任；企业在处理与其他企业的关系上要树立和谐竞争新理念，构建竞合共赢的和谐竞争环境；在企业与自然和谐层面，要在科学发展观指引下，积极承担环境责任，处理好与自然的关系，实现人与自然的和谐发展。

也有一些成果注重理论与实践相结合，重视总结实践经验，关注和谐企业文化建设的现实问题和具体措施。如秦勇从理论与实践的结合上论述了在企业文化建设中，如何贯彻和谐理念，坚持以人为本，不断吸收企业的优秀文化成果，营造有时代特色和企业自身特色的企业文化。[③] 张雪梅

① 转引自宋联可、杨浩《和谐企业文化内涵与构建研究述评》，《江苏商论》2008 年第 10 期。

② 孟凡驰：《企业和谐文化与企业社会责任》，《企业文明》2007 年第 12 期。

③ 转引自宋联可、杨浩《和谐企业文化内涵与构建研究述评》，《江苏商论》2008 年第 10 期。

以济钢在构建和谐企业的实践为例，总结了济钢注重和谐企业文化建设经验。即以“三个代表”重要思想和科学发展观为指导，吸收中国传统文化精髓，吸纳西方企业的先进理念，深入总结企业发展过程中积淀的精神成果，精心培育形成了以“做事求和，以和求顺”的企业哲学理念，以“可尊，可信，共创，共赢”为核心价值观，以“成就顾客，回报股东，富裕职工，造福社会”为企业使命，突出“人和，物和，利和，心和”的和顺文化。① 贺寿明介绍了太原物产集团和谐企业文化特点及建设经验，将建设以人为本，以“求真务实、艰苦奋斗、共创共享、和谐发展”为核心理念的和谐企业文化。② 中国企业文化研究会在山西召开的“中外企业文化2007 太原峰会”，与会代表们讨论了我国和谐企业文化建设的基本内容和要求，达成一定共识：和谐企业文化在理念上应该树立人本意识，开展人本管理；和谐企业文化在基本价值指向上，应该“以义取利”，义利并举，也就是要通过诚信经营以获取经济收益；和谐企业文化在产业关系的处理上，要树立竞合共赢的理念，建立协作关系；和谐企业文化在处理与自然环境的关系上，要树立环保意识，走绿色发展之路；和谐企业文化在处理与社会的关系上，要有社会责任意识和奉献精神，服务社会、感恩社会。③

虽然学者们分析的角度不同，但内容上有着内在的紧密联系，前者指引后者发展，后者推动前者发展。综上所述，和谐企业文化的基本内容包括以下两个方面。一是企业内部自身的和谐，企业与员工关系的和谐是其核心内容。二是企业与外部的和谐，包括企业与企业之间的和谐，企业与社会、企业与生态环境的和谐。和谐企业文化建设秉持“以人为本”“以和为贵”等基本信念和原则，一方面可以借鉴国内外优秀的企业文化建设传统经验，另一方面需要考虑和谐文化的特点进行创新性研究。

---

① 张雪梅：《和顺济钢和谐发展》，《思想政治工作研究》2005 年第 6 期。

② 贺寿明：《建设和谐企业文化构建美好精神家园》，《今日湖北》（理论版）2007 年第 7 期。

③ 《中外企业文化 2007 太原峰会综述》，新浪网，http：//news. sina. com. cn/o/2007 - 11 - 27/074712976229s. shtml，最后访问日期：2019 年 12 月 20 日。

（四）我国和谐企业文化研究展望

和谐企业文化随着科学发展观、和谐社会的提出而提出，随着实践的发展而得以兴盛，也随着社会经济的发展而逐渐深化。中国企业文化从主流来看已经摆脱谋利文化进入了和谐文化时代。从科学发展观到新发展理念，从和谐社会到中国特色社会主义新时代，和谐企业文化的价值内核和价值追求没有根本改变，改变的是实现和谐的内容及方式。从文献研究来看，2011 年之后和谐企业文化专题研究逐渐减少，但是如何通过企业文化创新，实现企业转型发展的研究持续深入。2019 年中国企业联合会、中国企业家协会驻会副会长尹援平在全国企业文化年会上指出，中国特色社会主义进入了新时代，企业文化建设也面临着新形势、新任务。她认为新时代我国企业文化建设应注重新时代企业文化理论的探索研究，注重新时代企业文化管理的创新实践。[①] 也就意味着和谐企业文化进入新时代，围绕建设现代经济体系的目标进一步推进和谐企业文化理论和实践的创新，促进企业高质量、更可持续发展，使新发展观成为企业的自觉意识，是我国企业文化建设面临的重要课题。虽然理论界和实务界对于当前和谐企业文化进行了一些思考和探讨，相对而言，专题研究较少，研究还有待系统和深入。从文献检索来看，来自科研机构、高校的研究少，来源期刊的级别和规范性都较低，大多数是来自企业的经验总结性成果，理论基础薄弱，这一现状与企业在社会发展以及社会文化中的地位不相匹配。如何在新发展观的指导下，深入研究和谐企业的文化内涵和要求，在社会主义核心价值体系引领下，实现优秀传统文化与现代企业精神的融合与统一，构建新时代中国特色和谐企业文化，推动企业高质量、可持续发展是我国企业文化研究与实践的一个具有重大理论价值与实践意义的课题。

从研究方法来看，现有的研究大多集中在和谐企业文化的定性研究上，而这类定性研究还不够系统和深入。从和谐企业文化现有的研究内容

① 《全国企业文化年会 2019》，新浪网，http://finance.sina.com.cn/zt_d/qgqywhnh_2019/，最后访问日期：2019 年 12 月 30 日。

来看，对其内涵的探讨和分析较多，但缺乏对此的普遍认同。虽然在某些方面一定程度上已达成共识，如和谐的核心价值等，但其定义、维度和构成还没有形成统一认识。关于和谐企业文化的实践方面，目前的文献虽然较多，但仍然存在不足，基础理论的薄弱，导致在应用研究中，指向性不明确，缺乏系统性，政策性解读、方法的探讨与总结较多。在精神文化层面缺乏广泛认同的结构维度，在制度和行为层面缺乏系统的框架，物质层面的研究缺乏新意。还没有人从企业发展、企业制度变迁的角度来分析企业文化的演化及和谐企业文化提出的历史背景，也没有人从经济学视角对和谐企业文化价值做深入解析，突出其与一般企业文化的区别以及其巨大的经济价值和社会价值。也没有人深入探析和谐企业文化形成的内在机理和条件，从更为宽广的视阈来构建和谐企业文化理论系统。

总而言之，需要进一步完善和谐企业文化的基础理论系统，为和谐企业文化在理论体系中的地位以及进一步实践奠定坚实的基础。未来的研究应该继续深化定性研究和实证研究，对和谐企业文化核心概念进一步准确界定，并构建其理论体系，将规范研究和实证研究结合起来，构建和谐企业文化理论模型和实践系统，推进和谐企业文化深化发展。

第二节　和谐企业文化相关理论范畴

一　制度概述

（一）制度

关于制度的定义，制度经济学的研究者们给出了不同的界定，康芒斯认为制度是保证集体运行秩序的规则，将制度定义为“集体行动控制个体行动”。[①] 凡勃伦定义制度为“广泛存在的社会习惯”、“公认的生活方式”

① 〔美〕康芒斯：《制度经济学》上册，于树生译，商务印书馆，1983，第 97 页。

以及“经济结构”等。① 诺斯则认为制度是社会的博弈规则，是“用于界定人与人之间关系或约束经济主体行为一系列被制定出来的规则”。② 他进一步指出：“制度由正式规则（如政治、经济、法律制度）和非正式规则（传统习俗、行为规范等信息和文化）以及两者执行的特征组成。”③ 一般来说，正式制度需要由组织权威机构予以监督执行，具有强制约束力，而非正式制度则由根植在人们头脑中的意识自发执行，是一种软约束。柯武刚、史漫飞认为：“制度是人类相互交往的规则，这抑制着可能出现的机会主义和怪癖的个人行为，使人们的行为更可预见并由此促进劳动分工和财富创造。”④ 青木昌彦指出制度是“关于博弈重复进行的主要方式的共有理念的自我维系系统”。⑤

从上述阐述中我们可以看出，虽然角度不同、表述不一样，但对制度的内涵实质上隐含着共识。概括地说可以把制度界定为是约束人们行为及其相互关系的一套行为规则。因为信息的不完全、人的有限理性和交易成本的存在，需要通过制定系列的游戏规则来为交易提供理性秩序，控制交易中的不确定性因素，对人的行为进行约束，使其在一定的框架内活动，从而减少交易费用，保护产权，增进经济活动效益。特别是在制度稀缺的环境中，制度的经济效应有助于资源的有效利用，增进人类福利，也因此受到更多的关注。当然制度的产生和起源对于不同的制度类型有不同的解释，不过不管是由设计而产生的正式制度，还是自然演进而产生的非正式制度从本质上来说都是人与人之间长期博弈的结果。⑥

---

① 〔美〕凡勃伦：《有闲阶级论》，李华夏译，商务印书馆，1964，第139页。

② 〔美〕道格拉斯·C. 诺斯：《经济史中的结构与变迁》，陈郁、罗华平等译，上海三联书店，1994，第225页。

③ 〔美〕诺斯：《新制度经济学及其发展》，路平等译，《经济社会体制比较》2002年第5期。

④ 〔德〕柯武刚、史漫飞：《制度经济学》，韩朝华译，商务印书馆，2000，第33页。

⑤ 〔日〕青木昌彦：《什么是制度？我们如何理解制度?》，周黎安等译，《经济社会体制比较》2000年第6期。

⑥ 张宇燕：《经济发展与制度选择——对制度的经济分析》，中国人民大学出版社，1992，第117页。

（二）正式制度与非正式制度

为了理论分析的方便，人们往往根据制度的起源、特点和运行机制的不同，把制度分为正式制度和非正式制度。① 本书仍使用了这种划分方法，不过比较分析的目的在于根据本书研究的重点探析非正式制度的性质及其特点，阐明其对经济活动的作用和影响。

正如诺斯的总结，正式制度指有组织正式设计、有组织强制力保证实施的正式约束。从产生的角度来说它是有意识的创造，从形式来说表现为正式的明确易于被认识的形式，从保障实施来说，由组织权威机构予以监督和执行，有强制的硬性的约束力，对经济活动产生深刻的影响。一些正式制度是人为设计的产物，特别是那些从外部引入的制度安排。一些正式制度则是群体在生产生活中逐渐产生、演化最终被认可并确定为正式制度。②

对于非正式制度的最早研究是旧制度经济学派的代表人物托斯丹·B. 凡勃伦（Thorstein B. Veblen）。凡勃伦认为，思想和习惯是制度的核心。约翰·R. 康芒斯（John R. Commons）则认为制度就是由多数人普遍接受的固定的思维习惯组成的。康芒斯关于制度的定义包括范围很广，从无组织的习俗、惯例、伦理道德到家庭、公司、协会、公会、银行以及国家等。可见他认为非正式制度是制度的重要组成部分。艾尔斯指出社会制度源于技术进步和信仰及行为。后者对人们的影响更大。对于非正式制度研究最深入的是诺斯，他在《制度、制度变迁和经济绩效》一书中将非正式制度称为“非正式约束”，包括如风俗、习惯、意识形态等，认为非正式制度具有普遍约束力。归纳总结起来，非正式制度是由社会认可的，人们在长期交往中自发形成并被人们无意识接受的价值观念、道德规范、风俗习惯等意识形态的约束规则。意识形态可以被定义为观念的集合，关于世界的一套信念，它蕴含价值观念、伦理规范、道德观念和风俗习性等。新

① 〔美〕诺斯：《新制度经济学及其发展》，路平等译，《经济社会体制比较》2002 年第 5 期。

② 马智、胜马勇：《试论正式制度和非正式制度的关系》，《江西社会科学》2004 年第 7 期。

制度经济学家认为意识形态是最重要的制度安排。

非正式制度的产生总体而言可以归结为在组织漫长演进历程中人们在适应内外环境中创造、选择和积淀传承而来的。也有学者提出可以据其来源细分为两类。一类是社会公认的行为规则，如风俗、道德规范等这些人们在长期交往接触中选择、传承下来的软性规则。另一类是内部实施的行为规则，这些规则是适应于特定环境需求创造出来的，一般产生时间较短，而且随着产生条件的变化可能会很快被淘汰，但是在现实经济活动中大量存在，因此也不容忽视其重要作用。①

非正式制度从形式上来看，虽然没有明确形式，似乎难以捉摸，但又切切实实存在，且威力巨大。那些长期渐进形成和世代传承的非正式制度，没有明文形式，却有实际内容，对处于其间的人进行长期潜移默化的熏染，使人们从心理上无意识地被灌输和影响，接受其观念，自觉遵从和维护。心理学研究也表明，一种被长期灌输特别是在一个人幼年就被灌输和影响而接受的东西要从意识中予以改变和清除是相当困难的。在这种影响下，人们往往会无意识地接受和信奉，也就是成为人的一种潜意识习惯，一种不自觉的心理反应，具有非理性的特征，使人们很少能从理性角度去思考是否应该遵守它，“它不是一种理性的随机选择，而是一种习惯心理在特定环境刺激下所做出的行为复制，它没有缜密的逻辑推理形式，仅仅靠一种稳定的心理定势和人类长期实践活动形成的习性及取向，来判断主体与对象存在的关系”。② 另一类非正式制度由于形成时间短，且针对具体环境，范围有限，是主体之间经过博弈而形成的一个短暂的或小范围的均衡，也就是在权衡成本与收益的基础上这种共识可以使参与者能获得更高的收益。当然这种均衡也是一种短暂的均衡，随条件改变而被破坏。这种非正式制度就会被适应变化环境需要的新的非正式制度代替。这也是这种非正式制度数量众多的原因。

关于正式制度与非正式制度的区别，李建德指出正式制度包括成

① 唐绍欣：《传统、习俗与非正式制度安排》，《江苏社会科学》2003 年第 5 期。

② 张雄：《习俗与市场——从康芒斯等人对市场习俗的分析谈起》，《中国社会科学》1996 年第 5 期。

文法、不成文法和契约等，正式制度除具备任何制度所具有的要素外，与非正式制度相比具有明显的强制性和有意识性，正式制度的强制在于利益差别性。非正式制度是人类在适应稀缺性世界过程中，经过长期试错过程与经验积累而形成，非正式制度的主要特征是经验性和自发性。① 大部分制度经济学者认为，非正式制度与正式制度的主要区别是有无界限明确的组织来制订和监督实施。正式制度最大特点是具有强制约束力，要求社会成员必须遵守，否则必定追究其违法责任，将会给行为人带来必然的惩罚，也就是说行为人违规将会付出更高的成本。因此正式制度就可以提供一种交易框架和秩序，交易成员的行为选择可以有稳定理性的预期，可以有效地减少交易中的机会主义倾向和不确定性，从而节约了诸如信息搜寻的交易成本，使整个社会福利增加。非正式制度不依赖国家机器的强制执行，成员违反也就缺乏硬性惩罚，主要依靠成员自觉、自发遵守执行。② 但并不意味着非正式制度就完全没有约束力，成员的违反行为没有任何成本。非正式制度的约束是一种内在的软性的约束，其约束力不一定比正式约束差。它主要依靠成员内在的意识和群体的压力予以控制和惩罚。在某些时候，这种控制与惩罚的威力甚至超越正式制度。比如有罪犯可以侥幸逃避法律制裁，但是无时不受到内心的谴责和群体的排斥。相对于正式制度安排，非正式制度的约束力具有自发性、广泛性、持续性、非强制性等特点。这种约束是发自内心的，是一种基于传统和习俗累积而成的，是人们长期交互中形成的一种非理性的习惯。而且这种约束是人们长期在适应环境过程中创造、选择和学习得来，涉及社会生活的方方面面，无时无刻地调节着人们的行为，其影响范围更广、更细，从这个角度来说其作用远超过正式制度安排。非正式制度形成与演进的缓慢及渗透的广泛性，使其虽然一般没有正式的形诸文字或制成条文，只存在于人们的内心信念之中，但一旦形成就可以持续地发挥作用，具有持久的生命

---

① 李建德：《经济制度演进大纲》，中国财政经济出版社，2000。

② 辛杰：《基于正式制度与非正式制度协同的企业社会责任型构》，《山东大学学报》（哲学社会科学版）2014 年第 2 期。

力。[①] 从上述非正式制度的特点来说，非正式的制度安排比正式制度安排更具生命力和约束力，当然也难以改变。

非正式制度与正式制度是各有优缺点，可以相互弥补。社会活动千差万别，不可能事无巨细地都由正规制度加以规定，而且统一的、标准的制度不可能对所有受约束的活动都是最合理的。因此，要实现社会的良好运行，也有必要留有一定的行为人自主空间。也就是说无论如何完善法制也不可能排除非正式制度。从经济学角度来看，正式制度规定过于细化会引起相关的成本增长，如制度的制定、学习、执行、监督成本等，这反而得不偿失。非正式制度则可以节省这些成本，也可以给行为人更多的自主空间，能够更好地激发人的主观能动性，创造出更多的产出。但是非正式制度明显的弱点也在于缺乏正式制度的显性和强制力，容易导致弱化对人机会主义行为的约束，行为人不确定性增强，而增加交易成本或者使复杂的交换不能发生。

总之，在制度实施过程中非正式制度与正式制度两者相互依存、相互补充也相互作用，缺一不可。非正式制度可以借助一定的强制性的正式制度的支持来实现其约束力。[②] 而非正式制度可以促进、推动正式制度的实施，也可以阻碍、制约正式制度。因为非正式制度潜于人的意识之中，人无意识地自觉遵行，不会理性计算和权衡，所以很难用理性的成本收益思维方式去理解它。这也就意味着，某些我们理性设计很有效的制度因为与非正式制度的不兼容而流于形式，或者在执行中变形，甚至难以实施。因为成员会无意识地抵制，即使会给他带来更大的收益，也很难改变。如果从理性的角度来考量，原因在于改变后的制度收益尽管可能更高，但会造成成员因为内心的矛盾冲突而总体效用降低，这种心理反应机制就影响到更有效率的正式制度的实施。[③] 诺斯指出生硬地移植正式制度，忽视非正式制度，会毫无效果甚至适得其反的，在某种程度上以个性化知识为基础

---

① 马智、胜马勇：《试论正式制度和非正式制度的关系》，《江西社会科学》2004 年第 7 期。
② 郭小聪、程鹏：《非正式制度的管理效能及其建设》，《广东行政学院学报》2005 年第 2 期。
③ 彭德琳：《新制度经济学》，湖北人民出版社，2002，第 182 页。

的非正式制度才真正决定制度绩效。[①] 当然，非正式制度作用的有效持久的发挥也必须依赖正式制度的保障和支持。

从制度变迁的角度来看这两种制度安排，非正式制度的形成是一个长期的渐进的过程，是人们在长期互动中，适应外界环境和自身需要，并根据最大利益原则，自发形成的潜在的一种制度安排，其覆盖面和影响力是一个逐渐扩散的过程。这种变迁方式在制度经济学被称为诱致性的制度变迁。一些正式制度是人为设计的产物，特别是那些从外部引入的制度安排则相对更多地体现了强制性制度变迁的特征。当然制度从非正式向正式转化的过程，实际上体现出制度变迁由诱致性向强制性过渡的过程。[②] 因此，我们在经济建设过程中，既要加强正式制度的变迁与创新，也要注重非正式制度的改造与培育，实现正式制度和非正式制度的兼容，使制度的总体绩效达到最高。

（三）非正式制度的作用

新制度经济学派相较于古典经济学的伟大创见在于在经济分析中加入一度被忽略的制度变量，强调制度对于经济发展的重要作用。诺斯曾指出："制度在社会中起着更为根本性的作用，他们是决定长期经济绩效的基本因素。"[③] 戴维斯和诺斯都指出，制度的重要性在于有效的制度能够为一个社会提供分工合作的基本框架和激励结构，可以有效地将个人的努力导向整个社会目标，实现私人收益率与社会收益率的一致，从而达成整个社会资源的优化配置和高效利用，促进社会经济的发展。反之，劣性的制度只会导致资源的内耗和浪费，经济活动效率低、收益低。不过，当制度成为经济分析的一个重要变量时，人们注重的往往是正式制度对经济的制约作用，非正式制度对经济深远而持续的影响往往被人

① 〔美〕诺斯：《新制度经济学及其发展》，路平等译，《经济社会体制比较》2002 年第 5 期。

② 严汉平、白永秀：《经济学视野下关于"制度"的文献综述》，《山西师大学报》（社会科学版）2006 年第 11 期。

③ 〔美〕道格拉斯 · C. 诺斯：《经济史中的结构与变迁》，陈郁、罗华平等译，上海三联书店，1994，第 143 页。

们忽视。从国内外的研究来看，非正式制度的研究相较正式制度还远远不足。

诺斯把意识形态纳入制度经济研究的范畴，他认为：意识形态是经济理论研究不可缺少的组成部分，如果没有一种明确的意识形态理论，那么在说明资源配置和历史变迁的能力上就存在无数困境。利用意识形态所蕴含的价值理念和伦理道德取向可以解释现实存在的一整套理性。① 事实上，非正式制度伴随着人类活动历史一直存在并持续发挥作用。凡勃伦、康芒斯、穆勒等人都对非正式制度进行了相应研究，并强调了非正式制度对正式制度的影响及在经济运行中的重要作用。② 随着制度经济学研究的发展，随着对制度特别是非正式制度研究的深入，人们愈发意识到非正式制度的重要作用，发现非正式制度与正式制度互相影响、互为补充才构成完善有效的制度体系，因此无论怎样都不能忽视非正式制度的作用。只不过它与正式制度在不同领域、以不同方式和作用机制发挥其经济效应。正如诺斯指出的："在现代西方世界中，我们认为生活和经济是由正式的法律和产权所调控的，即使在最发达的经济中，正式规则也只是构成决定着人们选择的种种约束的总体中的一小部分（尽管是很重要的一部分）。如果我们稍加思索，就会发现，非正式约束是无处不在的。"③ 正式制度与非正式制度的互补互促，构成完善的制度体系，对人们的交互行为进行约束，本身就具有制度的促进交易、经济发展的功能，更因为其对人类行为制约的广泛性和持续性，对正式制度的制约与影响，所以不可低估其作用。根据现有新制度经济学文献将非正式制度的主要功能归纳如下。

首先，非正式制度最基本的功能是信息的传递，简称信息功能。制度实际是一种基于行为准则的共同认知，可以告诉人们哪些行为是允许的，哪些是不被允许的。另外，也可以借此预期他人行为，知道他人对自己行

---

① 孔泾源：《中国经济生活中的非正式制度安排》，《经济研究》1992 年第 7 期。

② 转引自严汉平、白永秀《经济学视野下关于“制度”的文献综述》，《山西师大学报》（社会科学版）2006 年第 11 期。

③ 转引自韦森《社会秩序的经济分析导论》，上海三联书店，2001，第 201 页。

为的反应，并作出相应的策略性互动。因此非正式制度的信息传递就非常重要，特别是在一个开放的系统中，正如拉坦和速水所说："制度提供了对于别人行动的保证，并在经济关系这一复杂和不确定的世界中给予预期以秩序和稳定性。"①

其次，合适的非正式制度具有自发的规范约束功能，能够有效地节约交易费用，促进经济的发展。交易费用是制度的核心和存在的根本。正如本书前面所分析的，非正式制度虽然没有强制执行力保障，但其依然具有广泛而深远的约束力，作为一种人们在长期的学习选择过程中，自生自发的自然秩序、大家都遵守的惯例，它可以通过人的内在道德标准、群体压力等方式在无形中规范人们的行为。因此，它可以对市场的运行产生规范与约束作用，使得人们在每天进行交易时不用随时随地精心思虑交换条款，减少了衡量和实施成本，使交换得以发生，从而减少交易成本，提高交易效率。诺斯也指出："非正规制约源自于价值的文化遗传，来源于用于解决具体交换问题的正规规则的延拓与应用，也来自于解决简单协作问题的方案。总之，它们对制度结构具有普遍的影响。有些有效的传统（如勤劳、诚实、正直）能降低交易的成本，且能使复杂的生产交换成为可能。"②

最后，非正式制度基本功能还有凝聚、激励功能，可以有效提高经济效率和产出。非正式制度往往表现为世代相传的习俗和行为惯例，意味着群体具有共同的或相似的民族文化心理和意识，也意味着成员之间的相互认同和默契程度更高，凝聚力更强。而且非正式制度作用于人的意识，影响人的主观意识，因此可以有效地开发人的潜能，激发创造性，使得经济效率和产出在成本不变的情况下增加，甚至是大幅度增加，这一点在知识经济时代得到广泛验证。因此可以说非正式制度可以有效提高资源的利用效率，降低交易成本，促进经济增长。不过基于非正式制度本身内涵丰富

① 转引自〔美〕布罗姆利《经济利益与经济制度》，陈郁译，上海三联书店、上海人民出版社，1996，第23页。

② 〔美〕道格拉斯·C. 诺斯：《经济史中的结构与变迁》，陈郁、罗华平等译，上海三联书店，1994，第185页。

且具有差异性，不同的非正式制度安排也就带来不同的经济增长效应。

二 企业文化

（一）企业文化定义

企业的英文词“enterprise”，指有一定冒险性的事业、冒险精神、进取心、企业和公司。汉语中“企业”是指以营利为目的从事生产、流通、服务等经济活动，以生产或服务满足社会需要，实行自主经营、独立核算、依法设立的一种营利性的经济组织。企业在法律上的定义强调依法定程序成立，具有法人资格，独立享受权利和承担义务。从整个社会的角度来看，企业是社会的组成细胞，市场经济活动的微观参与者和承担者，众多企业及其经济活动共同构成整个市场经济的微观基础。企业因社会进步而产生，因社会分工的发展而成长壮大，企业组织形式也随着社会生产力的发展发生改变，经历了从工场手工业到工厂制再到现代公司制度的演变历程。对于企业的认识和理解是一个动态发展的过程，马克思运用历史逻辑法分析企业性质，认为企业是人类利用社会生产力的载体，而资本主义企业是生产剩余价值的工具；[①] 传统的微观经济学理论将企业抽象成一个由投入到产出的追求利润最大化的“黑匣子”；科斯（Coadse）在对企业性质的分析中从交易费用的角度将企业定义为依赖企业内部的“权威”关系节约交易成本的价格机制的替代物；[②] 张五常则在此基础上认为是一种契约取代另一种契约，企业是与市场在形式与机制上不同的契约。[③] 综上所述，企业作为社会的细胞、经济活动的主体、市场机制的一种替代，其产生和存在的根本源于其生产性及资源配置效率，其发展的目的也在于如何进一步提高生产及组织效率。不过随着社会的发展，组织效率提高的方式和途

① 王铭洁：《论〈资本论〉中的企业性质——马克思企业理论与西方企业理论的比较分析》，《现代物业》（中旬刊）2010 年第 4 期。

② 黄国桥：《对科斯〈企业的性质〉的评析》，《云南财贸学院学报》1998 年第 2 期。

③ 转引自费方域《企业的契约性质——张五常的企业理论评介》，《外国经济与管理》1996 年第 12 期。

径必然会随之发展，一个显著的变化就是组织不得不更多地兼顾、协调和平衡包括员工、社会在内的各相关者的利益来谋取组织的发展。

文化从广义上理解就是指人类作用于自然界和社会的成果的总和，是人类群体创造并共同享有的价值观念、意义体系、行为方式和物质实体，是人类群体的整个生活状态。文化的核心是人，文化是人的超越自然属性的理想和努力。文化的内隐部分为价值观和意义系统，外显形态为各种符号，这些符号主要体现为物质实体和行为方式。狭义的文化则仅指意识形态所创造的精神财富，包括宗教信仰、传统习俗、道德标准等。企业文化作为企业这一微观经济组织的文化系统，关于企业文化的定义有几百种，不同的学者有不同的理解和表述。霍恩斯认为，企业文化是在工作团队中逐步形成的规范。[①] 威廉·大内认为“一个公司的文化由其传统和风气所构成”，还包括传播和形象化企业文化的象征、仪式等内容。[②] 帕斯卡尔等则认为企业文化是用于指导企业制定政策的企业宗旨。[③] 特雷斯·E. 迪尔和阿伦·A. 肯尼迪认为，企业文化是“用以规范企业大多数情况下行为的一个强有力的不成文规则体系”。[④] 美国学者彼得斯和沃特曼把企业文化定义为：“传统文化与现代管理思想的结合而形成的可以通过创设良好的环境氛围，推动整个组织经营活动的一套员工的价值观念和行为规范。”他们认为企业文化有七种要素，其中共同价值观乃是核心要素。[⑤] 爱德加·沙因认为企业文化是在外部适应和内部成员交往过程中形成的共享的并用于教育新成员的一套价值体系，以支持企业的基本假设和信条为核心，可以凝聚人心以实现自我价值，提升企业竞争力的无形力量和资本。[⑥] 约翰·P. 科特等则指出企业文化是指一个企业中各个部门，至少是企业高层管理者们所共同

---

① 转引自卢君《企业文化作用的深层次剖析》，《商业时代》2010 年第 4 期。

② 〔美〕威廉·大内：《Z 理论——美国企业界怎样迎接日本的挑战》，中国社会科学出版社，1984，第 44 ~ 46 页。

③ 转引自卢君《企业文化作用的深层次剖析》，《商业时代》2010 年第 4 期。

④ 〔美〕特雷斯·E. 迪尔、阿伦·A. 肯尼迪：《企业文化——现代企业精神支柱》，中国对外翻译出版社，1989，第 160 ~ 163 页。

⑤ 〔美〕托马斯·彼得斯、小罗伯特·沃特曼：《寻求优势——美国最成功公司的经验》，管维立译，中国财经出版社，1985，第 6 页。

⑥ 转引自朱国云《沙因的组织文化理论》，《江海学刊》1997 年第 2 期。

拥有的那些企业价值观念和经营实践。[1] 上述概念的阐述中可以看出国外学者对企业文化的概念界定更强调其以价值观为核心的观念形态，以价值观为核心的群体意识。他们强调企业文化的内涵主要是价值观，认为它对组织的意义远远高于企业的组织结构、技术实力等，是企业成功的原动力。

我国学者也对“企业文化”的内涵进行了大量的分析与研究。罗长海在《企业文化学》一书中指出：“企业文化是企业在各种活动及其结果中，所努力贯彻并实际体现出来的以文明取胜的群体竞争意识”。[2] 刘光明在《企业文化》一书中指出：“企业文化是一种从事经济活动的组织之中形成的组织文化。它所包含的价值观念、行为准则等意识形态和物质形态均为该组织成员所共同认可。总而言之，企业文化有广义和狭义之分，广义的企业文化是指企业物质文化、行为文化、精神文化的总和；狭义的企业文化是指以企业的价值观为核心的企业意识形态。”[3] 陈佳贵主编的《企业管理学大辞典》认为：“一个较为完整的、准确和科学的企业文化的概念应包括以下几个基本点。①文化背景。企业文化是社会文化一定程度上的缩影，是企业在建立和发展过程中逐步形成并且日趋稳定下来的文化积淀。②实体内容。企业文化应包括企业价值观、企业精神以及以此为主导的企业行为规范、道德准则、生活信念和企业风俗，及在此基础上生成的企业经营意识、经营指导思想、经营战略等。③复合形态。企业文化应包括三种基本形态：观念形态文化、物质形态文化和制度形态文化，是一个三层次的复合形态。④功能形态。企业文化的功能赖以发挥的关键，在于企业生产经营中生成的社会群体文化氛围和心理环境。”[4] 综上所述，我国对于企业文化的内涵进行了广义和狭义的区分。与广义的文化概念相对应，广义的企业文化指企业在生产经营过程中所创造的财富总和，包括物质财富和精神财富，包括群体意识和行为规范，以及与之相应的规章制度、组织机构及企业产品、环境设施等的总和。企业文化的狭义内涵仅指企业成员

---

① 转引自曹艳《企业文化大盘点之四 企业文化定义种种》，《商业文化》2006 年第 2 期。

② 罗长海：《企业文化学》，中国人民大学出版社，1999，第 26 页。

③ 刘光明：《企业文化》，经济管理出版社，2002，第 8 页。

④ 陈佳贵主编《企业管理学大辞典》，经济科学出版社，2000，第 38 页。

共享的意识形态、价值观念体系。目前比较普遍的观点是把企业文化分成三个层次。最里面、核心层是“精神文化层”，即企业文化观念体系，包括企业价值观、道德标准、精神风貌等；中间层是“行为、制度文化层”，距离核心层最近，作为观念在制度和行为层面的体现，包括企业规章制度、行为规范、风俗与礼仪等；外层为“物质文化层”，如企业外部形象、企业产品、设施设备等。这一层距离核心层较远，但其更为直观，作为企业文化的物化载体，不可或缺。总之，这三个层次相互有机联系就构成了企业文化完整体系。也有学者直接把企业文化分成两个体系：本质体系和载体体系。“企业核心价值观、企业精神、企业家信仰、经营哲学、思维方式转变、伦理道德建设、企业美学建设等是本质内容，企业环境、制度模式、文化设施、礼仪、文化活动、标识、口号等是载体形式。”①

尽管国内外研究对企业文化表述以及侧重点上有所不同，但归纳起来，对企业文化内涵理解上形成共识，均认为企业文化最核心的内容就是：它是企业在长期生产经营活动中形成的一种独有的群体意识和理念系统。这种群体意识以价值观为核心，包括经营理念、企业宗旨、使命、企业精神、企业作风、道德规范等。不过基于意识与其载体的难以分割，所以广义的文化包括其物质载体，狭义的文化则只包括意识、理念部分。从制度经济学来看，企业文化是一种行为规范，属于非正式制度范畴。从博弈论的角度来看，企业文化是企业成员的一种共同信念和稳定预期。本书对企业文化的研究强调系统性，以本质体系为主，从制度的视角对企业文化进行分析，强调企业文化作为非正式制度的功能和作用，不过也不忽视通过对载体的研究来透视企业的文化。研究中也采用层次分析法，将企业文化系统划分为核心精神层次和外化的制度、行为以及物质层次，不过更强调企业文化的意识和理念系统。

（二）企业文化的性质及特征

企业文化虽然难以触摸，可一旦形成，却实实在在发挥着巨大的可以

---

① 罗志荣：《大力构建中国特色社会主义企业文化——中外企业文化2008南宁峰会综述》，《企业文明》2008年第12期。

说是“无孔不入”的影响力，了解企业文化性质及特征可以帮助我们更好地把握企业文化。从经济学视角对企业文化与企业制度及其他文化类型进行比较分析，企业文化主要特征归纳如下。

1. 无形性

企业文化本质上是一种群体共同意识和观念。其核心内容是企业的价值观。因此，其最大的特点是无形性。泰伦斯·狄尔和爱伦·肯尼迪在其合著的《企业文化》一书中把企业文化定义为：“用以规范企业人多数情况下行为的一个强有力的不成文规则体系”①，就突出了企业文化是企业的一种非正式制度。虽然说它也可以通过群体行为和某种物质载体外化，我们也可以据此对企业文化进行剖析，但更多的隐藏在最深层的基本假设、价值内涵及文化精神，看不见摸不着，却又可以感知其存在，会沉积在每一个人的心中，并指导每个人的行动，实实在在地发挥着至关重要的作用。当然这种影响更多的是一种心理的、信念的、道德的影响。

2. 契约性

在西方制度经济学中，契约可以简单地理解为一个合法的双边交易中双方就某些相互义务达成的协议，可以分为正式和非正式契约、显性和隐性契约、完全契约和不完全契约等。企业文化作为企业共同的群体观念、意识，存在于交易者意识之中，它会自发地、心照不宣地约束群体成员的行为，比如企业文化倡导对企业的忠诚，必然忠诚的人会得到积极的肯定和奖励，而不忠诚、具有机会主义行为、损害企业利益的人会遭到排挤、唾弃等惩罚，这体现了契约的约束性和规范性；同时企业文化形成的共同的观念、意识、行为准则也会使群体成员对组织、他人行为有稳定的预期，双方形成一种默契，即一种隐形的承诺。从这个角度来说企业文化具有显著的契约性，是企业、员工达成并维持的一份非正式的、内隐的、默认的道德性的契约，是企业显性契约的有效弥补。

3. 软约束性

企业文化从制度起源的角度来看，它是一种内部规则，是从人类经验

① 〔美〕泰伦斯·狄尔、爱伦·肯尼迪：《企业文化——现代企业的精神支柱》，唐铁军等译，上海科技文献出版社，1989，第20页。

中演化而来，并没有正式化为显性规则，因此它是一种非正式化的内部规则，表现为隐性的习俗、惯例、传统等。其形态本身决定了企业文化的软约束性。也就是说企业文化不是一种强制规范和约束，虽然在实践中由企业把企业文化要求外显化为一种具有强制执行力的硬规范，但从企业文化本身来说它是一种精神意识系统，它更多的是通过对群体成员心理的、信念的、道德的意识的影响来发挥其影响力，以人的自律和群体的反应来对人的行为进行约束。[①] 一方面，企业文化作为默认契约的核心是价值观体系，它会随时随地支配人的行为，表现为基于一定价值观支配下的自我约束。价值观是行为的基本原则，一种自发的心理定势，因而这种自我约束具有更广泛的适应性，即使在正式规则没有规定的情形或者新的变化情景下，基本价值观依然可以自发约束员工行为。因此可以说企业文化是约束效力范围更为广泛的契约。另一方面，群体的反应和压力实质上是一种外在的规制，比如员工的某种行为违背了企业文化所倡导的价值观念和行为准则，就会受到来自群体的排斥和压力如批评、规劝、说服教育等，从而使员工产生失落感、挫折感和内疚感。反之，员工的某些行为也会因为合乎企业文化所倡导的行为准则而受到群体的认可和称赞，从而获得心理与情感上的满足和行为的动力。如果不服从群体的压力，会有被群体排斥甚至抛弃的威胁。这种约束是一种软性的、柔性的约束，但不能说这种约束就弱于硬性约束。从另一个方面说，基于群体的共同认知而来的心理认同和基于群体压力而来的约束更为经济和有效，可以有效地节约硬性约束的制度制定和监督实施的成本，而且这种约束更为深层和持久。这一点本书会在企业文化的约束功能里面详细阐述。

4. 相对稳定性和延绵性

企业文化作为一种隐形的、软约束契约，其形态就决定了企业文化的产生以及演进不可能一蹴而就，观念的形成，特别是要形成共识，需要有一个长期的渗透和积淀的过程，表现出相对稳定性。而且企业文化一旦形成就会持续发挥作用，具有持久的影响，不会因为日常的细小经营环境的

---

① 李艳华、凌文辁：《从新制度经济学看企业文化的性质和功能》，《兰州学刊》2006 年第 6 期。

变化或个别人员的去留而发生改变。即使发生企业重大事件，企业文化发生重大的变革，旧有文化和外来文化的碰撞和融合以及形成新的文化也不会是一朝一夕的工夫，企业文化会表现出一种延绵性。即使企业文化随着企业内外经营环境的变化而不断变革，其延绵性会使企业文化保存自己一些好的文化传统和基因，使企业文化具有更持久的影响。

5. 共性和个性

首先企业文化作为一种意识形态，一种积淀在人们精神意识形态领域的东西，一种观念的集合体，本质上是一种非正式制度。它是人们在长期交往中形成的、世代相传的一种文化，包括价值观念、道德准则、传统习惯等，是社会非正式规则在企业的缩影，受整个社会非正式规则（文化）的影响，因此同一时代环境和背景下企业文化会呈现这个时代主流文化烙印的普遍特征，也就是共性。从历史发展阶段和社会文化嬗变的角度来看，资本主义发展早期，企业文化呈现明显的、赤裸裸的谋利特征。随着资本主义企业的发展，谋利文化逐步披上温情的面纱，直至现代“人本”企业文化的兴起。但同时由于不同企业所处外在环境，如地理环境、社会文化、经济条件、民族风俗等，以及内部环境，如企业创始人、主要经营者观念的差异、成员整体素质、经营特色等的不同，企业文化作为适应环境而生的有机系统则不可避免地打上企业自身的烙印，表现出企业的个性。即使两个企业在环境、管理组织、制度手段上可能十分相近，甚至一致，在文化上也会呈现不同的特色和魅力。企业文化是一种个性文化。因此，企业文化是个性和共性的统一体。

从企业文化构建角度来看，企业文化具有如下性质。

1. 应变性

企业文化的应变性是指企业文化一旦形成虽然具有一定稳定性和延绵性，但不会一成不变，而是受到社会文化的影响，会随着企业经营内外环境的变化而变化，企业的发展和变革必然伴随着文化的相应变化。

2. 可塑性

企业文化具有可塑性是指企业文化可以塑造出来。虽然企业文化的产生一般是自然演进逐渐积淀的结果，但并不意味着企业文化不可以塑造。

破解企业文化形成密码，就可以塑造、培育出新的企业文化。现实中往往通过企业家或者榜样的示范以及企业一系列活动实现企业文化的变革，新的企业文化由此塑造出来。

3. 目的性

从大量优秀企业文化案例中可以发现，优秀的企业文化具有鲜明的目的性，必然服务于组织目标的实现。组织战略的转变也必然需要组织文化的变革作为支撑，因而所有的企业文化变革和创新必然紧紧围绕着组织的战略目标而策划和实施。

企业文化这种微观组织文化形态既是企业这一经济组织特有的文化，又是整个社会文化的文化子系统，因此还具有以下性质。

1. 逐利性

企业文化作为企业这一微观经济组织的文化，一种经济文化，是企业对其使命、宗旨、目标、发展道路、发展方式等基本问题思考的意识成果。新古典经济学企业理论认为企业是逐利性的存在，企业的本质是生产和创造利润。亚当·斯密在《国民财富的性质和原因的研究》中指出："劳动生产力上最大的增进，以及运用劳动时所表现的更大的熟练、技巧和判断力，似乎都是分工的结果。"[①] 斯密认为企业中的分工所创造的社会财富要比家庭手工作坊高得多。企业是增进社会财富的生产单位。斯密之后的古典经济学家们对企业的认识和分析延续了这种传统，将企业的这种逐利性精细化为利润最大化原则下的投入产出模型，重视企业在边际收益等于边际成本利润最大化原则下，投入、产出以及两者与给定的技术、市场力量之间的关系。"现代理论的标准观点是把企业看成是利益驱动的生产集合。"[②] 总之，新古典经济学企业理论强调企业的逐利性，强调企业追逐利润、效率而忽视责任和公正。基于这一思维模式下的企业文化的核心本质就是其逐利性。虽然随着社会发展，其逐利性受到普遍的诟病，

① 〔英〕亚当·斯密：《国民财富的性质和原因的研究》，郭大力、王亚南译，商务印书馆，1981，第11页。

② 〔美〕温特：《论科斯、能力与企业》，载威廉姆森、温特等主编《企业的性质：起源、演变和发展》，姚海鑫、邢源源译，商务印书馆，2007，第237页。

在社会价值的演变下，逐渐淡化或者说披上温情的面纱，但其从来不曾消失。

2. 社会性

企业作为社会的细胞，是一种社会性的存在。马克思在剖析企业的逐利性的同时，还深刻揭示了其蕴藏背后的人与人之间的关系，即社会性。他不仅看到分工对效率的提高，还看到了协作的重要性，他在《资本论》中指出："这里的问题不仅是通过协作提高了个人生产力，而且是创造了一种生产力，这种生产力本身必然是集体力。"① "单是社会接触就会引起竞争心和特有的精力振奋，从而提高每个人的个人工作效率。"② 可见他认为协作中人与人之间的关系对效率有促进作用。马克思还看到了生产技术关系背后的人与人之间的关系，看到了被斯密等经济学家抽象掉的"人"的因素，强调生产过程的社会性。"相比于同等数量的独立手工业劳动而言，企业生产方式在一定程度上提高了私人劳动的社会性，符合价值创造与实现的客观要求。"③ 马克思尤其深刻揭示了资本在剩余价值追逐中，生产技术过程中表现出剥削性（人与人之间的关系）。"一方面，资本主义生产方式表现为劳动过程转化为社会过程的历史必然性，另一方面，劳动过程的这种社会形式表现为资本通过提高劳动过程的生产力来更有利地剥削劳动过程的一种方法。"④ 马克思还在《1844 年经济学哲学手稿》中提出了生产包括的两重关系的思想。"无论是通过劳动而达到的自己生命的生产，或是通过生育而达到的他人生命的生产，就立即表现为双重关系：一方面是自然关系，另一方面是社会关系"。⑤ 马克思更进一步地关注了企业在追求利润之外的公正、幸福和发展之类的社会性问题。总之，马克思对企业性质的认识系统而深刻，深刻地看到劳动过程、生产再生产过程中的社会关系，揭露了资本主义企业为了利润最大化牺牲工人健康、对工人的

---

① 《马克思恩格斯选集》第 2 卷，人民出版社，2012，第 207 页。
② 《马克思恩格斯全集》第 44 卷，人民出版社，2001，第 379 页。
③ 郭毅：《马克思的企业性质观》，《经济学家》2006 年第 4 期。
④ 《马克思恩格斯全集》第 42 卷，人民出版社，2016，第 342 页。
⑤ 《马克思恩格斯选集》第 1 卷，人民出版社，1995，第 80 页。

残酷压榨和剥削。马克思的思想揭示了企业作为一种社会性的存在其本质的特征，由此作为企业意识反映的企业文化必然体现出社会性的一面。总之，企业文化的社会性客观存在，不过在企业逐利价值观占上风的时代，社会性被有意无意地忽略了。但其重要性却随着社会的进一步发展被日益重视，甚至超越逐利价值观，成为企业首要的伦理责任和核心价值观念。

（三）企业文化构成要素及结构

根据系统论的观点，企业文化是一个由诸多相互依存和相互影响的要素构成的有机统一体。不过企业文化是意识形态，是精神层面的东西，因此对其构成要素很难把握，也至今没有定论。企业文化内部构成要素关联方式以及相互关系称为企业文化结构，也就是考察企业文化内部各要素如何连接，如何形成一定的比例关系和位置关系构成企业文化的整体模式。实践中我们既要把握企业文化要素，也要注意处理好诸要素之间的结构关系，因为企业文化诸要素只有通过合理的结构方式组合起来，才会产生良好的系统效应。对企业文化要素及结构的把握也是我们有效理解企业文化内在特质、基本内涵以及形塑路径的关键。目前学术界关于企业文化要素及结构的主要观点归纳见表1－4。

表1－4　企业文化构成要素

观点	构成要素	备注
观点一	5要素：企业环境、价值观、英雄人物、典礼仪式、文化网络	国外学者代表性观点：肯尼迪和迪尔、帕斯卡尔等人、威廉·大内
观点二	7S：战略、结构、制度、人员、作风、技能和最高目标	
观点三	一个公司的文化由其传统、风气以及价值观所构成	
观点四	企业物质文化要素、企业制度文化要素、企业精神文化要素	国内学者代表性观点
观点五	共同价值观、行为规范、形象与形象性活动	
观点六	长期—短期导向、道德—利益导向、客户—自我导向和员工成长—工具导向（基于组织对利益相关者判断角度）； 学习—经验导向、创新—保守导向、结果—过程导向、竞争—合作导向、制度—领导权威、集体—个人导向、沟通开放—封闭性、关系—工作导向（基于组织对管理行为的价值判断角度）	

续表

观点	构成要素	备注
观点七	(1) 企业精神; (2) 现代企业价值观; (3) 企业目标; (4) 现代企业伦理道德; (5) 现代企业制度; (6) 现代企业民主; (7) 现代企业文化活动; (8) 现代企业形象; (9) 现代企业素质; (10) 现代企业团队意识	国内学者代表性观点
观点八	高层次文化的企业哲学，然后是在总的方法论指导下的目标文化(企业目标)、政治文化(企业民主)、规范文化(企业道德)、制度文化(企业制度)、团体文化(企业群体意识)、功能文化(为发挥文化功能而展开的各种德智体美活动)和实体文化(企业的生产资料、产品以及保健卫生、文化娱乐等设施)	

对于企业文化的结构，一些学者提出将其分为内部和外部或者隐性和显性结构层次。如英国学者艾伦·威廉姆斯(Allan Williams)、保罗·多布森(Paul Dobson)和麦克·沃尔特斯(Mike Walters)用睡莲图来形象表示企业文化的结构层次(见图1-2)。企业文化系统一部分是潜在的，可以描述的，如信念、态度、价值观；另一部分是浮于表面并可以观察的，如一些具体行为。图1-2说明了两者之间的关系，就是前者决定后者。“信念”是企业文化最底层最核心的因素，决定了企业文化的态度、价值观以及具体行为等。①

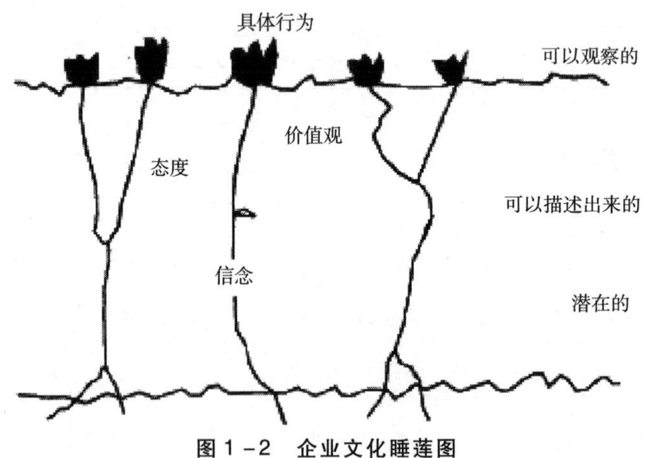

图1-2 企业文化睡莲图

图片来源：沃伟东：《企业文化的经济学解释》，博士学位论文，复旦大学，2006，第21页。

① Allan Williams, Paul Dobson, Mike Walters, “Changing Culture,” *Institute of Personel Management* (1989), pp. 10-15.

美国学者帕米拉·路易斯（Palnela Lewis）、斯蒂芬·H. 古德曼（Stephen H. Goodman）等人认为企业文化可以形象地表示为冰山（见图1－3），一部分沉于水下，如共有价值观、宗旨、观念、行为标准等，水面以上是可见的部分，如具体行为。图1－3说明企业文化系统的两个基本构成成分及其关系，我们所观察到的企业文化只是冰山的一角，而支撑这一切的是冰面下的深层次的东西。

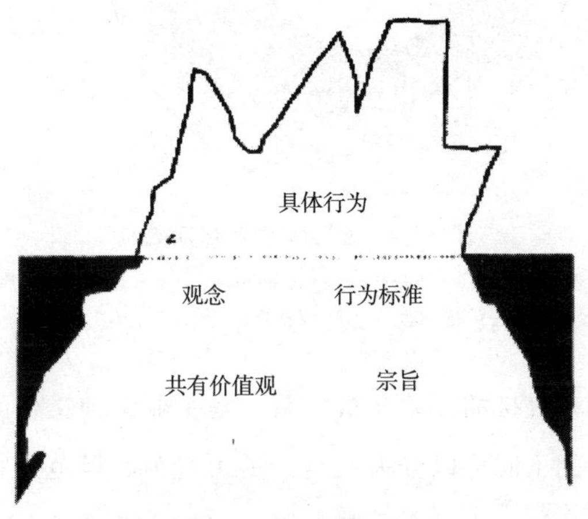

图1－3　企业文化冰山图

图片来源：沃伟东：《企业文化的经济学解释》，博士学位论文，复旦大学，2006，第21页。

而荷兰学者霍夫斯塔德在《跨越合作的障碍——多元合作与管理》一书中把文化剖分成物质生活文化、制度管理文化、行为习俗文化和精神意识文化四个层级。很多学者认为企业文化主要有三个层次：物质文化层、行为文化层和精神文化层。不过随着制度的重要性进入研究者视域，越来越多的学者认同企业文化是由理念、制度、行为、物质四个层次构成，企业文化四层次划分得到普遍的认同。其结构和要素如图1－4所示。

企业文化最外层（表）是形之于外的物质层，包括象征物、英雄、故事、环境布置等，这一层次直观可见可触摸，容易辨识，但因为其离企业文化核心最远，所以也容易扭曲和背离。企业文化的第二层是行为层，也称企业的行为文化，是企业的一种浅层文化，以员工的日常行为、企业活动、仪式等为载体。这一层距离企业文化核心和本质大大近了一步，和企

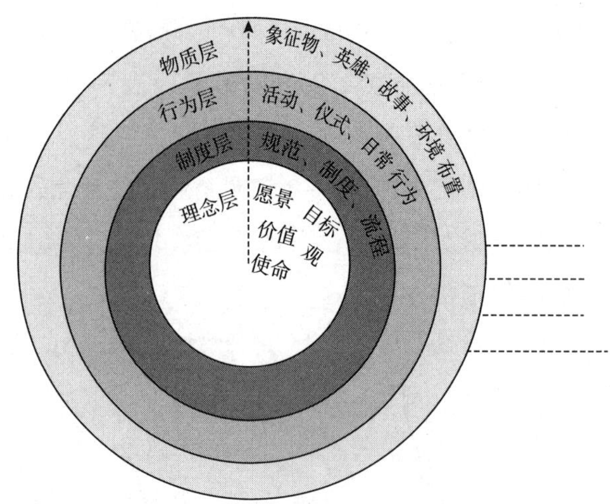

图 1－4　企业文化四层次结构

图片来源：由加拿大学者佩格·纽豪热（Peg Neuhauser）、佩·本德（Pay Bender）和科可·L. 斯特姆斯伯格（Kirk L. Stromsberg）提出的同心圆图整理。

业文化的核心具有直接的互动互指关系，是企业精神文化的动态体现和反映。从行为主体的不同可以分为三类：员工行为、模范人物行为、企业家行为。企业文化的第三层是企业制度层，包括企业规范、企业制度和组织流程。企业制度层是企业文化层级中至关重要的桥梁。它承接理念层和行为层、物质层，是企业核心价值观、精神文化由虚到实的关键环节和有力保障。企业精神通过企业的组织流程、企业的一系列规章制度、行为规范得以贯彻落实，制度强制力使企业文化精神的贯彻有了强有力的保障。有了一定制度框架和秩序规范，企业成员的行为有了制度的规制，并形成一定的约束与激励机制，从而使企业文化精神贯彻到企业及其成员的行为中。企业制度文化与企业理念文化、企业行为文化相辅相成、互相影响共同构成企业文化体系。其一致性越高说明企业文化力越强。企业文化的第四层也是核心层——企业理念文化层。这一层次实际上是企业文化最本质的所在，是整个企业文化的灵魂所在，具体指企业的基本信念和假设、企业的价值观念和评价准则，包括企业的价值观、经营哲学、企业精神、企业作风等内容。制度文化、行为文化、物质文化紧紧围绕它并由里到外、由深入浅地逐步扩散和外化，最终形成企业整体文化形象。

（四）企业文化构建及测评

从管理学的角度来看，企业文化也是一种可以用来达到一定目标的具体手段，既是一种文化现象，也是一种企业管理理念及措施体系，具有工具价值。[①] 因为其在现代企业管理中的作用和地位日益凸显，企业文化的构建和塑造被放在了企业的战略地位，在管理过程中发挥巨大的实质性作用。

要在一个企业中建立优秀的适合自身发展的企业文化，需要综合考虑企业内外环境条件及要求，特别是社会文化、传统文化以及现有文化的影响，提炼和构建适应本企业生态环境的企业文化，才是具有生命力的企业文化。企业文化建设的过程及方法现有研究已经有了比较系统的看法，从企业家、企业制度设计、企业活动及行为到企业物质文化建设，形成了比较系统、完善和具有可操作性的企业文化建设系统。对于现有的企业文化建设具有行之有效的指导思想和方法，不过这一建设思想只局限于企业内部的文化创建活动，本书将根据和谐企业文化的特点从宏观和微观两个层面探讨和谐企业文化构建理论及实践系统。

关于如何评价企业文化的现状问题及建设成果，很多学者设计或选用量表来测量企业文化，建立企业文化分类模型，了解企业文化的特性。也有不少学者设计或运用量表来掌握企业文化的总体概貌或细节问题，了解企业文化的优势和劣势。设计量表的理论基础和目的不同，会导致测量的角度和重点有差异。本书将重点介绍美国学者丹尼森（Denison）的企业文化测度模型（见图 1－5）。“Denison 企业文化模型”是在丹尼森对一千多家企业、四万多名员工长达 15 年研究的基础上建立起。他设计了四个维度（一致性、使命、相容性、适应性）、12 个指标和 60 个多个项目集中考察企业文化关注内部的程度、关注外部的程度以及组织的灵活性和稳定性。从组织经营绩效的角度比较全面地考察了企业文化的特质。该模型经过实践验证具有较高的可靠性，是最有效、最实用的模型之一。该模型的设计思路对于本书对和谐企业文化维度的研究具有借鉴意义，具体内容将在第三章阐述。

---

① 吴斌：《刍议当前企业文化建设的困境与消解》，《商业时代》2011 年第 31 期。

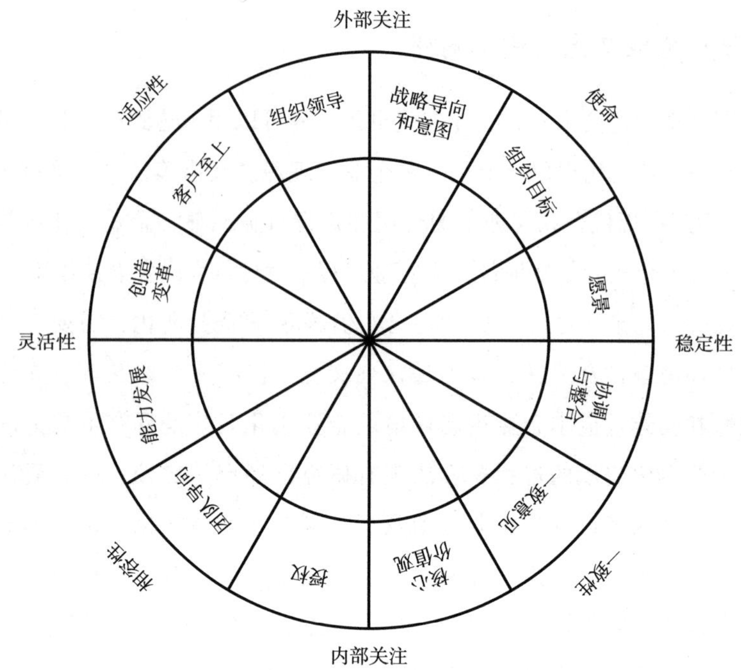

图 1－5 Denison 企业文化测度模型

图片来源：王宁、郭伟：《纺织企业文化测度模型构建——以陕西为例》，《西安财经学院学报》2010 年第 3 期。

三 企业制度与企业文化

（一）非正式制度与企业文化

格雷夫在他关于 11 世纪马格里布和 12 世纪热那亚的研究中阐明了文化传统、制度绩效和路径依赖之间的关系。① 文化信仰作为非正式制度的组成部分在影响社会演化、发展形成中起着重要作用。由此可以看出文化与非正式制度的密切关系及其重要作用。

企业文化作为社会文化的重要组成部分，广义的企业文化包括企业精神、物质财富的综合，狭义的企业文化仅指精神意识形态。在新制度经济

① 姜雯雯：《非正式制度思想理论发展研究》，《现代商贸企业》2011 年第 14 期。

学中从制度的角度来划分，狭义的企业文化是一种非正式制度，是企业在长期生产经营过程中自发生成和积淀而成的潜在的制度系统，也是企业的一种潜在的制度性资产。这里对文化的理解是一种狭义的理解，强调作为非正式制度的文化。广义的企业文化则包含正式与非正式制度内容，也就是管理学上通常所说的企业制度（正式制度）和企业文化（非正式制度）。两者相辅相成，互相弥补共同构成企业文化系统，形成企业总体文化特征。

企业文化属于非正式制度范畴，具有非正式制度的所有功能，是企业正式制度的有效补充，也是整个企业的灵魂和生命力所在。而企业的非正式制度不仅仅包括企业文化的意识形态部分，非正式制度与企业文化在概念是部分重合但不等同。本书研究的是作为一种非正式制度的企业文化，研究企业文化作为一种软约束和隐性制度如何与企业正式制度相互作用和相互补充，如何发挥其独有的价值和功能弥补企业正式制度约束的不足。

（二）企业制度与企业文化

企业制度在这里仅指企业正式制度，指企业的成文法、组织结构和运行机制等。企业制度最核心的内容是企业内部参与者的权利与利益的一种安排。在企业里，通常是一些参与者拥有企业的经营决策权（控制权）和企业的剩余收益权，同时承担经营风险（即债务负担），而另一些参与者则没有经营决策权，既不占有剩余收益，也不承担企业债务，只是获取相对固定的由契约规定的收入。① 从历史角度来说企业制度是在不断演变，从单一业主制到合伙制再到现代的公司制，企业正式制度在管理中被称为制度管理，与企业文化是企业管理中的两种不同的管理方式和手段。二者的主要区别如下。前者重视企业正式制度的设计与实施，强调规章、制度的监督与执行的强制约束力。在表现形式上往往以各种规章、条例、纪律等行之于文的形式存在。后者则是一种无形的、潜移默化形成并存在于人头脑中的意识体系，往往通过价值观、理想信念、道德规范等的塑造，启

① 陈躬林、高兴民：《论企业制度的演进》，《求是学刊》2001 年第 11 期。

发人的自觉意识实现对人的行为的控制和调节。

从理论角度来说企业制度约束是一种刚性约束，而企业文化则是一种柔性约束，各有优缺点，互为补充，互相促进。因此，理想的企业治理模式是企业制度管理和企业文化的刚柔相济，完美交融，也就是充分发挥企业正式制度和企业文化（非正式制度）的制度效力，实现一种完美的企业治理状态。在实践中综观国内外众多企业的实践经验教训，无不表明只凭刚性的制度规制和约束，无法实现企业的长期可持续的发展。学者们的研究证明那些具有持久生命力的企业均具有优良的文化积淀和传承，依靠企业文化与企业制度的完美结合，形成强有力的企业文化，从而形成企业独有的无法模仿与复制的核心竞争力，实现企业的可持续发展。

在分析非正式制度与正式制度关系时我们也强调了，正式制度对非正式制度的保障和强化作用以及非正式制度对正式制度的影响和制约。根据制度经济学中关于正式制度必须与非正式制度兼容的原理，一个企业是否健康发展还看这两者是否完善，是否相容，完善程度越高、契合度越高企业越能实现和谐发展。当然在实践中，人们在强调企业正式制度建设后，发现企业非正式制度更能实现企业的高绩效，也因此企业文化受到更多的关注和重视。需要指出的是制度与制度文化不是同一概念。在企业管理中，初始的人为设计的制度只有当它逐步被员工认同、内化能够自觉遵守时，才能称为文化，也就意味着正式制度演化为一种非正式制度，由一种外在约束内化成一种自我约束。否则，制度仅仅是一种管理规则，至多只能称为管理者的“文化”。①

四 和谐企业相关概念界定

（一）和谐内涵

和谐是我国传统文化的核心理念，重视和谐是我国传统文化的一个显

① 黎群、唐艳：《企业制度与企业文化的相互渗透》，《中国电力企业管理》2004 年第 12 期。

著特点。“和”字最早出现在我国的甲骨文和金文中。“和”的初意是声音相应和谐，“和”者，和睦也，有和衷共济之意；“谐”者，相合也，有协调顺和之意。“和谐”即事物各要素之间处于一种相互协调、相辅相成的均衡发展状态。《易经》说：“二人同心其利断金”，“圣人感而天下和平”。认为圣明的统治者应该达到与天地合其德，与日月合其明，与四时合其序，与鬼神合其吉凶，也就是使自己的施政治民达到全面和谐的境界。[①]《尚书》说：为政要做到“以亲九族”，“协和万邦”，即实现内外人际关系的和谐。[②] 孟子重视人和，即建立和谐的人际关系，对和谐的重要性以及实现和谐的途径等作了阐述，这些都体现了古人重视和谐的思想。特别要注意的是孔子说“君子和而不同，小人同而不和也。”[③] 意思是说这个“和”是允许差异性存在的和，是多样性的统一，是求同存异、优势互补，不是整齐划一的简单附和。[④] 从政通人和、和衷共济、和睦相处、和谐有序、尚同一义和博爱互助等文化观念中可见：和谐是指事物存在的理想状态，是人们孜孜以求的目标，是人类的理想追求。

从哲学的角度来说，事物内部矛盾双方既对立又统一，共同推动事物的发展。过去的理论界片面地认为事物的发展最终都要靠矛盾的斗争性来解决，过于强调矛盾的斗争性对事物发展的推动力量，通过战胜对方、消灭对方，来推动事物的发展。和谐文化理念强调推动事物发展的是矛盾的统一性，是矛盾双方的协调、妥协、让步、双赢、共同发展。因此，“和”则相生相依，“和”才能产生新事物，包含了差别与对立、革新与发展的辩证思想。可见，和谐是指新事物产生的内在动力。马克思说过：“人们奋斗所争取的一切，都同他们的利益有关。”[⑤] 离开矛盾双方的共享利益，

---

① 吉萍：《传统文化中的和谐观念与企业文化建设》，《云南社会科学》2001 年 S1 期。

② 吉萍：《传统文化中的和谐观念与企业文化建设》，《云南社会科学》2001 年 S1 期。

③ 转引自杨悦《“和谐”思想的辩证内涵及其现实意义》，载中共上海市委党校等编辑《社会转型中的和谐社会构建——上海市党校系统“构建社会主义和谐社会”理论研讨会论文集》，中共上海市委党校，2005，第 55 ~ 65 页。

④ 洪驰：《论传统文化中的和谐理念与企业文化建设》，《中北大学学报》（社会科学版）2008 年第 6 期。

⑤ 《马克思恩格斯全集》第 1 卷，人民出版社，1956，第 82 页。

共同发展，共同进步，也不可能有和谐。概而言之，和谐，是一种理想追求、一种价值取向、一种文化境界，也是一种思维方式，其本质是共同发展。席酉民教授进一步指出“和谐”是一种系统的和谐。系统的整体和谐具有效率和精神满足两方面的功能。一方面指系统在自身各构成要素及结构上要实现总体的协调，从而更有效地实现系统功能，创造更大的系统输出，体现一种“谐”的精神。另一方面企业在实现自身价值的同时，除了满足企业成员生存所需，还要满足其精神需求，为其提供全面发展的条件，帮助其实现自我价值，体现“和”的思想。当然，就两者关系来看，人“和”才能实现组织整体的“谐”，和谐是效率与公平的统一。

总之，和谐主要有三层意思：一是指事物存在的理想状态，二是指新事物产生的内在动力，三是指效率与公平的统一。

（二）发展观与和谐发展

在社会历史领域，发展观是一定时期经济与社会发展的需求在思想观念层面的聚焦和反映，是一个国家在发展进程中对发展及怎样发展的总的和系统的看法。确立什么样的发展观，是世界各国面临的共同课题。发展观也随着各国经济社会的演变进程而不断完善。随着经济社会发展，我国单纯强调经济增长而不顾人的发展以及环境污染的发展观的局限日益凸显，党的十六届三中全会明确提出了坚持以人为本，树立全面、协调、可持续的发展，促进经济、社会和人的全面发展的科学发展观。科学发展观实质强调经济发展与社会发展、人的发展的协调和和谐，是一种和谐发展观。不过，中国特色社会主义初级阶段发展观的相对稳定性并不排除其变化性，这种变化性是因为不同时期所遇到的问题、困难与矛盾的不同，要求人们根据不同时期的问题、困难与矛盾适时改变与调整发展方式。2015年10月29日，习近平在党的十八届五中全会第二次全体会议上的讲话鲜明提出了创新、协调、绿色、开放、共享的新发展理念。[①]“五大发展”理

① 《习近平：新发展理念就是指挥棒、红绿灯》，中国网，http：//news. china. com. cn/2016 - 12/15/content_ 39919744. htm，最后访问日期：2019 年 12 月 15 日。

念既是对我国改革开放以来发展观以及国际先进经验与理论的继承与发展，又是契合新的历史条件指导我国未来经济与社会发展的科学思想。实质是通过科学的核心发展理念，协调各方关系，实现中国特色社会主义新时代的和谐发展。协调是事物发展客观规律的要求，创新是适应内外环境变化的必然要求，绿色是人与自然和谐的必然要求，开放是国内、国外两个市场和谐的必然要求，共享是人与社会和谐的必然要求。可见新发展观还是强调和谐发展，但已不是一种单纯重视形式的和谐发展，而是更注重内容的和谐发展。从科学发展观到新发展理念，和谐发展是主题，和谐发展是新发展观的必然要求，也是实现和谐社会理想的具体途径。

新发展观所蕴含的和谐发展伦理观是："和谐是发展的基础，发展是和谐的必然结果，发展是系统实现新的更高层次的和谐的必要条件，发展中的和谐则是实现持续发展的新平台，发展因和谐得以实现，和谐因发展得以升华。"① 从系统论的角度来说任何系统之间及系统内部的各种要素都是相关的，和谐发展就是使系统与系统之间及系统中的各个子系统、各种要素保持一种相互依存、相互协调、相互促进的状态，关系和谐，共同发展。和谐发展区别于传统的遵循自然法则、以优胜劣汰为基本原理的自发发展。和谐发展意味着系统之间的关系不是纯粹自发的如生物界那样的竞争关系，而是一种社会化的协作、合作关系。由此看来这是一种发展观念以及发展模式的进化，是由生物个体与群体行为从盲目的生物性、竞争性向理智的社会性、合作性发展，是人类社会的进步，是人类社会逐步由盲目发展转向科学发展的深刻而伟大的变革。

总而言之，和谐发展以"和谐"为基本信念，共存共荣为基本准则，以不断实现高水平和谐状态为目标，通过优化系统各要素和结构，提高系统适应变革和创造环境的能力，实现系统的协调和可持续发展。对于和谐发展理念内涵的准确把握要注意以下方面：和谐发展并不意味着没有矛盾，而是强调通过化解矛盾促进和谐；和谐发展不是没有差异，而是"和而不同"，是共性和个性的统一；和谐发展不是停滞不前，而

---

① 柳菊兴：《和谐发展是科学发展观的必然要求》，《学校党建与思想教育》2004 年第 12 期。

是在创新中不断发展。总之，和谐发展的关键点是和谐的平衡机制和创新的动力机制的有机统一，通过协调各利益主体的相关诉求，化解矛盾，构建秩序，维护公平，不断建设和创新，保障各方面、各层面的利益均衡与持续实现。

（三）和谐企业

和谐社会建设既是一项伟大的战略决策，也是一个艰巨的系统工程。企业作为社会的细胞、微观经济主体、社会发展的基本物质载体，企业的和谐是整个社会和谐的重要基础和保障，微观企业的和谐关系到整个社会的和谐。创建和谐企业、实现和谐发展是每一个企业义不容辞的社会责任和历史使命。和谐企业不仅是建设和谐社会的需要，更是企业自身生存、可持续发展的需要。一个企业首要的任务是生存，然后是发展。企业如果没有稳定的、和谐的内部环境，没有人与人的和谐，将会成为一盘散沙，矛盾冲突不断，难以提高生产效率；如果没有和谐的外部环境，产品质量差、服务落后、口碑差，这类企业必然会被消费者用脚投票而淘汰，当然也谈不到企业的持续发展。和谐企业是我们吸取企业发展历史经验教训得出的必然结论，是规律之必然。企业发展历史也证明了这一点，一些注重创设内外和谐环境，保持与社会系统和谐关系的企业将获得长久的生命力和持续的发展动力，而那些鼠目寸光，以眼前利益为重，以牺牲企业利益相关者利益获得短期利益的企业，则相继消失在历史的长河中。总之，企业的生存、健康发展离不开社会的支持，离不开和谐的社会环境，离不开整个系统的协调发展。由此可见，保持内外利益关系协调的和谐企业是历史的选择。

和谐企业可以从内部和谐和外部和谐两个方面来分析。内部和谐包括人与企业、人与人之间、企业各要素、部门之间的和谐。外部和谐包括企业与社会、企业与自然环境的和谐。和谐企业的关键内核是通过企业内外利益关系的协调，而实现企业的经济效益与社会利益的统一，最终实现企业与人、企业与社会、企业与自然的和谐发展。企业要和谐，首先要发展。发展是实现更高层次和谐的必要条件。首先只有企业发展了，才能为和谐创造实实在在的物质基础，才能满足员工的基本利益需求，从本质上“回馈员工”，所以说发展是和谐的前提。反之，企业要发展必须以和谐为基础和目标，发展因和谐得以实现。如果一个企业的发展充满矛盾和冲突，也就意味着企业发展面临诸多艰难险阻，发展受阻，必然是难以持续的。即使依靠一时的策略取得短暂的胜利，也必然埋下失败的导火索，随时有可能点燃，导致企业一败涂地。许多表面光鲜、辉煌的企业一夕之间颓然垮塌、分崩离析的案例有很多，根源就在于企业不和谐的病态发展。企业应在和谐中求生存发展，在发展中求和谐。企业和谐发展意味着要同一切与自身相关的事情保持着一种协调的状态。从经济学的角度来说，最根本的是利益的协调，也就是要处理好企业内外利益当事人、利益相关者的关系，使集结于企业的利益各方的诉求能得到合理兼顾和协调。因此企业和谐发展对内要维护企业内部和谐，促进人与人之间、员工与企业的和谐发展，对外要求维护企业与社会、自然环境的和谐。

第三节　和谐企业文化主要理论基础

对企业文化的研究可以多角度进行，我们可以从哲学、经济学、社会学、文化学、管理学等找到不同的切入点，对企业文化问题进行研究，有助于我们对企业文化问题的多侧面理解。本书侧重于从哲学和经济学角度进行研究，为企业文化理论寻求哲学、经济学依据。

一　马克思主义企业理论

马克思主义理论博大精深，本书坚持马克思主义立场，运用唯物辩证法这一科学世界观和方法论，对企业文化问题进行研究，同时运用马克思主义基本观点指导企业文化创新。马克思虽然没有对企业文化进行直接论述，不过其对企业的系统分析和论述，蕴含着对企业文化构建具有指导意义的基本观点。马克思在《资本论》中研究资本主义生产方式运行规律时，是从研究企业这个微观经济主体开始的，并围绕企业及其资本来展开。马克思企业理论以劳动价值论为基础，以资本运动为中心，以剩余价值生产、流通和分配为主线，研究资本是如何实现增殖的。马克思企业理论表明企业既是社会财富的生产单位，也是社会生产关系的组织载体，企业的性质应当包括企业的社会性质和自然性质两个方面。马克思主义基本理论虽然没有明确提出企业社会责任概念，但马克思对企业性质的认识系统而深刻，对资本主义企业生产关系及社会生产过程的理论分析蕴含了丰富的企业社会责任思想。他揭示了劳动过程、生产和再生产过程中的社会关系，深入分析了资本主义企业为了利润最大化而牺牲工人健康以及生态环境等的损害性行为。马克思的分析说明，企业作为一种社会性的存在应该承担社会责任和环境责任。这一理论原则也成为本书探讨和谐企业文化的深刻理论基础。

马克思指出了资本主义企业在生产技术过程中的人与人之间关系的重要性。他不仅看到分工对效率的提高，还看到了协作的重要性，在《资本论》中指出："这里的问题不仅是通过协作提高了个人生产力，而且是创造了一种生产力，这种生产力本身必然是集体力。"① "单是社会接触就会引起竞争心和特有的精力振奋，从而提高每个人的个人工作效率。"② 可见他认为协作中人与人之间的关系对效率有促进作用。马克思还看到了生产技术关系背后的人与人之间的关系，看到了被斯密等经济学家抽象掉的"人"的因素，强调生产过程的社会性。马克思更进一步地对资本主义企业对工人的各种损害进行了具体描述。"资本由于无限度地盲目追逐剩余劳动，象狼一般地贪求剩余劳动，不仅突破了工作日的道德极限，而且突破了工作日的纯粹身体的极限。它侵占人体成长、发育和维持健康所需要的时间。它掠夺工人呼吸新鲜空气和接触阳光所需要的时间。它克扣吃饭时间，尽量把吃饭时间并入生产过程，因此对待工人就象对待单纯的生产资料那样，给他饭吃，就如同给锅炉加煤、给机器上油一样。资本把积

① 《马克思恩格斯选集》第2卷，人民出版社，2012，第207页。

② 《马克思恩格斯全集》第42卷，人民出版社，2016，第332页。

蓄、更新和恢复生命力所需要的正常睡眠，变成了恢复精疲力尽的机体所必不可少的几小时麻木状态。在这里，不是劳动力的正常状态的维持决定工作日的界限，相反地，是劳动力每天尽量的耗费（不论这是多么强制和多么痛苦）决定工人休息时间的界限。资本是不管劳动力的寿命长短的。”① 马克思不仅揭露了资本对工人劳动时间和身体健康的压榨和剥削，也深刻揭示了资本对于工人精神的损害。“劳动越机巧，工人越愚钝，越成为自然界的奴隶。”② “劳动生产了智慧，但是给工人生产了愚钝和痴呆。”③ “劳动对工人说来是外在的东西，也就是说，不属于他的本质的东西；因此，他在自己的劳动中不是肯定自己，而是否定自己，不是感到幸福，而是感到不幸，不是自由地发挥自己的体力和智力，而是使自己的肉体受折磨、精神遭摧残。”④ 从相关论述中不难发现马克思对资本主义企业将工人视为机器以及对工人的残酷剥削和压榨的批判。这些论述蕴含了马克思企业社会责任思想，也揭示了资本主义企业社会责任的缺失。

马克思也很早就看到了资本主义生产与自然的矛盾。在《1844 年经济学哲学手稿》中，马克思强调自然异化是人为造成的（由私有财产和金钱的统治造成），“劳动本身，不仅在目前的条件下，而且一般只要它的目的仅仅在于增加财富，它就是有害的、造孽的”⑤，提出了解放自然，使整个自然界复活的思想。在《资本论》第一卷第四篇最后部分，马克思集中研讨了资本主义生产与自然的矛盾和对立，揭露了资本主义生产方式经营工业和农业过程中的盲目性和反自然性，指出资本主义生产“一方面聚集着社会的历史动力，另一方面又破坏着人和土地之间的物质变换……从而破坏土地持久肥力的永恒的自然条件。这样，它同时就破坏城市工人的身体健康和农村工人的精神生活。”⑥ “资本主义农业的任何进步，都不仅是掠夺劳动者的技巧的进步，而且是掠夺土地的技巧的进步，在一定时期内提

① 《马克思恩格斯全集》第 23 卷，人民出版社，1972，第 294～295 页。
② 《马克思恩格斯全集》第 42 卷，人民出版社，1979，第 92～93 页。
③ 《马克思恩格斯全集》第 3 卷，人民出版社，2002，第 270 页。
④ 《马克思恩格斯全集》第 42 卷，人民出版社，1979，第 93 页。
⑤ 《马克思恩格斯全集》第 42 卷，人民出版社，1979，第 55 页。
⑥ 《马克思恩格斯全集》第 42 卷，人民出版社，2016，第 518～519 页。

高土地肥力的任何进步，同时也是破坏土地肥力持久源泉的进步。一个国家，例如北美合众国，越是以大工业作为自己发展的起点，这个破坏过程就越迅速。因此，资本主义生产发展了社会生产过程的技术和结合，只是由于它同时破坏了一切财富的源泉—土地和工人。"① 可见马克思对生态环境保护的高度重视。基于马克思的生态思想的继续发展，在20世纪中叶，出现了生态马克思主义理论。

马克思对企业社会责任缺失的分析和批判，可以说涉及资本主义生产的整个过程和方方面面，如揭露了资本主义企业生产假冒伪劣商品损害消费者利益、通过圈地运动等暴力掠夺方式进行原始资本积累，造成城市贫民社区的恶劣状况，等等。② 虽然资本生产方式推翻了封建统治，在促进社会经济发展方面具有非常积极的作用，但是资本主义制度同样也引起了人类社会异化、传统的伦理感情冷淡、资源浪费严重、社会发展不可持续、城乡新陈代谢断裂等许多难以克服的社会责任问题。③

总之，"马克思在对资本主义生产方式的批判性分析中科学地预见到了企业社会责任问题，证明了企业社会责任问题是资本主义制度内在矛盾的表现。"④ 同时，马克思主义的基本立场、唯物辩证法以及对企业社会责任的思想对本书新时代企业文化创新的探讨有着重要的指导作用。

二　习近平新时代中国特色社会主义思想

广义的马克思主义也包括马克思主义中国化理论。中国共产党近百年历史就是把马克思列宁主义同中国革命、建设、改革的具体实践相结合的历史。以科学理论引领是中国共产党战胜困难和取得伟大成就的根本保

① 《马克思恩格斯全集》第23卷，人民出版社，1972，第551~554页。

② 张衔、谭克诚：《企业社会责任：基于马克思经济学的思考》，《教学与研究》2014年第1期。

③ 何平：《马克思的资本生产社会责任批判对构建我国企业社会责任体系的启示》，《学术论坛》2010年第1期。

④ 张衔、谭克诚：《企业社会责任：基于马克思经济学的思考》，《教学与研究》2014年第1期。

证。党的十八大以来，党和国家事业取得历史性伟大成就的根本原因就在于党的创新理论的指引。党的理论创新每推进一步，作为国家治理体系重要组成部分的微观主体企业要适应社会变革，保持战略定力，经受住各种风险的考验，必须将理论向实践转化。党的十九大将习近平新时代中国特色社会主义思想确立为我们党必须长期坚持的指导思想。习近平新时代中国特色社会主义思想是马克思主义中国化最新成果，是党和人民实践经验和集体智慧的结晶，是中国精神的时代精华，是全党全国人民为实现中华民族伟大复兴而奋斗的行动指南。“八个明确”“十四个坚持”，是习近平新时代中国特色社会主义思想的内涵逻辑和行动布局，其从世界观和方法论的高度，系统全面地回答了中国特色社会主义进入新时代后，中国共产党的“新目标”“新使命”，面临的“新矛盾”“新任务”等一系列带有根本性的问题，与各方面工作紧密相连，既有理论高度，更具实践价值，是新时代指导我们更好地坚持和发展中国特色社会主义、做好各项工作的指导思想和行动指南。对于企业而言，深刻领会习近平新时代中国特色社会主义思想的科学体系、丰富内涵、实践要求，准确掌握其蕴含的指导新时代发展的原理和真理，促进理论向实践转化是新时代重大而且迫切的理论与实践课题。

只有深入学习领会这一思想的历史逻辑、理论逻辑、实践逻辑，贯彻这一光辉思想，高举党的思想旗帜和精神旗帜，才能统一思想、凝聚力量、明确前进方向，夯实团结奋进的思想基础。同时，毛泽东曾在《实践论》中说过：“如果有了正确的理论，只是把它空谈一阵，束之高阁，并不实行，那末，这种理论再好也是没有意义的。”① 学习习近平新时代中国特色社会主义思想，既要内化于心，更要外化于行。因此，企业文化建设就是很好的桥梁，企业文化建设过程就是习近平新时代中国特色社会主义思想学习的过程和践行过程。一方面通过企业文化建设，将习近平新时代中国特色社会主义思想融入企业精神和价值体系，树牢“五大发展理念”“四个意识”，坚定“四个自信”，坚决做到“两个维护”，不断增强对马

① 《毛泽东选集》第1卷，人民出版社，1991，第292页。

克思主义中国化最新成果的政治认同、理论认同、情感认同。另一方面通过企业文化的强大动力促使企业将学到的思想理论、形成的观念认识付诸具体实践，切实解决实践问题。可见，习近平新时代中国特色社会主义思想实质上为新时代企业文化建设提供了重要的思想基础、前进方向和基本遵循。

（一）习近平新时代中国特色社会主义思想与新时代我国企业的转型发展

习近平总书记站在坚持和发展中国特色社会主义的全局高度，系统宣示了我们党在新时代关于经济、企业发展的重大主张，这些主张成为新时代企业发展的基本纲领和行动指南，是习近平新时代中国特色社会主义思想的重要组成部分。

习近平总书记指出，我国经济进入高质量发展阶段，“必须坚持质量第一、效益优先，以供给侧结构性改革为主线，推动经济发展质量变革、效率变革、动力变革。”[①] 当前我国经济形式发生深刻变化，经济运行面临的风险和困难明显增多。习近平总书记在中央经济工作会议上进一步强调，深化供给侧结构性改革要更多采用改革的办法，更多运用市场化、法治化手段，在“巩固、增强、提升、畅通”上下功夫，明确指出这八字方针是当前和今后一个时期深化供给侧结构性改革、推动经济高质量发展的总要求。学习和践行这一重要思想要求企业要用供给侧结构性改革主线牵引高质量发展主题，以满足有效需求为最终目标，实施质量变革、效率变革、动力变革，推动实现企业高质量发展，更好地支撑经济社会发展。[②]

习近平总书记明确提出，要“深化国有企业改革，发展混合所有制经济，培育具有全球竞争力的世界一流企业”[③]。国有企业特别是中央企业是

---

① 习近平：《决胜全面建成小康社会　夺取新时代中国特色社会主义伟大胜利——在中国共产党第十九次全国代表大会上的报告》，人民出版社，2017，第 30 页。

② 转引自马家斌《用习近平新时代中国特色社会主义思想武装国有企业》，《国家电网》2019 年第 3 期。

③ 习近平：《决胜全面建成小康社会　夺取新时代中国特色社会主义伟大胜利——在中国共产党第十九次全国代表大会上的报告》，人民出版社，2017，第 33 页。

推动高质量发展、建设现代化经济体系的骨干力量，加快建设具有全球竞争力的世界一流企业，不仅有利于增强国有经济活力、控制力、影响力、国际竞争力和抗风险能力，而且能够更好地发挥国有大型企业在贯彻新发展理念、推进供给侧结构性改革中的示范作用，以及在推动质量变革、效率变革、动力变革中的带动作用。

上述关于企业发展的指导思想，要切实贯彻落实，就要求企业从经营管理观念上进行根本变革。而传统的企业文化模式和理念显然不能适应这一要求，因此，企业文化理念和模式需要根本变革，推动企业质量变革、效率变革、动力变革。

（二）习近平关于新时代文化的重要论述与企业文化建设

党的十八大以来，习近平围绕加强文化建设、增强文化自信提出了一系列新观点、新论断，内容丰富、精辟深邃、体系性强。习近平关于新时代文化的重要论述是习近平新时代中国特色社会主义思想的有机组成部分，包括新时代中国特色社会主义文化的内容、本质及逻辑关系，提出了发展新时代中国特色社会主义文化的基本思想、总体方针和战略部署，是指导和引领中国特色社会主义文化繁荣兴盛的根本遵循。企业是中国特色社会主义的重要微观经济基础，也是社会文化的重要组成部分和生长点。加强新时代企业文化建设，必须深刻理解习近平关于新时代文化的重要论述的内涵，以习近平关于新时代文化的重要论述为指引，明确企业文化建设的方向和重点，完善新时代企业文化理论体系，创新企业文化实践路径及手段，突出企业文化的社会属性，推动中国特色社会主义企业文化建设，维护社会稳定，增强中国企业的战略定力。具体内容如下。

第一，传承、弘扬优秀传统文化，用传统文化涵养企业文化精神。习近平多次强调："优秀传统文化是一个国家、一个民族传承和发展的根本，如果丢掉了，就割断了精神命脉。"① 他将中华优秀传统文化升华为民族的

---

① 《习近平谈治国理政》第2卷，外文出版社，2017，第313页。

基因、血脉、精神的源头，也看作破解当前治国理政难题和应对全球文化挑战的智慧资源。[①] 习近平高度重视并竭力倡导传承和创新中华优秀传统文化。他特别强调弘扬中华优秀传统文化不能因循守旧、不加鉴别，要运用马克思辩证唯物主义的方法，做好传统文化的创造性转化和创新性发展。因此企业文化建设需要植根于中华优秀传统文化，从传统文化中汲取企业文化建设的养分和资源，做好传统文化的继承与创造性转化和创新性发展。

第二，以"人民为中心"，推动人民群众共建共享，满足人民精神文化需求。习近平总书记坚持马克思主义的根本立场，指出："人民既是历史的创造者、也是历史的见证者，既是历史的'剧中人'、也是历史的'剧作者'[②]"，"人民的需要是文艺存在的根本价值所在。"[③] 这些论述彰显了社会主义文化"以人民为中心"的基本价值取向和根本立场。同时也指出了社会主义文化的出发点和落脚点，满足人民精神文化需要，人民群众才是文化建设的主体，中国特色社会主义文化由人民共建共享。人民性反复出现在习近平同志关于文化问题的论述中，是贯穿于习近平新时代文化思想的主体脉络。由此也为企业文化建设明确了基本立场、主体和目标，突出了企业文化鲜明的中国特色和人民的主体地位。

第三，巩固马克思主义指导地位，突出社会主义核心价值观，构建中国特色社会主义企业文化。习近平指出："意识形态决定文化前进方向和发展道路。"[④] 意识形态关系举什么旗、走什么路、坚持什么方向等重大问题，建设社会主义先进文化，最关键的就是加强党对文化事业的领导，巩固马克思主义指导地位，"把意识形态工作的领导权、管理权、话语权牢牢掌握在手中，任何时候都不能旁落。"[⑤] 同时指出"核心价值观是文化软实力的灵魂、文化软实力建设的重点。这是决定文化性质和方向的最深层

① 朱安谧：《以习近平新时代文化思想引领中央企业文化建设》，《中国市场》2019年第3期。
② 《习近平关于全面建成小康社会论述摘编》，中央文献出版社，2016，第119页。
③ 《习近平谈治国理政》第2卷，外文出版社，2017，第316页。
④ 习近平：《决胜全面建成小康社会 夺取新时代中国特色社会主义伟大胜利——在中国共产党第十九次全国代表大会上的报告》，人民出版社，2017，第41页。
⑤ 《习近平关于全面深化改革论述摘编》，中央文献出版社，2014，第86页。

次要素。”[①] 明确提出并确立了社会主义核心价值观的灵魂地位，将培育和践行社会主义核心价值观看作铸魂工程，要求将社会主义核心价值观融入社会发展各方面，落实到经济发展实践和社会治理之中。这些阐述指明了中国特色社会主义企业文化的根本属性和精神内核。意味着中国企业文化建设必须坚持马克思主义的指导地位，要以社会主义核心价值观为灵魂进行企业文化建设。

第四，加强文化交流和文化融合，重视对外话语体系和文化国际传播。面对经济全球化发展面临的利益、文化冲突和多元文化的隔阂，习近平总书记多次强调，融通中外、加强文化交流，善于超越历史传统、社会制度、语言文化等隔阂，架起沟通的桥梁，汲取不同智慧精华，共同解决世界问题。同时指出中国要加强文化国际传播能力建设，精心构建对外话语体系，增强对外话语的创造力、感召力、公信力。作为世界经济一体化的主角，中国企业要面临复杂多元的国际环境，增强国际竞争力，唯有以开放的心态建设富有亲和力和包容性的企业文化以解决文化冲突和隔阂问题，同时加强企业文化手段创新，增强话语能力，强化文化交流与传播，才能树立具有强大影响力和号召力的全球品牌形象。

（三）新发展理念与新时代企业文化建设

发展无疑是当今世界各个国家的主题，如何发展，如何实现自身的可持续发展是全世界范围内人类思考的重大问题。发展观亦即人类关于发展目标、发展道路、发展模式等根本性问题的思考和秉持的基本观念。当然发展观对于各国的发展实践都起着决定性作用，不同发展观引领着不同的发展模式并带来不同的发展后果。由此，可见发展观的重要性。

胡锦涛总书记在2003年7月28日的讲话中提出科学发展观：“坚持以人为本，树立全面、协调、可持续的发展观，促进经济社会和人的全面发展。”[②] 在党的十七大报告《高举中国特色社会主义伟大旗帜为夺取全面建

---

① 《习近平谈治国理政》，外文出版社，2014，第163页。

② 《改革开放三十年重要文献选编》下，人民出版社，2008，第1349页。

设小康社会新胜利而奋斗》的报告中指出：科学发展观“第一要义是发展，核心是以人为本，基本要求是全面协调可持续，根本方法是统筹兼顾。”[①] 科学发展观的提出有着坚实的理论基础和深刻的时代演化共性背景，是马克思主义基本原理、基本方法结合发展实际的创新性成果，是马克思主义理论的新发展。科学发展观理论内涵丰富，在发展观念上是人类对传统发展观的深刻反思基础上的哲学观念的更新和人类文明的进步，在发展目标上摒弃传统的经济利益的唯一功利性目标，而追求经济、社会、自然的全面协调可持续发展，在发展道路、发展模式上以人为本、统筹兼顾、全面协调，这是在对传统发展模式和后果深刻反思后提出的科学的发展理论。

2015 年 10 月 29 日，习近平在党的十八届五中全会第二次全体会议上的讲话鲜明提出了“创新、协调、绿色、开放、共享”[②] 的发展理念。新发展理念是在科学发展观的基础上根据时代要求、国情和破解发展难题需要，对发展观的与时俱进。其符合我国国情，顺应时代要求，对破解发展难题、增强发展动力、厚植发展优势具有重大指导意义。2017 年 10 月 18 日，习近平强调，要“贯彻新发展理念，建设现代化经济体系”[③]。创新、协调、绿色、开放、共享的发展理念，是管全局、管根本、管长远的导向，具有战略性、纲领性、引领性。创新发展注重的是解决发展动力问题，协调发展注重的是解决发展不平衡问题，绿色发展注重的是解决人与自然和谐问题，开放发展注重的是解决发展内外联动问题，共享发展注重的是解决社会公平正义问题。新发展理念，深刻揭示了实现更高质量、更有效率、更加公平、更可持续发展的必由之路，是科学发展观的创新发展，是关系我国发展全局的一场深刻变革。新发展理念，指明了“十三五”乃至更长时期我国的发展思路、发展方向和发展着力点，要深入理解、准确把握其科学内涵和实践要求。

---

① 《改革开放三十年重要文献选编》下，人民出版社，2008，第 1719 页。

② 《习近平谈治国理政》第 2 卷，外文出版社，2017，第 201 页。

③ 习近平：《决胜全面建成小康社会　夺取新时代中国特色社会主义伟大胜利——在中国共产党第十九次全国代表大会上的报告》，人民出版社，2017，第 29 页。

归纳起来，科学发展观和新发展理念都是针对传统人类经济发展道路及模式的反思而提出的，关注的基本内容实质上是人与人、人与社会、人与自然之间关系的和谐。其理论内容也紧密围绕这一主线。其一，人与人之间的和谐，科学发展观强调“以人为本”是核心，新发展观的共享理念，意味着要坚持“以人民为中心”，要人民共享发展成果，以发展人为根本目标，以尊重人、依靠人为基本前提和根本途径，这一观念也是唯物史观“人民群众是历史的创造者”基本原理的体现。对企业来说可以通过和谐文化建设感召人类和谐意识的觉醒，营造和谐氛围和外在制度约束等，逐步实现人与人之间关系的和谐。其二，人与自然的和谐。科学发展观、新发展理念寻求人与自然之间关系的平衡，协调发展，绿色发展，把人的发展同资源的合理利用、生态环境的保护等联系在一起协同进化，实现人与自然的和谐发展。其三，人与社会的和谐。科学发展观强调的全面、协调、可持续发展，新发展理念突出创新发展、协调发展、科学发展，其实质都是以实现企业可持续发展为目标，促进人与社会的和谐。创新是企业发展的第一动力，是企业适应竞争环境，可持续发展的根本立足点。绿色、协调、开放、共享是企业营造内外部和谐生存和发展环境的根本要求。[①] 新发展理念在科学发展观的基础上着眼于新时代、新问题，突出了高质量、高效率、更公平、更可持续发展的特点。本书所研究的新时代和谐企业文化是新发展理念在企业中的贯彻与表现，研究目的也旨在使新发展理念成为企业的自觉意识，使企业高质量、高效率、更公平和更可持续地发展。

三　经济学关于企业文化的相关理论

关于企业文化的研究大多学者倾向于对企业文化概念、构成、作用、建设方法进行一般性探讨，更多的是借鉴优秀企业文化实践经验来指导企业文化实践。对于企业文化本质、形成、演进过程缺乏深入分析和研究，

---

① 寒冬：《解读科学发展观》，《企业文化》2008 年第 3 期。

因而在企业文化认识和实践中也就存在许多误区。一些学者开始运用经济学等理论方法对企业文化进行深入研究，以奠定企业文化坚实的理论基础，为后续探讨切实可行的企业文化构建模式和方法作好铺垫。

（一）企业文化的经济学研究概述

企业文化由人的群体意识组成，有人才有文化，企业文化的作用通过影响人的意识，意识作用于人的行为予以体现。与企业文化联系最密切最重要的经济要素是人，包括了企业中全体成员或大多数成员。研究企业文化也就是研究人的意识以及行为，而从经济学对人性的假定反映出对一定经济环境中人的意识的认识。因此有必要回顾经济学的人性假定的认识过程。

经济学的人性假设始于18世纪。亚当·斯密在《国富论》中认为利己是人的本性，每个人对自利的追求是一切经济活动的推动力。可见斯密将人视为追求自身利益最大化的“经济”人，同时在市场经济条件下，这种主观上的利己基于经济人的理性最终会实现客观上的利他。斯密对于利己的人性假定并不意味着否定人的利他心。在其《道德情操论》中认为同情他人、帮助他人是人的本性。可见在斯密看来利己、利他都是人的本性构成部分，不过他在经济世界里使用了利己的人性观。自亚当·斯密以来，古典经济学家就把具有丰富精神特质的人“物化”，明确并强化了“经济人”假定，界定个体是完全自涉偏好、纯粹自利意识及动机且精于计算的完全理性的人。古典经济学家马歇尔继承了这一传统，不过为克服其不足和局限，对经济人假定做了符合实际的发展，认为人是开明、正常、普通的，不是完全的工具理性。

马克思在对资本主义分析的过程中指出资本主义生产方式固有的非理性和拜物教性质，对人的丰富精神本质的摧残，人被物化和异化。此后，对工具理性的批判成为20世纪西方马克思主义思潮中重要的倾向。

经济学对人性的抽象也随着经济社会的发展而发展，被忽略的人的丰富精神个性以及文化品格在经济发展中的价值不断凸显，一些学者开始尝试将人的丰富的精神禀赋引入经济学。制度经济学是这方面的典型代表，在诺斯等制度经济学家看来人的行为并不必然表现为对财富的追求，还有诸如利他主义、意识形态、自愿负担约束等追求精神层面的利益，非财富最大化也常常约束人们的行为。新制度经济学从制度变迁和演进的角度来揭示人的这种双重动机，认为人类制度创新的结果是这双重动机均衡的结果，反过来制度又对塑造这种动机起着至关重要的作用。[①] 英国剑桥大学教授阿玛蒂亚·森在 1987 年出版的《伦理与经济学》一书中对传统理性行为假定进行了批判，指出利益最大化的追逐只是人最重要的动机之一，其他诸如公正、慈善和公共精神等品质也相当重要，如果把这些动机排除在外，我们将无法理解人类的理性。

经济学研究经济变量经历了从纯客观物质变量向客观物质与主观精神结合的变量，最终向纯主观精神变量的逐次扩展过程。文化精神正是通过影响经济主体的行为选择而影响经济运行和经济绩效。但是，作为一种主观精神要素，对文化精神的研究长期被主流经济学排斥。经过舒尔茨、诺斯等人的努力，文化精神最终进入经济学研究的核心概念范式集，成为分析经济体经济运行效率不可或缺的基本理论视角。近几十年来关于文化与经济的关联的研究逐渐增多，一门系统的文化经济学似乎正在酝酿形成之中。[②] 对于企业文化的经济学研究正是基于这样一个理论演进的背景而逐渐兴起，成为分析企业经济绩效和可持续发展的一个重要的理论视角。

对于企业文化的经济学研究，经历了一个曲折的理论过程，由于文化精神等纯粹主观的精神因素无法直接观测感知，难以纳入主流经济学经验实证理论体系，而长期被排斥，直到这一变量对经济发展的影响越来越不容忽视，经由一些经济学家的努力，逐步将其引入传统经济学分析框架。如哈耶克、熊彼特，特别是诺斯的研究，将其作为与显性制度对应的隐性制度，引入经济学理论体系。而舒尔茨则将人的知识技术能力和精神禀赋（文化人格和精神个性）视为对经济增长至关重要的“人力资本”，认为这

---

① 宋晶、谷苗：《人性假设：传统经济学、新制度经济学及管理学的比较》，《财经问题研究》2008 年第 10 期。

② 李永刚：《文化如何成为经济学研究的对象》，《经济学家》2002 年第 2 期。

种资本对经济增长的作用可以与物质资本相媲美甚至将其超越。① 从而开辟了第二条将文化引入经济学的理论通道。

随着文化与经济绩效的关系越来越显著，更多的这类研究出现。这种潮流在企业研究中的表现，就是对企业文化的经济学研究，强调企业文化对企业绩效的贡献。戴维·克雷普斯（David Kreps）进行了这方面的开创性研究，在其《企业文化和经济理论》一文中用博弈论来解说企业文化，认为企业本质上是由多人组成的群体，企业行为实质上也就是群体内人与人博弈的过程和结果。人的行为取决于他自己的效用函数和约束条件，一般认为效用函数的变化很小，因此约束条件构成的环境在很大程度上决定一个人的行为指向性和动力。克雷普斯把这一环境定义为“Corporate Culture”（企业文化），强调了企业文化对企业绩效的重要性。自此，一些学者运用博弈理论来解释企业文化的形成与变革，认为处于经济环境中的企业或个人等行为主体总是从各自利益最大化出发，在各自的决策空间里决定与其他行为主体经济关系的策略并行动，这实际上就是与经济环境中其他行为主体的经济博弈关系，企业文化作为一种群体意识、群体行为正是产生、形成于这一漫长的进化博弈过程中，而企业文化的内涵和作用正是通过经济博弈行为表现出来。

企业或成员的利益关系既是企业文化生成的主要原因，又是其所面对的内部环境。因此，有学者因循诺斯的传统，从制度经济学的角度把企业文化作为一种非正式制度来进行研究，从企业文化作为一种非正式制度对交易成本的节约的角度来强调企业文化的价值，大大深化了对企业文化的认识。也有一些学者延续舒尔茨的“人力资本”理论传统，将文化精神作为一种精神型人力资本加以研究，将其视为企业潜在的“文化资本”。不过无论是哪一种理论传统都表明企业文化作为经济行为人群体的主观文化精神变量是企业发展不可忽视的基本变量。不考虑文化精神因素，很难解释同样环境、条件下的企业为什么呈现不同发展道路以及市场表现。

① 李永刚：《文化如何成为经济学研究的对象》，《经济学家》2002 年第 2 期。

（二）可持续发展理论

面对工业发展带来的严重环境污染和破坏问题，19 世纪 70 年代，一些学者开始思考经济增长与资源、生态环境的关系和可持续发展问题，以博尔丁（Boulding）、密山（Mishan）、罗根（Roegen）、梅多（Meadows）为代表的一些学者认为经济增长与资源环境之前存在不可避免的矛盾与冲突。德尼（Denis）的零经济增长理论，梅萨罗维克（Mesarovic）提出的有机增长理论，都强调了资源、环境对经济增长的制约，指出单纯经济增长方式的不可持续性。1972 年在斯德哥尔摩联合国人类环境会议全体会议通过的《联合国人类环境宣言》，提出保护和改善人类环境，已成为人类一个紧迫的目标，这个目标将争取和平、经济和社会发展的目标共同和协调地实现。为实现这一目标，需要公民和团体以及企业和政府承担责任，共同努力。该宣言对激励全世界人民保护环境具有积极的作用。[①] 理论界也开始研究经济增长与资源环境的协调发展之路。如格勒（Goeller）、达斯格普塔（Dasgupta）、西蒙（Simon）等认为经济增长与环境质量之间可以建立相互促进的可持续发展关系，并开始寻求解决之道。20 世纪 80 ~ 90 年代以来，全世界兴起了“绿色革命”，如福罗什（Frosch）和伽罗珀罗（Gallopoulos）提出的产业生态学概念，他们认为可以仿照生态系统在企业之间建立物质和能源循环使用的共生型产业生态系统。人们愈发重视环境保护，可持续发展理念孕育而生。布伦特兰（Brundtland）在世界环境与发展委员会的《我们共同的未来》一书中正式提出了可持续发展的概念，标志着可持续发展理论的诞生。可持续发展的主题就是人类社会如何在经济增长的同时适应生态环境的承载能力，实现人口、资源、生态环境与经济的协调发展。[②] 1994 年穆纳辛河（Munasinghe）提出了可持续能源发展概念，试图兼顾经济效率、能源效率、能源节约以及环境保护四目标，将可持续能源发展落实于企业发展中。戴利（Daly）在《超越增长：可持续

---

① 佚名：《联合国人类环境会议与〈人类环境宣言〉》，《中国投资》2011 年第 6 期。

② 齐依南：《论环境法中的可持续发展原则》，《法制与社会》2010 年第 5 期。

发展经济学》一书中进一步提出了可持续发展理论，认为经济发展的可持续性意味着资源使用水平既满足人们过好生活的需要，又处在环境负载能力的限度内。随后，一些经济学家继续探寻经济增长与环境的和谐发展路径。目前，循环经济、绿色经济、低碳经济等理念陆续活跃在理论界和经济实践当中，可持续发展问题已成为各国经济社会发展中的焦点和关键。

（三）企业共生理论

企业共生理论的“共生”一词源于希腊语，“共生”概念最初是由德国真菌学家贝德里在1879年提出的，指不同种属的生物一起生活，互相利用对方的特性和自己的特性一同生活相依为命的现象。[①] 20世纪中叶，共生的思想和理论逐步被用于社会科学领域。在大多数社会科学文献中，共生被定义为人与人之间的一种共存共荣的状态。[②] 西方社会学者们认为，在科技高度发达的现代社会里，人与人之间、人与物之间已经结成了一个互相依赖的共同体。人们之间的交往以及人与生产工具之间的关系比以往任何时候都要密切。在此基础上，一些社会科学家提出了社会学的“共生理论”，以此来设计社会生产体系，并强调社会生产体系中各种因素的作用与关系。共生的本质是协商与合作、互惠共生。以此来解决人与人、人与社会、人与自然的关系问题，可以实现社会的可持续发展。

运用共生理论基本观点来观察企业的发展，一些学者由此提出企业共生理论。福罗什和伽罗珀罗提出“产业生态学”（Industrial Ecology）和“产业生态系统”（Industrial Eco-system）。随后，人们发现了20世纪70年代出现的丹麦卡伦堡工业共生体，从卡伦堡工业共生体中，人们看到“工业共生”（Industrial Symbiosis）不仅给企业带来经济效益，还可以实现环境质量的改善，“工业共生”的概念被正式提出。丹麦卡伦堡公司出版的《工业共生》一书中给出了较为完整的定义：“工业共生是指不同企业之间

① 转引自彭建仿《刍议客户共生管理》，《商业时代》2005年第11期。

② 吴飞驰：《企业的共生理论——我看见了看不见的手》，人民出版社，2002，第152页。

的合作，通过这种合作，共同提高企业的生存和获利能力，同时，通过这种共生实现对资源的节约和对环境的保护，在这里这个词被用来说明相互利用副产品的工业合作关系。”[①]《产业生态学杂志》主编里德·利夫塞特（Reid Lifset）认为，工业共生不仅是关于共处（Co-location）企业之间的废物交换，而且是一种全面合作，比如各种基础设施共享和服务共享等；布恩斯（Boons）和巴斯（Baas）认为工业共生是由不对称的竞争优势推动的，企业间的合作并非单纯的合作，而是一种竞争与合作的并存。[②]可见，企业共生关系是指企业间的合作，只是这种合作应该是全面的合作，竞合共赢，以共同提高资源利用效率和保护环境为目标，最终实现企业的可持续发展。

共生的本质是和睦共存、协同协作，实质上是一种和谐理念的表达。“和”指和睦；“谐”者，相合也，“和谐”指各部分、要素处于一种相互协调的平衡发展的状态，也就是“共生”，和平共处，共同发展。因此也可以用于解决企业与人、企业与自然、企业与社会的和谐发展问题，亦即企业的内外关系和谐问题。可见无论是我国传统和谐文化还是西方的共生理论都强调事物的共生、共荣。从组织内部来看，企业作为多人组成的组织，人是最基本也最重要的决策主体，只有人的团结协作才能创造最大的生产效益。而企业作为一个契约组合，亦是不同的投入要素主体为实现自身利益通过合作形式组织而成的资源配置机制，各利益主体之间在利益分配方面的矛盾客观存在。因此，从共生（和谐）的视角来进行企业内部治理既可以实现企业合作生产、团队生产的价值最大化目标，又可以从分配的角度兼顾和协调各相关者的利益，构建企业可持续发展的保证机制。从组织外部来看，企业与外部利益相关者的共生关系，意味着企业的外部和谐，如企业与企业的竞合共赢，企业与社会、自然环境的协调发展等。从企业文化的角度来看，实质要求以共生（和谐）的理念来构建企业治理体

① 转引自朱玉强、齐振宏、方丽丽《工业共生理论的研究述评》，《工业技术经济》2007年第12期。

② 转引自朱玉强、齐振宏、方丽丽《工业共生理论的研究述评》，《工业技术经济》2007年第12期。

系并在实践中形成共识和进一步固化共生（和谐）治理制度和机制，也就是最终形成和谐企业文化体系。

（四）企业社会责任理论

企业社会责任，学界表述很多，归纳起来就是企业作为社会的组成部分——社会公民，必须承担起基本的公民责任，在生产经营过程中要考虑和兼顾所有利益相关者的利益和社会公共利益。具体包括企业对员工、股东、消费者、合作者、政府和自然环境等所应承担的责任。企业社会责任实质是企业社会性的表现。

19世纪末，已出现探讨企业社会责任（Corporate Social Responsibility，CSR）的文献。不过，这些研究主要从企业家伦理的角度来看待社会责任，只是具有社会责任思想的雏形，并没有形成系统的理论。20世纪初，一些学者开始关注社会责任问题。约翰·戴维斯（John Davis）认为，企业产生于社会之中，那么一个由社会创造的企业就应该对这个社会富有责任并回报社会。福利经济学家庇古关于外部性的理论及其主张为企业承担社会责任提供了重要的理论依据和解决思路。

在20世纪20~30年代，股东至上的传统经济观念受到来自新的社会观念和法律观念的挑战。1924年谢尔顿（Sheldon）在考察了美国企业之后首次提出企业社会责任的概念，他指出企业不能把股东盈利或利润最大化作为自己的唯一存在目的，还应该联系企业内外各种人类需要的责任，使社区的利益高于公司盈利。① 这种思想有力地冲击了企业的责任就是为股东赚钱的传统观念。之后，美国法学界爆发了企业是否承担社会责任的"伯利—多德论战"。伯利（Berle）发表一系列文章重申了管理者是股东利益代理人的观念，股东的利益优于其他潜在利益相关者的利益。多德（Dodd）立即表示反对，他认为企业财产的运用受公共利益的影响，管理者的权利不仅来自股东，也来自企业的利益相关者，企业不应该等待法律强制执行其承担社会责任，而应该主动承担。这场论战一直延续到20世纪

① 转引自刘俊海《公司的社会责任》，法律出版社，1999，第2~4页。

50～60 年代。股东至上的传统观念越来越受到来自环境污染、企业制假、严重损害消费者和社区利益等危害社会公众利益事件的挑战。

20 世纪 70 年代，随着社会经济的变迁，企业外部系统对企业承担社会责任压力增大，社会公众对企业承担社会责任的预期增加，企业与社会依存度增加。这一时期也形成了一些新的国际经济贸易规则，这些规则给予企业职工利益和消费者权益以及生态环境更多倾向性的保护，使企业无可避免地要承担社会责任。20 世纪 80 年代，企业社会责任逐步形成共识。理论界开始研究其范畴及其与企业财务绩效的相关性。这一时期也不断衍生出与企业社会责任相关的一些概念，如企业社会契约、企业公民、企业社会资本、企业社会回应等新概念，表明企业社会责任内涵的不断深化与拓展。

从企业社会责任理论的产生以及演进过程可以看见一条清晰的变化轨迹，即随着社会经济发展，企业逐渐被迫承担起社会责任，且社会责任的范围越来越广，程度越来越深。而从其目前的主要内容来看，在价值观的变化上要求企业摒弃其单纯的经济责任目标，要求经济责任和社会责任的和谐共存。和谐企业文化正是这一核心价值观嬗变的产物，和谐企业文化的核心就是企业经济责任和社会责任的有机协调。由此可以说企业社会责任理论为和谐企业文化的提出提供了理论依据。

（五）利益相关者学说

“利益相关者”这一词最早被提出可以追溯到 1963 年，斯坦福大学研究所明确地提出了利益相关者的定义：利益相关者是这样一些团体，没有其支持，组织就不可能生存。虽然这个定义只考虑到有关企业生存的一小部分利益相关者对企业单方面的影响，但是，它揭示了除股东以外，企业周围还存在其他的一些影响其生存的群体。[①] 随后，一些学者继续进行研究，利益相关者理论逐步发展成为独立的理论分支。

关于利益相关者的定义，1984 年，弗里曼（Freeman）在《战略管理：利益相关者管理的分析方法》一书中提出利益相关者是能够影响企业目的

---

① 转引自孙晓《利益相关者理论综述》，《经济研究导刊》2009 年第 2 期。

实现或者被企业目标的实现过程所影响的个人或团体。该定义得到了大多数人的认同。该理论认为企业追求的应该是利益相关者的整体利益，而不仅仅是某些主体的利益，因为任何一个公司的发展都离不开各利益相关者的投入或参与。与传统的股东至上主义相比较，主张企业在经营管理活动中应该综合协调和平衡各个利益相关者的利益诉求。[①] 后来的学者对利益相关者的定义略有差异，范围有宽有窄。如以卡罗尔（Caroll）为主要代表，认为利益相关者是和企业有联系的个人或团体。斯塔里克（Starick）指出，人以外的生命物种以及未来的几代人都应该是企业的利益相关者。雅各布斯（Jacabs）认为，环境和后代也是企业重要的利益相关者，建议成立一个关注环境和后代人福利的具有特别责任的“环境董事会”。惠勒（Wheeler）和西兰帕（Sillanpaa）也认为，人类后代、自然环境、非人类物种是企业的利益相关者。[②] 概括来说利益相关者包括企业的股东、债权人、雇员、消费者、供应商等交易伙伴，也包括政府部门、本地居民、本地社区、媒体、环保主义等的压力集团，甚至包括自然环境、人类后代等受到企业经营活动直接或间接影响的客体。这些利益相关者与企业的生存和发展密切相关。不过利益相关者范围过大，在管理上难以操作，因此一些学者对利益相关者进行了分类。查罕（Charkham）按企业是否存在交易性契约，将利益相关者分为契约型利益相关者（如股东、雇员、供销客户、债权人等）和公众型利益相关者（如监管者、政府部门、压力集团、媒体、社区等）。唐纳森和邓菲（Danalds and Dunfee）也有类似的划分，他们把利益相关者分为直接利益相关者和间接利益相关者两类，前者指合同或其他法律认可的、能直接提出要求的利益相关者，如债权人、雇员、顾客、供应商、经销商。后者指比较疏远的群体，与直接利益相关者相比，他们的利益对企业是第二位的，如媒体、地方社区，甚至环境。[③] 由

---

① 贾晓慧：《企业理论的演进与企业社会责任观的发展》，《兰州学刊》2008 年第 5 期。

② 转引自江若玫、靳云汇《企业利益相关者理论与应用研究》，北京大学出版社，2009，第 5 ~ 9 页。

③ 唐纳森、邓菲：《有约束力的关系——对企业伦理学的一种社会契约论的研究》，上海社会科学院出版社，2001，第 299 页。

此而衍生发展了利益相关者管理理论。弗里曼（Freeman）等人提出了利益相关者管理模型，提出了支持利益相关者参与公司治理的“利益相关者授权法则”。霍伊尔（Heuer）提出了利益相关者合作模型（Stakeholder Connectedness Model，SCM），考察了利益相关者间的交换类型、依存关系和合作方式。不过理论的实施还只能是处于探索阶段。也有反对者指出利益相关者范围太过宽泛，且企业利益相关者理论一旦被大众所接受，企业的行为势必受到框架限制，很可能会导致企业经济利润上的损失。不过利益相关者理论强调企业必须承担社会责任，从理论上来看是符合社会发展需要以及企业生存发展需要的，只不过如何承担社会责任，如何协调和平衡利益相关者利益需要进一步地完善利益相关者管理理论。

利益相关者理论进一步对企业社会责任的对象进行了深入的研究，对于和谐企业文化的研究来说提供了和谐关系的具体内容，即和谐企业文化的和谐具体体现在企业与利益相关者的关系和谐。如何协调与处理与利益相关者的利益关系，建立共生共荣的共识，是和谐企业文化的具体内容或者说组成部分。关于利益相关者的内涵以及管理的理论为和谐企业文化的具体内容和实现提供了解决思路。

对于经济学人性假设的回顾可以发现，人是一种复杂的存在，自利是人的本性，同时人又具有同情心、利他心等丰富的精神个性，利他也是人的本性。综合斯密和新制度经济学的认识，自利是人永恒的行为动机，利他也是人的本性构成部分，可以归结为人追求自身利益最大化，不过这个利益包括财富最大化和非财富最大化，更准确地说是效用最大化。笔者认为人在财富最大化和非财富最大化之间如何选择的问题取决于人一定时期的偏好，或者说效用函数。而人的偏好会随着经济社会的发展而发生变化，我们需要根据变化了的需求考虑如何去满足以及激励人的行为。这意味着随着人的物质效用的递减和精神效用的增加，企业文化对于人行为的影响作用会越来越关键。事实也证明了这一点。可见从经济学人性假设的讨论中可以发现企业文化特别是和谐企业文化价值的根源。前面提到支撑和谐企业，实现企业与人、自然、社会和谐的企业文化简称为和谐企业文化，显然这种和谐企业文化的和谐精神和高尚道德以及伦理价值暗含对于个体极大的效用满足，可以更有效地激发个体的行为动机。虽然企业文化可以通过对个体效用的满足激发行为的动机，进而影响主体的行为选择，不过这一影响的过程最终实现还取决于多种因素。结合现代心理学、行为科学对人行为的研究，不难发现，人类行为是其内在的生理和心理需要与外部的自然和社会环境相互作用所产生的一系列指向外部的活动，是为了维持个体生存和种族延续、适应不断变化的自然和社会环境所作出的反应。基于西方经济学理性经济人假设，博弈理论指出经济主体之间的经济博弈行为是“经济人”为最大限度地博取自身利益而进行的，基于风险收益“对弈性分析”而作出的，以趋利避害为特征的一种经济行为。追求自身利益最大化的理性经济人其行为取决于他自己的效用函数和约束条件。由此可见，一定的意识要影响行为还必须与其生理和心理需求，或者说效用函数一致，以及必须适应外部自然和社会环境等约束条件的要求。这意味着文化要实现对行为主体行为选择的影响还必须考虑行为主体的生理和心理需求、自然以及社会环境的需要。由此看来，企业发展初期，企业表现出的赤裸裸的逐利行为，源于当时生产力发展水平和实现投资人最大化利益的需要。工业经济发展初期的经济人强烈的物质趋利性，因应外部环境需求和经济主体的强物质趋利偏好，谋利文化及其行为自然成为主流。从我国的现实来看，因为市场经济中的理性经济人追求自身利益的最大化，所以博弈行为本质上具有某种“天然的”不和谐或矛盾倾向。如我国改革开放，市场经济实践中经济博弈行为大量存在诸多不和谐的实践取向，如劳资冲突、假冒伪劣、环境污染等。这些现象的产生可以说是理性经济人内部利己动机及物质偏好和外在约束条件缺乏或者不完善条件下的经济博弈的自然结果。不过这一结果随着经济社会的发展，外部约束条件的改变，以及人的偏好的变化而变化，如随着经济发展，人到了某种程度物质利益不再带来效用，反而更注重精神上的享受和满足感，也就是精神上的满足给人带来了更大的效用成为发展趋势，这样的实例在现实生活中也很多，经济学上劳动的供给曲线向后弯反映的正是这一现象。企业文化则必然适应外部约束条件的改变，如对企业社会责任、环境责任的压力和内部偏好的改变而发挥更大的作用。特别是通过满足人的高层次精神需求，发挥持久和强大的精神动力作用，改变企业行为，实现企业持久的经济利益和与人、社会、自然的和谐发展，也就意味着和谐企业文化将应运而生。企业可持续发展理论、企业共生理论、利益相关者学说都表达了同样的观点和要求。总之，从分析中可以看出，经济学关于企业文化的研究、人性的假定的认识发展历程及企业可持续发展等相关理论观点和原则中孕育着和谐文化意蕴，和谐企业文化的提出有着深刻的经济学理论底蕴。

第二章　和谐企业文化的历史源起

人们对企业文化的认识仍停留在经典理论的一般论述上，缺乏对企业文化起源、形成和发展的历史考察，特别是忽略了有利于企业文化形成和发展的制度因素的考察。本章试图在坚持马克思主义关于社会发展原理的基础上，结合制度变迁理论，分析企业制度变迁与企业文化的辩证互动、协同演化的关系，分析影响企业文化形成和发展的客观力量及互动关系，以使我们更为清楚地看到企业文化的形成演化规律和方向，对和谐企业文化命题提出的历史背景及意义具有更深刻的认识，也为企业制度与企业文化的耦合及协调发展奠定理论基础。

就整个社会而言，文化是一种精神，是一种观念，一种情感；制度是一种秩序，一种规则，一种规范。文化与制度是伴随着人类文明或人类社会的产生而同时产生的。换句话讲，自从有了人类社会，就有了文化与制度。[①] 文化与制度作为一种非正式制度与正式制度，正如新制度经济学家诺斯所说，相对独立又相互依存，在变迁过程中互为因果、互有先后、互相影响，在一定条件下又可以相互转化。[②] 文化影响并制约着制度的制定和实施，好的文化可以在发展中逐步固化为制度，可以说制度是文化的表达形式。而制度反过来对与之相适应的文化起着强化和保障作用，一定的制度的强制实施必然会引发文化的变迁。历史上大规模的文化变迁或变革，必须寻求制度及制度变迁或变革的互动和支持，并且在文化与制度的互动中演进。可以说文化必须依赖于制度，文化变迁必须依赖于制度变

---

① 曾小华：《论文化变迁与制度变迁的互动关系》，《中共杭州市委党校学报》2005 年第 5 期。

② 〔美〕诺斯：《制度、制度变迁与经济绩效》，杭行译，格致出版社，2014，第 50 ~ 64 页。

迁，文化变迁是在与制度变迁的互动中发生和完成的。[①] 基于此，可以说企业文化与企业制度在企业发展过程中相互影响、互相依赖，共同构成企业制度体系，决定企业的治理机制和绩效。不过，企业作为微观主体，企业文化和企业制度作为企业适应环境谋求自身发展的产物，人类生存智慧的结晶，必然会随着生产力发展，企业环境（包括文化传统和社会意识）的变化而变化。因此我们把企业发展历史划分为以下几个阶段分别讨论这一时期的宏观经济背景对企业制度、企业文化的影响以及企业内部企业制度与企业文化的互动变迁。

第一节　传统企业制度与企业文化

一　古典企业制度的逐利性和社会责任的缺失

18 世纪英国工业革命爆发，机器对手工劳动进行取代，工业经济得到大力发展，在生产力的巨大推动下，资本主义完成了工场手工业向机器大工业的过渡，为适应社会化大分工的需要，生产组织形式由此改变，古典企业诞生。这一时期的古典企业是业主式资本关系的承担者，按照韦伯的观点，利润最大化是符合新教教义的、具有正面精神和道德含义的行为。亚当·斯密在《国富论》中提出经济利己命题。强调在市场机制下个人对自身利益的研究必然会引导他选定最有利于社会的用途。斯密的命题隐含前提是人凡事都出于利己的思考。斯密的观点对后人影响深远，在对资本主义作系统理论阐述的古典经济学那里，自然而然以“经济人”假设为前提，“经济人”对自身利益的追求导致了公共福利的增加，正如《蜜蜂的寓言》所说：“私人的恶德，公众的利益”[②]。后来的功利主义继续发展了

① 曾小华：《论文化变迁与制度变迁的互动关系》，《中共杭州市委党校学报》2005 年第 5 期。

② 〔荷〕伯纳德·曼德维尔：《蜜蜂的寓言：私人的恶德，公众的利益》，肖聿译，中国社会科学出版社，2014。

斯密的观点，强调企业唯一的任务就是利润最大化，尽可能高效率地利用资源生产更多的产品和服务，并以消费者愿意支付的价格出售。资本逐利本性以及当时宗教思想和社会意识的影响使得这一时期的企业以追逐利润最大化为唯一目标，企业表现出极强的逐利性。这种逐利性企业发展的后果就是企业外部对自然资源的无止境的掠夺和破坏性的开发，肆无忌惮地排放污水和烟尘，带来严重的环境污染。如英国泰晤士河的污染，大量工厂日夜排放污水、废料，导致河流水质恶化，水生植物和飞鸟绝迹，水色浓黑，并有刺鼻恶臭。这一污染不仅使环境恶化，更严重的是给人类带来灾难。由于饮水水源的污染，1832～1886 年伦敦暴发了四次霍乱，仅 1849 年一次就造成 18036 人死亡。[①] 被称为“世界纺织之都”的英国布拉德福的工业污染也非常严重，霍乱、伤寒各种疾病横行，人均寿命只有 20 岁。[②] 同时企业假冒伪劣商品侵害消费者利益的现象也不断出现。这也导致了世界上第一个消费者权益保护组织 1891 年在纽约消费者协会成立。[③] 政府也开始介入经济活动，出台法律保护消费者利益，抑制企业的不良行为。从而使企业行为开始具有了社会性意义。[④]

除了企业与外部环境的矛盾，在企业内部也存在严重的劳资对立与冲突。这一时期企业内部组织结构在纵向上变为简单的科层制，横向则是适应分工要求的不同生产部门。企业所有权和经营权没有分离，企业主既是所有者又是经营者，完全具有企业的控制权和剩余索取权。企业家靠“权威”统治企业，工人只是生产函数的一个变量。居于权威地位的资本家对员工极尽盘剥，雇佣工人被等同于“会说话的工具”，“懒惰”“游手好闲”的人，工作时长达 14～15 个小时甚至更长[⑤]，以尽可能多地榨取剩余价值。劳资冲突日益加剧，导致工人运动高涨。18 世纪中叶，

① 王金南等：《淮河与泰晤士河污染治理的比较分析》，载王金南等主编《中国环境政策》，中国环境科学出版社，2004，第 391～403 页。

② 李艳华、凌文辁：《世界企业社会责任发展史述评》，《管理观察》2008 年第 3 期。

③ 朱慧：《美国消费者权益保护刍论》，《经济研究导刊》2008 年第 10 期。

④ 朱慧：《美国消费者权益保护刍论》，《经济研究导刊》2008 年第 10 期。

⑤ 〔俄〕列宁：《资本主义工厂手工业和资本主义家庭劳动》，载中共中央马克思、恩格斯、列宁、斯大林著作编译局编译《列宁全集》，人民出版社，1959，第 368 页。

工人组织——工会诞生[①]，使劳资双方博弈力量对比逐步发生改变，推动了企业内部制度的演变。[②]

二　古典企业制度下的企业谋利文化

正如前文所述，一定的社会环境包括文化传统和社会意识，会产生一定的企业制度和文化。同时一定的企业制度与企业文化必然是在互动中形成和完成演变的。资本主义的一个重要特征是其生产组织通常采取企业的形式，因而，本来意义的企业是与资本主义同时产生的。随着企业的产生，也就产生了企业文化。在这个意义上企业文化是随着资本主义制度而产生的。在资本主义经济中，企业是资本关系的承担者，企业生存与发展的目的就是资本利润最大化。最大限度地追求利润或谋利，成为资本主义精神的核心，从而成为资本主义居统治地位的企业文化的基本特征。这种文化可以概括为“谋利文化”。

在资本主义发展的早期阶段，作为这种谋利文化的集中体现，整个资本主义社会鼓励个人致富，到处充斥着赤裸裸的逐利主义。企业以利润最大化为唯一目标，企业组织形式就是为了榨取更多的剩余价值。为了适应这一制度要求，保证资本利润，企业文化的主旨就是使工人服从资本创造的劳动纪律，并且为了“根除懒惰”和“游手好闲”而不惜让工人付出童年、健康和生命的代价。当然，这种极端的逐利主义的企业文化在维护资本利益的同时，忽视员工福利，引发了严重的劳资冲突，工人罢工，在马克思看来这种矛盾不可调和。同时这种文化缺乏企业对人、对社会、对自然环境的责任意识，认为尽管污染是有害的，只要能赚钱就是好的。单纯追求利润和经济增长，导致企业的发展带来严重的社会成本和社会福利的损害。总之，古典企业的这种谋利文化虽然得到当时企业的普遍认同和社

① 王正、邹东云、高恩复等：《关于非在编职工加入工会组织的问题探讨》，《高校教育研究》2008 年第 16 期。

② 金燕：《1860 ~ 1880 年英国工会与劳资关系立法》，《中国劳动关系学院学报》2008 年第 4 期。

会的认可，但是这种只重视资本所有者利益和经济绩效的企业文化，会带来严重的问题和冲突，如劳资冲突并外在化、严重的环境污染等。当然从工人运动高涨以及消费者协会的产生、政府的立法限制表明这种极端逐利的文化以及企业发展模式的不可持续性，会遭到来自社会、企业内部等利益相关者的抵制和阻碍。

第二节　近代企业制度变迁与企业文化适应性变化

一　近代企业制度在内部外部关系上的利益协调

从19世纪40年代开始，由于铁路的迅速延伸，企业家的知识、能力和精力已经不适应巨型化组织的需要。出于现实的需要，第一次出现了专业的经理人员，企业所有权和经营权分离，现代企业制度创立。而铁路公司则成为最早的现代工商企业。“现代工商企业是对19世纪下半叶美国技术革新的迅猛发展和不断增长的消费需求的制度反应”①，随着生产力发展促进分工的进一步细化，企业对资本和规模的需求与日俱增，股份制大大降低了大规模融资的交易成本，使组织呈现规模化、投资主体多元化和分散化特征。20世纪初这种现代企业制度在美国得到迅速发展和逐步完善，企业所有权和经营权分离，专业管理者出现，部门分工也愈加细化。这一治理模式产生股东和管理者的委托代理问题。为促使股东与管理者利益协调一致，防止管理者的“内部人控制”问题，企业在制度安排上开始考虑股东、经营者的利益一致和协调问题，不过继续忽略劳动者利益。随着劳资矛盾的加剧，资方发现这种矛盾已经严重干扰到企业经营利润的获取和进一步发展，正如制度经济学研究表明，如果预期的净收益超过预期的成

① 〔美〕普特曼、克罗茨纳：《企业的经济性质》，孙经纬译，上海财经大学出版社，2000，第72页。

本，一项制度安排就会被创新。[①] 泰罗制的出现，对工人的管理方式随之发生重大变化，即以相对高的工资刺激诱惑工人的需要，同时以高度的专业化分工、标准化的劳动操作提高劳动强度和效率，以获取更多的利润。[②] 这一制度变迁的基本特征是承认劳资的利益对立，并希望通过科学管理提高效率使劳资双方都获得最大限度的利益。因此，在泰罗制下，工人不再是“会说话的工具”，而是追求自身利益的“经济人”。这种管理方式被人们称为“胡萝卜加大棒”。当然任何一项制度都不可能完美无缺，泰勒制带来的制度收益随着其弊端的暴露而不断递减，科学管理造成工人的机器化，遭到工人的强烈反抗。

为进一步缓和劳资矛盾，探究决定工人劳动效率的根本因素，从20世纪20年代中期开始，以科学管理为基础的著名的霍桑实验，取得了一系列意想不到的成果。这些成果的核心证明了人是“社会人”，因此，人的社会需要的满足程度决定了人的劳动积极性。“社会人”观念的提出改变了管理制度，企业管理制度也开始从“以物为中心”转向“以人为中心”。霍桑实验实质上是一次企业制度的创新活动，资本家为了提高生产效率不得不采取关注和满足工人心理需求的一些措施，当然制度变迁的动力依然是资本的利益诉求，不过这种企业内部制度创新一定程度上缓和了劳资矛盾，企业内部和谐有所发展。

在企业外部关系方面，随着生产力的进一步发展，科技进步，社会公众对于环境污染、资源浪费等问题越来越关注，要求改善的呼声也越来越高。引发一些经济学家开始思考企业的社会性问题。福利经济学家庇古提出的外部性理论认为，在市场条件下，企业的生产行为在给企业带来收益的同时，也会损害他人和社会的利益，存在负的外部性，而这企业的投入品价格没有正确反映出社会成本。庇古还提出了解决这种外部性问题的政策主张，就是政府征税使企业的私人边际成本等于社会的边际成本。在实践中，政府开始逐步出台法令对企业的外部性行为进行

① 李治：《企业家与诺斯的制度变迁理论》，《生产力研究》2010年第10期。

② 孟令军：《劳资关系的文化视角》，《工会理论与实践：中国工运学院学报》2002年第1期。

规制。如 1948 年，美国联邦政府出台了美国历史上第一部环保法律——《清洁空气法》。[①] 各国政府鉴于企业不良行为造成的巨大社会危害以及公众权利意识的觉醒和积极的参与，使得政府的制度供给压力巨大，各类治理政策陆续出台。如英国关于泰晤士河的治理颁布了公共健康法、污染控制法、防污染法等一系列法律，[②] 对违法企业罚以重金。企业外部环境的压力和要求迫使企业在生产经营中为规避违法风险、降低成本，开始考虑和修改其行为方式及相关制度，降低其行为的外部性。不过这些外部压力不够大，或者说不足以彻底改变企业行为，企业制度的路径依赖会继续强化企业的逐利性。资本大规模集中带来的巨型化企业制度反而会放大企业的逐利性。经理人迫于自身的成本收益最大化权衡，也会以追求企业利润指标为决策的准则。

二　近代企业制度变迁下的企业文化适应性变化

股份制使企业所有权与经营权相分离，导致“委托—代理”关系成为主导的关系，但委托人与代理人的利益诉求往往不一致。为实现股东利益最大化，按照现代企业理论，这就需要构建一系列激励约束机制来防止经理人（代理人）的机会主义行为，如不作为、滥用职权、内部人控制等有可能损害股东（委托人）利益的行为。这一激励约束机制的出发点和目标都是实现股东利益的最大化。经理人基于自身的利益最大化也会积极谋求企业短期利益的增长和股东利益的实现。这种基于股东利益最大化的制度设计和企业治理机制进一步强化，巩固了企业以追求利益最大化为核心的谋利文化，导致继续忽视劳动者利益和社会责任。不过随着环境的改变、企业制度的变迁，企业文化也发生适应性的变化。工人运动高涨，工会组

① 姜立杰：《美国工业城市环境污染及其治理的历史考察（19 世纪 70 年代—20 世纪 40 年代）》，博士学位论文，东北师范大学，2002，第 80 ~ 91 页。

② 《北京市规划办：欧美水污染治理经验及对北京的启示》，中国社会科学网，http://www.cssn.cn/skjj/skjj_jjgl/skjj_xmcg/201408/t20140815_1292476.shtml，最后访问日期：2019 年 10 月 31 日。

织力量的加强，早期赤裸裸的逐利文化开始披上温情的面纱，从残酷的剥削和压榨到泰罗制注意到劳资利益冲突，并试图通过向工人灌输每日做出质量最高、产量最大的工作是符合工人长远利益的思想来缓和劳资矛盾。[1]不过这并不能掩盖逐利文化的本质，也并未解决劳资冲突。紧接着的霍桑实验在企业制度创新上具有革命性意义，这一次制度变迁的结果使企业文化实现了一次质的飞跃，由此实现了由“物”到“人”的回归，人本文化开始兴起。以后，“自我实现的人”和“复杂人”的人性假定进一步强调了人的作用，如何适应新的人性假定来调整企业治理，满足员工心理需求，调动员工积极性、主动性以提高生产效率成为企业文化关注重点。企业文化转向对人的关注，强调对人的需求的满足，并有效缓和了企业内部矛盾冲突，是一次巨大的历史进步。但这种企业文化本质上仍然是一种基于资本利益考虑的谋利文化，利益上的让步只是资方谋利的一种手段。这一时期的企业文化依然停留于企业自发的意识状态，还没有形成明确的企业文化概念，仅是企业主执行资本职能的一种意识体现。[2]

企业外部环境的变化，社会的压力特别是政府的法令，导致企业制度强制性变迁。企业不得不考虑社会的利益，被动地承担社会责任。当然这一制度变迁导致企业文化适应性变化使企业文化开始关注企业社会责任。学界对于什么是企业的社会责任有多种定义。哈罗德·孔茨认为企业的社会责任就是郑重考量和对待企业的行为对社会的影响。斯蒂芬·罗宾斯则认为企业的社会责任超越企业的法律的、经济的责任，企业还必须承担谋取社会长远利益的责任。归纳起来就是企业作为社会的一员，必须承担起作为企业公民的责任，在生产经营过程中要考虑和兼顾所有利益相关者的利益和社会公共利益。具体包括企业对员工、股东、消费者、合作者、政府和自然环境等所应承担的责任。从这个角度来说，企业要承担社会责任，也就是企业要兼顾各方利益，实现可持续发展。不过由于谋利文化的惯性，企业经济意识仍然居于统治地位，责任意识还很淡薄。

---

① 饶静安、张衔：《企业文化演进发展的回顾与思考》，《管理现代化》2011 年第 4 期。

② 饶静安、张衔：《企业文化演进发展的回顾与思考》，《管理现代化》2011 年第 4 期。

从总体情况来看，这一时期企业文化的经济性得到进一步强化和放大，而企业文化的社会性也开始被关注，但并不强烈。企业内部劳资关系得到一定程度的缓和，但没有解决劳资利益协调的根本问题，所以内部的不和谐依然存在。企业外部，随着环保运动和政府规制力量的加强，企业社会性不足得到一定程度的缓解，但外部和谐还远远没有实现。

第三节 现代企业制度变迁与包容性企业文化

一 企业环境压力与现代企业制度的变迁

20 世纪 70 年代以后，国际形势发生重大变化，由原来的军事竞赛转变为经济实力竞争。企业也愈加成为竞争的焦点，市场角逐愈加激烈。人们广泛探索提高企业经营效率的法宝。到了 20 世纪 90 年代，随着生产力的进一步发展、科技革命对生产力的巨大推动，技术、智力成为企业竞争制胜的关键因素，作为智力载体的“人”成为重要的甚至是企业核心的资源而备受关注。正如舒尔茨所指出的一样：我们正处于有利于人的经济价值提高的长期变动之中。在一个由增长提高了人的经济价值的经济中，对大量不同制度的服务的需求会被这种增长形式所改变。[①] 随着人类生活档次的提高，工人的需求开始转向对于权利的需求，如人们要求获取消费品与服务，希望拥有更高的平等，尤其是对那些高技术的工作。由此可见，随着生产力的进一步发展，人的经济价值持续显著地提高是制度非均衡的主要原因。人的经济价值提高所致的制度失衡的压力，呼唤新的经济制度。

在企业外部，极强的逐利动机使企业继续忽视公众利益，严重的环境污染使矛盾持续激化。这引发了社会环保运动不断壮大，公众的集体行动

---

① 〔美〕T. W. 舒尔茨：《制度与人的经济价值的不断提高》，载科斯等编《财产权利与制度变迁》，刘守英等译，上海人民出版社，2004，第 50 ~ 57 页。

给企业以及政府以巨大的压力，政府不得不积极回应，加大立法力度，规制企业的不良行为，并开始引进市场的力量对企业行为进行制约，如可交易排污权制度等。[①] 这类制度的设计旨在激励企业主动承担社会责任，而且这类制度安排有不断增加的趋势。企业不良行为导致的社会成本内化，迫使企业基于成本（罚金、诉讼成本）和声誉的损失等考虑而开始将社会责任纳入企业经营决策。[②] 企业与外部环境的矛盾得到持续的改善。

企业内部，现代企业制度进一步完善，经理控制式企业成为企业的主流。不过制度的持续改善、职业经理人市场的完善、经理人声誉机制的建立，使职业经理人更偏好企业的长期利益和稳定的成长，而不是最大化短期利益。[③] 面对工会、社会公众、团体和政府的压力，为规避社会舆论谴责、政府处罚、诉讼以及由此带来的企业和经理人声誉的损失等，企业经理人不得不协调满足雇员、顾客和社会的需要。经理人相信，他们有义务平衡和协调集团之间的利益。[④] 总之，时代的进步促使企业更加重视内外利益关系的协调，推动了企业制度的现代化演变。

二　现代企业制度下的包容性企业文化

正如上文所述，企业制度的现代化演变，日益体现和兼顾企业内外部利益关系协调，促使企业文化的协同演化。这一时期的企业文化也呈现一种包容性特征：企业的经济性和社会性的交融，企业内部和外部利益关系的协调要求都反映在这一时期的企业文化中。在企业内部随着人的经济价值的持续提升，员工地位以及力量的上升，企业人力资源管理制度的完善，企业文化在核心价值观上则要求尊重人、重视人、满足人的需求，强

---

① 张曼、张树军：《排污权制度对我国环境治理的经济学启示》，《东北财经大学学报》1999年第8期。

② 任巧巧：《企业的社会责任与企业声誉》，《企业经济管理》2005年第10期。

③ 李思寰：《从“看不见的手”到“看得见的手”——读钱德勒〈看得见的手〉的启示》，《科技和产业》2007年第1期。

④ 〔美〕乔治·斯蒂纳、约翰·斯蒂纳：《企业、政府与社会》，张志强、王春香译，华夏出版社，2002，第125～173页。

调通过物质以及情感的满足来激励员工的积极性、创造性。企业文化的加强促进了企业内部关系的和谐，进而也提高了企业的生产经营效率。不过企业文化作为社会文化的组成部分，其思想的发展也有其重要的社会思想背景。

特别值得关注的是，这一时期日本企业在国际竞争中取得的巨大成功，促使西方企业界和理论界开始关注与研究它的成功秘诀。他们发现日本企业成功的秘诀在于独特的管理思想和治理模式，如劳资“双赢”的主张、鼓励工人参与企业管理、强调团队合作精神等，调动了工人的积极性，使工人成为“工作狂”。美国学者将这种独特的企业管理模式称为企业文化，并开始深入研究与学习借鉴，自此企业文化作为一种管理思想及手段，逐渐被人关注、运用、探索，最终由一种无意存在，转变为一种有意研究和使用的工具。这意味着企业文化的战略地位被广泛关注。随着技术的发展，企业文化对于企业核心竞争力的战略作用愈加凸显。企业纷纷开始关注并大力投入企业文化研究与实践。这一发展势头到21世纪初，在经济全球化和信息化浪潮下，深入研究和探索企业文化在学术界和企业界再次掀起了高潮。这一时期，企业文化理论与实践都迅速发展，大大推进了企业文化的发展进程。在企业外部，市场导向的政策规制以及经理人市场的完善，迫使企业社会责任内化，企业文化的核心价值观念也发生改变。企业的社会责任、道德观念增强，企业与外部环境中各利益相关者关系和谐度增加。

总结这一阶段企业文化理论与实践发展成果，不难发现其亮点是高度重视人的作用，探讨怎样通过满足人的各方面需要来激发人的积极性、创造性，从而提高生产效率，增加其对企业绩效的贡献。这一时期企业文化与初期相比，在地位、内涵和形式上都发生了巨大变化：从以“物”为中心到以“人”为中心；从自发形态到企业文化系统；从不为人知，到人尽皆知。基于竞争环境的变化，企业所有者为了追求更大利润和企业的进一步发展，一方面不得不自觉采取措施改善与工人阶级的关系，淡化资本雇佣劳动的不平等关系，缓解劳资矛盾；另一方面竭力寻求有效措施调动工人工作积极性和创造性，开发其智慧潜能。深入分析我们也不难发现，虽说企业文化有了重大变化，但这种企业文化追求的是企业在市场中的竞争优势，实现企业利润目标和资本目标，本质上没有变化，仍然是谋利文化的进一步发展。资方利益的出让是有限的。值得注意的是企业文化对企业发展起着越来越重要的作用，成了缓和劳资矛盾、为资本谋取更大利益的有力工具。

第四节 企业文化演化趋向

一 “企业公民”与企业文化演化方向

20 世纪 90 年代以后，随着全社会对企业社会责任的日益关注和要求的不断提高，企业社会责任相关理念和标准以及组织在全球相继诞生。如 1996 年国际标准化组织发布 ISO14000（环境管理标准），期望通过环境管理工具的标准化工作，规范企业和社会团体等组织的自愿环境管理活动，促进组织环境绩效的改进，支持全球的可持续发展和环境保护工作；1997 年的 SA8000（社会责任标准）出现，其宗旨是确保供应商所提供的产品，皆符合社会责任标准的要求；1999 年美国的“道琼斯可持续发展指数”（The Dow Jones Sustainability Indexes，DJSI）从经济、社会、环境保护三个方面来评价企业的可持续发展能力；1995 年联合国秘书长科菲·安南在世界社会发展首脑会议上，曾提出“社会规则”“全球契约”（Global Compact）的设想。1999 年 1 月他又在达沃斯世界经济论坛年会上提出“全球契约”计划，并于 2000 年 7 月在联合国总部正式启动。“全球契约”计划号召各公司遵守在人权、劳工标准、环境及反贪污方面的十项基本原则。安南向全世界企业领导呼吁，遵守有共同价值的标准，实施一整套必要的社会规则，即“全球契约”。[①] 很多知名企业跨国公司纷纷加入“全球契约”。这一计划实际上将以前对企业社会责任的隐性要求显性化、契约化，

① 《全球契约》，百度百科，https：//baike. baidu. com/item/% E5% 85% A8% E7% 90% 83% E5% A5% 91% E7% BA% A6/2906815？fr = aladdin，最后访问日期：2019 年 10 月 9 日。

使企业社会责任意识内化为企业的价值理念和理性选择。美国《商业伦理》（Business Ethics）杂志从 2000 年开始评选“最佳企业公民 100 强”，企业社会责任运动蓬勃发展，这些都表明企业以“社会公民”身份履行社会责任的观念和行动越来越得到政府、市场和公众的认同和提倡，形成一种联合的力量。[①] 而企业主动承担社会责任，实施有利于社会的政策，主动提供更一致、标准的公司信息和年报成为企业理性选择的存在方式。企业“社会责任”走上制度化发展轨道。

人类历史进入 21 世纪，在日新月异的科技的推动下，全球一体化逐步实现。在经济繁荣的同时也伴随着社会关系的复杂化、利益多元化、环境污染严重、矛盾冲突加剧等经济社会问题，特别是日益严重的资源危机和环境污染严重影响着人类社会的生存与发展。人们不得不深刻反思传统发展观念及模式，由此而来的一个显著的变化就是组织不得不更多地兼顾、协调和平衡包括员工、社会各利益相关者的利益来谋取组织的可持续发展。社会的发展产生新的制度需求。适应新的形势的需要，企业制度向承担社会责任方向演化，并进一步制度化和文化化。越来越多的企业自愿与政府、公众签订环境协议以及主动公开自己的社会责任报告和可持续发展报告，接受社会监督，无不显示主流的企业文化中责任意识的进一步增强。企业社会伦理责任意识在企业内逐步形成共识并外化为企业的正式制度，成为一种制度文化，如很多跨国公司开始成立自己的社会责任管理机构和组织，构建企业的社会责任管理机制。由此可见，企业文化的演化方向是社会责任意识加强，更加强调利益相关者利益的协调和统一，企业内外部关系的和谐，最终目的是实现企业的可持续发展和社会福利的增加。

二　和谐企业文化的源起

随着社会生产的日益复杂化，企业经营决策权与资本所有权彻底分

① 杨慧辉：《企业公民与企业价值最大化》，《集团经济研究》2006 年第 1 期。

离，使经理式公司制企业成为现代公司的标准模式。股权的高度分散，企业所有权和控制权的进一步分离，意味着企业真正成为平等的各要素所有者缔结的合约联合体，企业在利用各种资源谋求自身发展的同时，不能再以追求股东利润最大化作为唯一目标而忽视或损害其他利益相关者的权益。同时随着社会环境的变化，企业面临来自外部环境的压力，而不得不主动考虑协调企业利益相关者利益和承担社会责任。企业开始被要求维护所有利益相关者的利益，协调利益相关者之间的权、责、利关系，实现利益相关者的共赢，实现人与人、人与社会、人与自然和谐相处。利益相关者理论也认为企业是各种生产要素所有者联合起来的一种有效率的契约组织。企业属于所有利益相关者所有。企业的利益是所有利益相关者的共同利益，企业的目标是实现所有利益相关者的共赢，由此企业的各项制度安排必须平等地对待和保证各利益相关者的权益。通过有效的制度安排使各利益相关者在互助合作中获得利益并实现企业的可持续发展。这就意味着公司的基本目标是为各利益相关者服务而不仅是为股东服务；公司的利益是各利益相关者的共同利益而不仅是股东利益；公司的各项制度安排，尤其是所有权安排要平等地对待每个利益相关者的权益。因此，公司应权衡不同利益相关者的需求，使所有利益相关者通过公司治理的有效制度安排在互相合作中获得利益的实现和权益的保障，最终达到公司的可持续发展。[①] 企业所处时代、环境要求及社会理论思潮，均呼唤着能协调企业利益相关者利益，实现企业内外部和谐，最终实现企业可持续发展的新企业文化。

约翰·P. 科特和詹姆斯·L. 赫斯克特在《企业文化与经营业绩》一书中的调查也深入研究了保障企业良好经营业绩的“好”企业文化所具有的共同特征，就是注重企业所有构成关键要素权益的价值观念，并使其成为主导企业行为方式的行为准则。他们的研究指出“好”企业文化注重企业构成要素的协调，特别是顾客要素、股东要素和员工要素的协调，而这

① 王阳：《基于社会责任的公司治理模式重塑》，《北师大学报》（社会科学版）2009 年第 1 期。

是企业发展至关重要的因素。[①] 可见，“好”的企业文化是追求和谐的企业文化。为了论证这一观点，我们从以下公司的企业文化案例分析中来探讨“好”企业文化具备的特质。

1. 沃尔玛的企业文化

沃尔玛不只强调尊重顾客，提供一流的服务，而且还强调尊重公司的每一个人，坚持一切要以人为本的原则。在沃尔玛内部，各级职员分工明确，少有歧视现象。该公司一位前副董事长说：我们是由具有奉献精神、辛勤工作的普通人组成的群体，来到一起为的是实现杰出的目标。我们虽然有不同的背景、肤色、信仰，但坚信每一个人都应得到受到尊重和具有尊严的待遇。在沃尔玛公司里，员工是最大的财富，他们有一套特殊的对待员工的政策，不称员工为雇员，而称之为合作者、同事，一线员工可以直接与主管甚至总裁对话，而不必担心报复。员工以佩戴“我们的员工与众不同”的胸牌而自豪，这些充分体现了沃尔玛的独特营销内涵。沃尔玛公司重视对员工的精神鼓励，重视对员工潜能的开发，重视对员工素质的培养，重视每一位员工的建议，重视在企业内部建立一种和谐的气氛，正是这些重视使得员工感到自己是公司的重要一员，在公司就像是在一个大家庭里。也正是这样沃尔玛才能把员工们团结起来，发挥集体的力量，愿意为公司这个自己的大家庭贡献光和热。

沃尔玛内部很少有等级森严的气氛，创始人山姆·沃尔顿非常乐意和员工在一起，谈论一些问题或发表演讲，把自己所倡导的价值观念传输给员工。到今天，沃尔玛的各级管理人员依然贯彻着企业传统文化，经理人员被认为是“公仆领导”。沃尔玛公司的“公仆领导”始终把与员工沟通放在首要位置。他们为每一个员工服务，指导、帮助和鼓励他们，为他们的成功创造机会。因此，沃尔玛公司的诸位“公仆”，并不是坐在办公桌后发号施令，而是走出来和员工直接交流、沟通，并及时处理有关问题，实行“走动式管理”。他们的办公室虽然有门，但门总是打开着，有的商店办公室甚至没有门，以便让每个员工随时可以走进去，

① 转引自程民选、罗后清《企业和谐的实质及其文化支撑》，《当代经济研究》2010年第11期。

提出自己的看法。

沃尔玛在处理员工关系方面运用最多的方法是激励而不是批评或处罚，如果员工把事情做好了，他们就会对其良好的表现进行褒扬："你做得很好！"如果员工做错了，他们会对员工说："换种方法你会做得更好！"沃尔玛制定了与员工分享经营成果、分担经营责任的政策，使员工产生责任感和参与感，如利润分享、员工购股、低耗奖励等计划来调动员工积极性。山姆·沃尔顿持续不断地巡视商店，与人握手，看着别人的眼睛，设法记住众人的名字，甚至当商店太多，他不可能一一前去时，也是如此。他还撰写一些友好的个人书信，登在公司的时事通讯《沃尔玛世界》上，让员工们能看到他与员工个人的友好往来以及他对员工们的尊重。后来，他开始通过卫星系统出现在荧屏上对着员工们谈话。

在沃尔玛看来顾客就是上帝。为了给消费者提供物美价廉的商品，沃尔玛不仅通过连锁经营的组织形式、高新技术的管理手段，努力降低经营费用，让利于消费者，而且从各个方面千方百计节约开支。美国大公司拥有专机是常事，但沃尔玛公司的十几架专机都是二手货；美国大公司一般都拥有豪华的办公楼，但沃尔玛公司总部一直设在偏僻小镇的平房中；沃尔玛公司创始人虽然家财万贯，但理发只去廉价理发店；现任董事长是富豪，但他的办公室只有12平方米，而且陈设十分简单，公司总裁办公室也不到20平方米。这些做法传达给消费者的信息是：沃尔玛时刻为顾客节省每一分钱。为了给消费者超值服务，沃尔玛想尽了一切办法，沃尔玛要求其员工遵守"三米微笑"原则，尽量直呼顾客名字，微笑只能露出八颗牙，等等。①

沃尔玛的成功用其竞争对手美国Kmart连锁店创始人哈里·康宁汉的评论来说："山姆可以称得上是本世纪最伟大的企业家。他所建立起来的沃尔玛企业文化是一切成功的关键，是无人可以比拟的。"沃尔玛的企业文化最突出的特征就是对于员工的尊重、重视和激励，视员工为合伙人，

---

① 《沃尔玛企业文化》，MBA智库，http：//wiki. mbalib. com/wiki/，最后访问日期：2019年10月23日。

构建内部利益共享、责任共担的协作机制，成功构建了内部和谐关系，营造了内部和谐氛围。由此带来的效果也很明显，沃尔玛的员工具有高度的归属感和责任感，在零售行业人才流动快速的趋势下能一枝独秀，保持了人才队伍的高度稳定和凝聚力，自然也带来了市场的成功。值得注意的是沃尔玛对于顾客的高度重视，也是其市场成功的原因之一，不过很多企业在市场竞争中都选择了顾客导向，所以沃尔玛的内部和谐关系成功构建就显得更为突出。

2. 松下精神

松下电器公司是全世界有名的电器公司，松下幸之助是该公司的创办人和领导人。松下是日本第一家用文字明确表达企业精神或精神价值观的企业。松下精神，是松下及其公司获得成功的重要因素。松下精神并不是公司创办之日一下子产生的，它的形成有一个过程。松下有两个纪念日：一个是1918年3月7日，这天松下幸之助和他的夫人与内弟一起，开始制造电器双插座；另一个是1932年5月，他开始理解自己的创业使命，所以把这一年称为“创业使命第一年”，并定为正式的“创业纪念日”。两个纪念日表明，松下公司的经营观、思想方法是在创办企业后的一段时间才形成的。直到1932年5月，在第一次创业纪念仪式上，松下电器公司确认了自己的使命与目标，并以此激发职工奋斗的热情与干劲。松下幸之助认为，人在思想意志方面，有容易动摇的弱点。为了使松下人为公司的使命和目标而奋斗的热情与干劲能持续下去，应制定一些戒条，以时时提醒和警诫自己。于是，松下电器公司首先于1933年7月，制定并颁布了“五条精神”，其后在1937年又议定附加了两条，形成了松下七条精神：产业报国的精神、光明正大的精神、团结一致的精神、奋斗向上的精神、礼仪谦让的精神、适应形势的精神、感恩报德的精神。

松下精神，在松下公司的成长中形成，并不断得到培育强化，它是一种内在的力量，是使设备、技术、结构和制度运转起来的科学因素，具有强大的凝聚力、导向力、感染力和影响力，是松下公司成功的重要因素。这种内在的精神力量可以激发与强化公司成员为社会服务的意识、企业整体精神和热爱企业的情感，可以强化和激励公司成员各种有利于企业发展的行为，如积极提合理化建议，主动组织和参加各种形式的改善企业经营管理的小组活动；工作中互相帮助，互谅互让；礼貌待人，对顾客热情服务；等等。[①] 松下精神的内涵比较丰富，责任意识强，包括了对员工、社会和国家的责任。这一企业文化精神体现了企业对内部和谐和外部和谐的高度关注。

3. 丰田的环保理念

丰田公司1992年为了倡导“人类与环境和谐相处”的全新环保理念，专门设立了“丰田环境委员会”，制订了“丰田地球环境宪章”——《丰田对于地球环境的参与方针》，在此基础上确立了公司面向21世纪的未来战略——“制造亲近人类与地球的汽车”。为了落实这一战略，丰田公司不惜将年销售额的6%作为攻关资金，组建起1.2万人的庞大研发队伍，开始了“绿色”汽车的发明创造。经过长达5个年头的不懈努力和反复试制，1997年12月丰田公司推出了世界上第一款批量生产的混合动力汽车——先驱。它消耗每升汽油的平均行驶里程比一般汽油车至少提高一倍，污染物却减少了90%。丰田将企业发展同造福人类、保护环境、建立循环型社会统一起来，体现了其尊重自然的环境道德观念和环境责任意识，这一意识也使丰田领跑绿色经济，赢得社会和市场认可。[②] 丰田的环境责任意识体现了企业与自然环境的和谐，体现了和谐的价值追求。

从企业的实践来看，在当代社会，企业所面临的内外关系愈加复杂多变，在社会环境的外在压力和企业自身的利益诉求下，只重视企业短期经济利益的价值观念和经营方式越来越失去市场，谋利文化的历史局限性越来越制约企业的发展，甚至阻碍企业的发展。虽然随着社会进步，企业谋利文化从赤裸裸开始逐步披上温情的面纱，但谋利文化的本质缺陷，如仅维护股东利益、追逐企业利益最大化，在企业经营状况好的时候，不会表

---

① 代凯军：《管理案例博士评点：中外企业管理案例比较分析》，中华工商联合出版社，2000。

② 《境外企业文化的特点及借鉴》，新浪网，http://finance.sina.com.cn/leadership/mroll/20090519/11566245340_2.shtml?from=wap，最后访问日期：2019年12月19日。

现出来，但当企业经营状态不好的时候，基于成本收益分析思维的谋利文化必然会暴露。比如一些企业在顺风顺水的时候高唱“以人为本”，热衷于建设企业文化。但一遇到困难就立即把员工当成了“包袱”，一甩了之。很多人也为此辩护，认为企业的首要任务是生存，裁员是生存之必需。但事实是面对危机，选择和谐共存的企业往往表现出旺盛的生命力，能够很快转危为安，并蓬勃发展。比如“9·11”事件后，航空业遇到严峻的行业危机，美国西南航空公司在其他公司大幅裁员的情况下，其首席运营官柯琳·巴雷特说：“我们不做这种事，那是竞争对手才会做的事。在西南航空，我们以员工为优先。”之后，他们一直坚持自己“以员工为先”的企业经营理念，选择了与员工携手共渡难关，结果每季度都保持了盈利。之后每年有不少于9万人应聘美国西南航空。[①] 显然，只有坚持和谐价值理念的企业才能在面对危机和困境时坚持自己的价值准则，选择患难与共，并因为这一价值观念高度认同所获取的高度凝聚力、创新动力而取得成功。而裁员的事实暴露出谋利文化的实质，虽然一时削减一些人工成本，但轻易地解雇、抛弃员工，将会严重打击企业群体士气，丧失企业内在的发展活力，也深化劳资矛盾，使企业陷于劳资冲突的泥沼之中，如劳动关系的诉讼等。同时，企业文化遭遇重创，动摇企业发展根基。而且越来越多的企业因为忽视企业社会责任而遭遇麻烦，如阿迪达斯因使用劳改犯生产足球在香港被起诉，耐克公司因海外工厂的劳工问题在美国被起诉。投资者的社会责任行动也迫使企业不得不考虑社会责任以取得信任。

可见，传统谋利文化已经不适宜现代经济社会发展要求，企业的可持续发展需要一种可以调节内、外部利益关系并且与社会发展要求相适应的新的企业文化以及制度体系来引导管理实践。对企业文化的这一价值需求非常契合中国传统文化核心理念“和谐”的基本内涵及要求，因此本书将之概括表达为“和谐企业文化”。“和谐”的本意就是多种声音

---

① 〔美〕詹姆斯·F. 派克：《做正确的事（美国西南航空公司的成功真经）》，骆欣庆、李小平译，中国人民大学出版社，2009。

的互相唱和、音乐的配合和统一，后指一种协调和配合适当的关系，包括人与自身、人与社会、人与自然等的关系和谐。和谐企业文化从企业内部来看，应当是一种在要素所有者平等基础上互利合作的文化；从企业外部来看，应当是一种能够协调各方利益、协调企业与自然关系、企业与社会关系的文化。总之，无论从社会历史发展趋势还是企业可持续发展的现实需求来看，和谐企业文化都是现代企业文化发展的必然趋势和客观选择。

对企业文化演化历史的回顾与分析，可以发现企业文化的演化规律，企业文化的生成与发展是生产力推动、社会发展、企业制度变迁的必然结果。生产力的发展，社会环境变化是推动企业文化发展的基本力量，企业制度变迁与企业文化交互影响，在互动中直接推动企业文化的发展。

企业不同的发展阶段，企业文化呈现不同的特点，主流的价值观念及文化的作用在于解决特定阶段企业的问题。由此可见，企业发展至今，新的历史阶段，原有的企业文化已经不能解决企业所面临的种种矛盾和冲突，已经阻碍企业的发展，自然产生企业文化变革需求。

从企业文化演化的整个历史进程来看，企业文化始终保持极强的经济性，这是企业性质决定的（无论企业是生产组织单位还是节约交易费用的机制，经济性是其本质特征）。而在谋利文化的演化过程，企业迫于内外部利益相关者的群体压力与持续经济利益的实现，社会性逐步增强，直至社会性与经济性协调统一，和谐企业文化产生。这就是和谐企业文化提出的历史根源。可以说企业文化演化实质上是从谋利文化到和谐文化的演变，和谐企业文化是企业文化演化的方向和必然趋势。

从企业文化与企业制度的交互关系来看，企业文化必须依赖企业制度，企业制度的变迁诱使企业文化发生适应性变化，而企业文化又影响和制约着企业制度的变迁，企业制度变迁与企业文化的互动，促使启蒙阶段的价值观最终在制度和文化的互动中演化为制度化的价值观。有什么样的文化就会塑造什么样的企业，从这个角度来说要实现企业的可持续发展，必须构建和谐企业文化及与之相适应的制度安排，并注意考虑两者的互动与耦合，实现和谐企业文化与和谐制度体系的互相弥补和促进，实现企业可持续发展。

总之，企业作为经济社会的基本组织与细胞，是现代社会的资源配置的重要主体，也是至关重要的微观经济基础，只有企业建立起了和谐的文化及制度体系，实现企业的可持续发展，才能促进整个社会的和谐发展。和谐文化及制度体系的构建必然成为企业新的历史使命，也是生产力发展、社会进步的必然要求和企业制度变迁的客观选择。

第三章　新时代和谐企业文化的提出

文化是“一个国家综合国力的重要体现”①，党的十六大报告指出：“当今世界，文化与经济和政治相互交融，在综合国力竞争中的地位和作用越来越突出。文化的力量，深深熔铸在民族的生命力、创造力和凝聚力之中。”② 企业文化是整个社会文化的重要组成部分，是社会经济发展在企业中的文化表现形式。我们研究企业文化理论，其根本目的就是要构建具有中国特色的企业文化，增进企业的经济效益和社会福利，实现企业的可持续发展和社会和谐发展，在企业文化理论与实践中走出自己的路，将传统传承与时代创新相结合，开创出企业文化新的时代。

第一节　中国企业文化发展历程及经验总结

一　近代中国企业及企业文化的兴起

企业文化伴随企业产生而产生，追溯我国企业文化发展历史，从19世纪60年代起，作为中国洋务运动的产物，中国近代意义上的工业企业诞生。伴随着洋务运动的发展，中国也产生了一批民族资本企业。这些民族资本企业在当时特殊的历史使命和社会背景下，大多秉持实业救国信念和

---

① 《十五大以来重要文献选编》下，人民出版社，2003，第1822页。

② 《江泽民文选》第3卷，人民出版社，2006，第558页。

理想，它们引入现代化的生产方式，实现了我国物质生产的现代化。而物质生产的现代化促使生产组织形式的现代化，进而影响企业制度和企业文化价值观念等方面的现代化。企业制度的选择虽然形成股份制、独资、合伙等多种企业形式并存的局面，不过短时间可以筹集大量股份壮大华商力量，抗衡外国资本的经济入侵的股份制成为首选。1904～1908年，向公司注册局注册的各类公司约272家，核定资本约1.33亿元。其中股份有限公司153家，独资企业44家，合伙企业70家，无限责任股份公司5家。[①] 公司制度是一种现代企业制度，它刚进入中国时，与传统的政治经济制度、习俗格格不入。因此，在发展过程中经历了现代制度与旧有文化的冲突，引发了这一制度在我国的各种变异，如制度虚化，董事会、监事会形同虚设，家族控制或者个别强势人物控制企业，腐败以及政府强制干预，等等。不过值得肯定的是随着实践发展，这一制度及观念逐渐被认同、完善。从企业文化的角度来看，随着我国民族资本主义企业的产生，一些企业家就开始有意识地在企业中构建企业文化，也形成了有特色的具有爱国主义情结、体现优良传统的优秀企业文化。尽管现代企业制度在我国发展得曲折和艰难，但企业的时代使命——“实业救国”的个性依旧鲜明，自然这种思想体现在企业精神的培育上，形成这一时期企业文化的主要特征。例如天津东亚毛纺织厂提出的“民生精神”就是企业文化建设的突出代表。这种“民生精神”强调了敬业爱国、奉献进取的精神，极大地鼓励和凝聚了企业的员工，并获得了社会公众的认可，当然也取得了经营的成功。可见，这一时期的企业文化形成的主要原因是时代使命——“实业兴国”在企业中的反映，公司制的引入和发展进一步推动了与之相适应的现代公司治理文化在我国的发展。这一事实也证明了企业文化是社会经济发展在企业中的文化表现形式。我国的企业文化及企业制度的形成与演化具有鲜明的民族特色和时代特色。

---

① 转引自张秀英《近代中国公司制度的发展历程》，《广州师范大学学报》2001年第6期。

二　新中国成立以后国企文化的形成与发展

新中国成立以后，我国企业确立了生产资料公有制的所有制形式，全民所有制企业占绝大部分。这种体制下的企业不具备经济活动的主体属性，被国外经济学家批评说“中国没有企业”。反映社会主义计划经济体制下，人民民主专政和“为人民服务”时代要求，国有化改造之后的国有企业非常注重企业精神的培育，并形成了具有时代特色的国企文化，也形成了自己独特的企业文化体系，最具代表性的如“铁人精神”“孟泰精神”“鞍钢宪法”等。国企文化的形成仍然具有显著的时代特征，是社会主义意识形态在企业中的体现，是计划体制下“政治文化”熏陶以及政企合一的企业生产经营体制内化的结果。这种文化初期在企业经营中起着重要的作用，营造了和谐融洽的组织人际关系和具有蓬勃朝气的组织文化氛围，也极大地激发员工的主人翁意识和生产积极性。这一时期的国企文化可以看作是和谐企业文化的早期尝试，积累了和谐企业文化培育的一些宝贵经验。如企业文化的培育与企业思想政治工作相结合，使企业及个人的道德偏好远远超越经济利益。随着社会经济的发展，一直到改革开放之前，这种高度集中的计划经济体制、政企合一的企业经营方式，使企业经营机制僵化、社会负担沉重、效率低下。国企“大锅饭”体制带来的激励约束不足，国有企业陷于一种消极的、低效的文化状态。分析国企文化在经济绩效上表现不佳的原因在于缺乏“人和”，即利益关系的不协调，“大锅饭”实质上是利益的不协调，行为主体没有获得相应的报酬，自然会降低其付出。国企文化的失调和低效根源还在于当时制度、体制的僵化，国企缺乏生产经营自主权、员工有效激励不足。从国企文化的兴盛到逐渐式微，从和谐到不和谐，根源在于利益的不协调，可见，企业文化不能超越生产力发展实际，政治文化的熏陶，对员工高尚品质和道德情操的培育也离不开物质基础。和谐企业文化必须建立在和谐的利益机制上。

三 现代企业制度改革及企业文化演化

中国的现代企业制度建设与改革和国有企业改革有着密不可分的关系。国企改革的过程由放权让利伊始，逐步推进，过渡到建立现代企业制度。[①] 1978 年，随着改革开放的推进，我国开始逐步推行以“放权让利”为主题的改革，逐步明确国有企业的市场主体地位。1981 年开始的国有企业承包责任制的改革，使得所有权与经营权分离的思想进一步得到落实，使企业的市场主体地位以及独立的经济利益得到明确。这一时期，国外企业文化研究范式提出并被一些学者引入中国，由此开启了我国企业文化理论的主动的、系统的研究大门。企业文化逐步引起普遍关注，许多企业开始尝试吸收国外一些企业文化建设的先进经验，根据具体情况，开展各具特色的企业文化建设活动，许多学者也对此进行了总结和研究。可以说当代中国的企业文化，与改革开放共命运，与国际企业文化潮流相耦合。[②]

从 20 世纪 80 年代初起，企业文化有关理论就被介绍到我国，最初仅仅是对国外一些企业文化研究成果的译介。到 20 世纪 80 年代中期，中国出现了第一次企业文化热，许多企业开始把建设企业文化、培育企业精神列入议事日程。甚至还有一些企业（如北京电视机厂）设立了企业文化处。不过当时企业文化建设注重的是企业口号、企业作风、企业风貌建设和企业精神培育等，没有形成完整的文化培育体系。20 世纪 80 年代后期，从 1986 年起，一些学者开始致力于企业文化实践研究，帮助企业培育企业文化，各种新闻媒介也大量宣传、报道国外的企业文化理论和经验，一些企业文化协会、研究会等学术团体也在各地相继成立。从 1988 年开始连续几次全国性的企业文化研讨会的召开，一系列企业文化专著出版，推动形成了企业文化研究与实践的热潮。党的十三届三中全会通过并于 1988 年正式发出的《中共中央关于加强和改进企业思想政治工作的通知》，使得

① 沈志渔、谬荣：《企业制度改革三十年：回顾与展望》，《首都经济贸易大学学报》2008 年第 6 期。

② 欧绍华等：《中国企业文化建设的历程与思考》，《中外企业文化》2011 年第 1 期。

“把塑造企业精神作为企业文化抓手”的观念，变成了中国所有企业的共识。实际上，这就为企业文化建设与精神文明建设的结合奠定了政策和思想基础。

企业也积极参与企业文化研讨与实践。如广东梅山实业总公司在1986年，制定了本企业的《企业文化发展战略》。1988年8月10日，公司经理陈煊与著名经济学家于光远的通信在《经济日报》发表，这对各地开展企业文化建设产生了积极影响。例如国内较早倡导企业文化建设的大型企业之一，湖北十堰的第二汽车制造厂当时的厂长陈清泰谈了自己对企业文化的认识：“二汽的企业文化，应是我们待人处世所遵循的原则，是二汽家庭中的职工之间、二汽与社会交往的价值观。它代表了我们的信念、精神、行为准则，是我们制定政策的基础。”二汽成立了企业文化研究会，创办了《企业文化》杂志，总结出“二汽文化”是以“视今天为落后”的二汽哲学为核心，以系统观、发展观、动力观、创造观为基本结构的企业文化，有力地推动了二汽集团的发展。还有一些有着悠久历史、优良传统和企业精神的企业如大庆油田、鞍钢等，这些企业也与时俱进，对本企业传统进行解剖和提炼、升华，提出了更具时代特点的新的企业文化。一些后起之秀，如广州白云山制药厂、朝阳重型机器厂等在企业文化建设方面也纷纷取得突出成绩。

这一时期是我国的现代企业文化建设与实践的起步期，处于对国外理论成果的消化和尝试实践中，企业文化变迁的推动力来自外部，如国外企业文化的学习、模仿甚至移植，政府、学界、舆论的有力推动，构成我国企业文化建设热潮的外部环境条件，具有明显的强制性制度变迁特点。这一时期企业更注重对企业传统精神的提炼和时代精神的融合，结合思想政治教育工作重点培育企业精神，具有明显的社会主义意识特征。在企业文化内容上，主张企业内部关系的和谐以及企业经济绩效，体现了和谐企业文化的一些特征，但是外部关注特别是与自然环境的和谐被忽视。从制度角度来看，对国外宝贵经验及做法的借鉴甚至移植是一种强制性的制度变迁，在模仿移植的过程中忽略了自身旧文化的融合而出现企业文化虚化等问题。和国外相比，中国企业文化的实践和理论总结，从总体上看起步并不算晚，但是就自觉的理论研究同生产经营相结合取得实效来说，存在的差距比较大。

20 世纪 90 年代初，人们在多年探索之后，充分认识到国有企业改革必须进一步深入，在企业转换经营机制改革的一系列配套措施出台的情况下，人们深刻认识到只有进行现代企业制度的变革才能使企业成为真正的市场主体和市场经济的微观基础。同时这一时期，国有企业与政府关系进一步厘清，国家所有制改革实现了公有制实现形式的多元化，非公有制企业的大力发展，使中国的所有制结构不断调整和完善，为现代企业制度的建立奠定了股权多元化、产权关系的基础。如截止到 1992 年底，非国有工业企业的数量已达 580 万个，占全部工业企业总数的 9%，产值已占全部工业企业产值的 15.1%。[①] 1993 年《公司法》的颁布为国有企业现代制度改革提供了可靠的法律依据和保障。可以说国有企业的现代企业制度变革的主客观条件基本具备，1993 年 1 月，十四届三中全会通过的《中共中央关于建立社会主义市场经济体制若干问题的决定》明确地提出国有企业要"建立适应市场经济要求，产权清晰、权责明确、政企分开、管理科学的现代企业制度"[②]。这一决定标志着我国企业改革历程的重大转折，从既往的侧重于放权让利的政策调整为以现代企业制度构建为中心的企业制度创新。[③] 由此开启了我国企业以建立现代企业制度为目标的制度创新之路。国有企业开始了不同形式的公司制改造，逐步建立起了现代企业制度框架和法人治理结构。1999 年，党的十五届四中全会强调"公司制是现代企业制度的一种有效组织形式"[④]，加速了国有大中型企业的公司制改革步伐。

这一时期的企业文化建设也引起了第二次高潮。1992 年党的十四大报告中明确提出"要搞好企业文化"。1993 年，党的十四届三中全会提出

---

① 数据来源：沈志渔、谬荣：《企业制度改革三十年：回顾与展望》，《首都经济贸易大学学报》2008 年第 6 期。

② 《改革开放三十年重要文献选编》上，人民出版社，2008，第 733 页。

③ 数据来源：沈志渔、谬荣：《企业制度改革三十年：回顾与展望》，《首都经济贸易大学学报》2008 年第 6 期。

④ 《十五大以来重要文献选编》中，人民出版社，2001，第 922 页。

"要加强企业文化建设，培育优良的职业道德，树立敬业爱厂、遵法守信、开拓创新的精神。"① 1999 年，党的十五届四中全会再次强调要"培育积极向上的企业文化，推动物质文明和精神文明建设协调发展"②。政府的倡导既给企业文化的研究和实践指明了方向，也给企业文化建设提供了强大的动力和支持。在这样的背景下企业文化建设得到了更多的关注，政府、学界和企业界的联动，使企业文化研究不断深入，中国企业界对企业文化也进行积极的实践和探索，经过引进和传播、交流和研讨、创建和提升等过程，已取得很大成效。特别是一些大型企业如首钢、大庆油田、平安保险公司、同仁堂等在企业文化建设上卓有成效，形成了具有个性特色的企业文化。企业文化建设主要内容表现为以下几点。一是确立了以人为中心的管理思想，注重培育员工个人与企业命运共同体的主人翁精神，激发其主人翁责任感、工作积极性和创造性。二是注重确立企业价值观和培育企业精神。依据本企业的目标和发展战略，培育企业精神和价值观，以此形成共识，凝聚人心，成为企业激励职工奋斗拼搏、开拓进取的内在动力。三是创造企业良好的文化氛围。通过进行职工培训、开展文化活动等方式，创设组织良好的文化氛围，增强员工归属感，也提高了企业员工综合素质。四是塑造了良好的企业形象，企业更加注重塑造企业良好的社会形象，无论企业环境还是企业标识、产品质量、员工形象等方面都做了积极的努力。五是努力创建具有中国特色的企业管理模式，企业文化建设渗透到企业目标制定、企业经营决策、企业的运行机制、企业的劳动管理制度、推进技术改造、提高产品质量和服务质量之中，努力探索和形成具有中国文化特色的企业整体管理模式。这一时期的企业文化变革在政府的推动下依然表现出强烈的强制变迁特色，企业在制度创新的同时，加强内部关注，协调企业与员工的关系，构建内部和谐氛围，开始关注外部形象，关注企业的社会形象，但是还处于从原有的"政治性"文化向市场性经济文化转变，关注的核心是企业的经济绩效，企业社会责任从宏观环境到微

---

① 《十四大以来重要文献选编》上，人民出版社，1996，第 526 页。

② 《改革开放三十年重要文献选编》下，人民出版社，2008，第 1038 页。

观主体都还没有相应制度需求产生。

进入21世纪，经济全球化和信息化的发展，知识经济的兴起，国家进一步完善了大中型企业的改革，加大扶持小型企业特别是科技型企业的发展，中国企业制度改革进入进一步完善的阶段。在国家宏观调控和市场机制的作用下，形成大中小型企业协同发展的格局。2003年，党的十六届三中全会通过的《中共中央关于完善社会主义市场经济体制若干问题的决定》提出："积极推行公有制的多种有效实现形式，大力发展国有资本、集体资本和非公有资本等参股的混合所有制经济，实现投资主体多元化，使股份制成为公有制的主要实现形式。"① 这一决定表明国有企业制度改革主题是产权改革，也意味着国有企业制度改革进入攻坚阶段。同年，国务院国有资产监督管理委员会的成立标志着政府管理职能和所有者职能的进一步分离。我国现代企业制度逐步确立和完善，产权多元化、治理规范化逐步得以实现。

在制度改革的同时，企业文化在政府和学界的推动下也协同演化，使企业文化在组织竞争力中的地位越来越重要。2003年，中共十六届三中全会首次将"以人为本"写在了建设有中国特色的社会主义的旗帜上，从此中国的企业文化进入一个新的历史时期。值得注意的是，同年民营企业文化建设委员会成立，标志着民营企业文化建设走上正轨。2005年3月，国资委出台《关于加强中央企业企业文化建设的指导意见》，对央企的企业文化建设进行指导和部署。2005年3月，经国家劳动和社会保障部审核并发布，企业文化师成为我国职业领域中的一个新的职业种类。2005年7月，国家烟草专卖局发布《中国烟草企业文化建设纲要》，对烟草行业的企业文化建设进行指导。在企业内，越来越多的企业开始成立企业文化建设专职部门并配备专业人员。企业文化建设比较成功的典范有联想、蒙牛、华为、华电国际、中国五矿集团等。这意味着企业文化建设有了强有力的组织保证和智力支持。企业文化建设由经验走向理论化、专业化道路。企业文化建设实践也由以往的以企业形象和精神文化的提炼为中心转向注重企业文化与企业制度的耦合和实效。与前两次"企业文化热"相

---

① 《改革开放三十年重要文献选编》下，人民出版社，2008，第1349页。

比，这一次“企业文化热”无论在广度还是深度上都达到前所未有的高度。在全球化视野下，许多中国企业将企业文化纳入企业发展战略，在企业文化理论研究的指导下推进企业文化实践纵深发展。2005 年，中国企业家调查系统的调查结果显示：“企业经营者认为企业文化建设对企业发展‘影响很大’的占 36.6%，‘影响较大’的占 51.6%，二者合计高达 88.2%；认为‘影响一般’的占 9.7%，认为‘影响不大’或‘没有影响’只占 2.1%。”[①] 可见，我国绝大多数的企业经营者都认识到企业文化之于企业生存与发展的重要性。在这个阶段，中国企业的企业文化，不是初期自发形态的，不是前一阶段上常常看到的形式主义的企业文化，也不是缺乏理论指导的纯操作形态和经验形态的企业文化，而是理论和实践相结合的，与本企业所处的时间、地点、条件相适应的，融汇时代精神和民族文化的企业文化。这一时期的企业文化也开始注重与企业利益相关者关系的协调，企业文化从被动承担社会责任开始走向主动承担，兼顾社会利益。

经过三十多年的企业制度改革，我国企业在制度与文化的交互影响、协同演化的过程中，逐步构建起现代企业制度文化体系。不过在从非市场化向市场化演进的过程中，企业市场主体的地位得以确立，经济效益得到提高。这一积极后果也伴随着消极后果，那就是企业在追求经济效益的同时，忽略企业利益相关者利益的协调和与环境、人口、资源的协调发展。这一消极后果随着企业生产力的发展愈发突出，引发的社会矛盾和冲突日益加剧，也由此引发了人们对于传统发展模式的反思。党的十六届四中全会提出了科学发展观，构建和谐社会伟大战略。2005 年开始，越来越多的研究聚焦于和谐社会、和谐企业、和谐社会文化及和谐企业文化建设。企业文化研究倾向于与中国社会改革相结合，提出和谐企业文化，并倡导和谐发展。和谐企业文化逐渐成为企业文化研究的热点问题。很多学者进行了相关研究，阐述了企业文化与和谐企业的关系，对和谐企业文化内涵、特征及意义、和谐企业文化的建设等方面进行了初步探讨。如程民选等指

---

① 数据摘自李磊《时代精神与民族传统的汇融——中国企业文化建设的历史回顾与思考》，《中国劳动关系学院学报》2007 年第 4 期。

出随着我国经济市场化程度的加深，各种矛盾和利益冲突日益显现，企业内外部利益矛盾冲突频繁发生，严重影响社会主义事业的发展。[①] 要化解矛盾和冲突，就必须要促进和加强和谐企业文化构建。构建和谐企业文化，是我们坚持社会主义制度，并在这一前提和基础上发展和完善市场经济体制的本质要求。众多学者指出和谐企业文化是我国企业文化发展方向，其根本目标就是达到企业和谐、企业与人的和谐、企业与社会的和谐、企业与自然的和谐，形成有利于企业持续发展的强大的精神动力。更重要的是和谐企业文化所传承的企业精神与构建和谐社会所倡导的社会主义核心价值体系具有高度的一致性，和谐企业文化建设与构建和谐企业、和谐社会文化以及和谐社会息息相关。

和谐企业文化实践也随之蓬勃兴起，2007 年 5 月 20 日由中国企业文化研究会发起的“中国企业和谐文化建设信息发布会暨《中国企业文化年鉴》赠书仪式”在北京梅地亚中心举行，近百家国内知名企业参加了会议。会议通过了我国第一个“中国企业和谐文化建设宣言”，并向有关企业、大专院校、图书馆代表等赠送了我国第一套记录中国企业文化建设发展历程和创新成果的大型文献图书《中国企业文化年鉴》。中石油大庆炼化公司、河北津西钢铁股份有限公司分别代表国有和民营企业介绍了和谐文化建设经验。该宣言分析了当前和谐企业文化的主要特征和今后的发展趋势，并对国有企业、民营企业构建和谐文化、促进企业与社会和谐发展等问题进行了全面阐述。该宣言从“畜之以道，则民和；养之以德，则民合”等中华民族和谐理念传承的角度，提出“坚持科学发展观，走可持续发展之路”。[②] 指明随着“从重物到重人、从制度到文化的演进过程，高度重视人的价值，全面贯彻以人为本的管理理念，以文化管理作为企业管理的至高境界，已成为今天管理思想与管理理论发展的最新趋向”。同时指出：“中国企业需要以和谐文化理念，主动融入全球经济和社会发展的体系之中，坚持开放而不是封闭；坚持融合而不是冲突；坚持积极竞合而不

① 程民选、罗后清：《企业和谐的实质及其文化支撑》，《当代经济研究》2010 年第 11 期。

② 《首个〈中国企业和谐文化建设宣言〉获通过》，人民经济网，http：//www. finance - people. com. cn/news/1452479706，最后访问日期：2020 年 1 月 5 日。

是恶性竞争，对于人类有益的文明成果，坚持分享而不是排斥，在全球化大格局中追求和谐发展与持续进步。”企业也积极开展和谐企业文化建设实践，如济钢的和谐企业文化的创建，它们在实践中以“三个代表”重要思想和科学发展观为指导，积极学习引入西方现代企业经营理念，传承并发扬传统文化优良精髓，结合提炼企业经营历史过程中创造和积淀下来的优良文化成果，凝练和培育形成了“做事求和，以和求顺”的企业经营的和谐理念，以“可尊，可信，共创，共赢”为核心价值观体系、以“成就顾客，回报股东，富裕职工，造福社会”为企业使命，追求“人和，物和，利和，心和”以和谐为主题的企业文化。太原物产集团建设以人为本，形成以“求真务实、艰苦奋斗、共创共享、和谐发展”为核心理念和行为准则的和谐企业文化。[①] 这些企业在提出和谐理念的同时，将和谐思维贯彻到企业目标、制度设计和企业行动中，这些企业在和谐企业文化及制度变革上的探索，有力地推动了和谐企业文化的深入研究与实践。

综上所述，我国企业文化的演进历程与我国经济社会发展息息相关，和谐社会的时代背景，科学发展观、和谐文化的社会思想背景，传统和谐思想的文化传承，以及政府、学界的有力推动，使和谐企业文化开始成为我国企业思考的核心问题和理性选择。新的历史时期，如何围绕构建和谐社会的目标，如何在新发展观的指导下，在社会主义核心价值体系引领下，以和谐的理念推进企业文化建设，坚持以人为本，不断吸收企业的优秀文化成果，实现优秀传统文化与现代企业精神的融合与统一，营造有时代特色和企业自身特色的和谐企业文化，使新发展观成为企业的自觉意识，促进企业和谐发展是我国企业面临的新的时代课题。

第二节　中国企业文化现状及问题分析

近年来，随着经济全球化的发展和我国经济体制改革的不断深入，社

---

① 刘刚：《坚持科学发展构建和谐企业》，《中国职工教育》2007 年第 8 期。

会主义市场经济的蓬勃发展，市场的繁荣也带来企业竞争的加剧。一些企业在谋利文化支配下为了追求利润最大化，在激烈的市场竞争中取得胜利，不择手段、唯利是图，血汗工厂、假冒伪劣、恶性竞争、环境污染等损害员工利益、顾客利益、社会利益的事件频发。企业这些严重失范行为折射出我国企业现有文化的问题严重。其严重性表现如下。

一 我国企业文化现状及问题

（一）忽视员工权益，劳资关系紧张、冲突加剧

我们首先关注企业内部主要矛盾——劳资关系，是企业内部和谐的关键所在。我们可以从劳动争议案件的数据变化来贯彻我国的劳资关系发展情况，从历史数据的变化来看，自 1987 年我国恢复劳动争议处理制度以来，这类案件数量呈逐年增加趋势。1999 ~ 2008 年十年间全国各级劳动争议仲裁委员会立案审理的案件数量以年均 23.8% 的增幅增长。2003 年全国劳动仲裁受理的争议数量达到 22.64 万件，2007 年上升到 35.02 万件（见表 3 - 1）。

表 3 - 1 我国劳动争议案件（2003 ~ 2007 年）

时间	区位	指　标	数值	单位	来　源
2007 年	中国	劳动争议案件当期受理数	350182	件	《2008 年中国统计年鉴》
2006 年	中国	劳动争议案件当期受理数	317162	件	《2008 年中国统计年鉴》
2005 年	中国	劳动争议案件当期受理数	313773	件	《2007 年中国统计年鉴》
2004 年	中国	劳动争议案件当期受理数	260471	件	《2006 年中国统计年鉴》
2003 年	中国	劳动争议案件当期受理数	226391	件	《2005 年中国统计年鉴》

以上数据表明劳动争议的数量持续增多，而且事实上劳动争议内容也日益复杂，不过有关劳动报酬、福利保险、工伤和辞退处理直接关乎劳动者生存权的三类劳动争议大约占全部案件的 70%。[①] 劳动争议的主体涉及面日益广泛，多侧面的争议日益增多（见表 3 - 2）。

① 数据转引自范战江《我国的劳动争议及其对策》，《经济研究参考》1996 年第 82 期。

表 3－2　2006～2007 年劳动争议案件统计

年份	指　标	数值（件）	来　源
2006	劳动争议案件当期受理数	317162	《2008 年中国统计年鉴》
2007	劳动争议案件当期受理数	350182	《2008 年中国统计年鉴》
2006	集体劳动争议案件当期受理数	13977	《2008 年中国统计年鉴》
2007	集体劳动争议案件当期受理数	12784	《2008 年中国统计年鉴》
2006	劳动争议案件受理中劳动者申诉案件数	301233	《2008 年中国统计年鉴》
2007	劳动争议案件受理中劳动者申诉案件数	325590	《2008 年中国统计年鉴》
2006	劳动争议案件受理中劳动者当事人数	679312	《2008 年中国统计年鉴》
2007	劳动争议案件受理中劳动者当事人数	653472	《2008 年中国统计年鉴》
2006	集体劳动争议案件受理中劳动者当事人数	348714	《2008 年中国统计年鉴》
2007	集体劳动争议案件受理中劳动者当事人数	271777	《2008 年中国统计年鉴》
2006	争议原因为变更劳动合同的劳动争议案件受理数	3456	《2008 年中国统计年鉴》
2007	争议原因为变更劳动合同的劳动争议案件受理数	4695	《2008 年中国统计年鉴》
2006	争议原因为解除劳动合同的劳动争议案件受理数	55502	《2008 年中国统计年鉴》
2007	争议原因为解除劳动合同的劳动争议案件受理数	67565	《2008 年中国统计年鉴》
2006	争议原因为终止劳动合同的劳动争议案件受理数	12366	《2008 年中国统计年鉴》
2007	争议原因为终止劳动合同的劳动争议案件受理数	12696	《2008 年中国统计年鉴》

从案件的影响来看，随着劳资双方矛盾冲突加剧，案件的调解越来越困难，案件的社会影响也越来越大。在各级劳动争议仲裁委员会处理的案件中，调解和裁决的结案数量呈现反方向的此消彼长状态，即以裁决方式结案的比例在上升，以调解方式结案的比例在下降。例如 2007 年，全国以仲裁裁决方式结案的案件比例上升到 43%，同时以仲裁调解方式结案的案件比例下降到 34%，以其他方式结案的案件比例为 23%。[①]

从我国劳动争议案件的多发问题可以看出，劳资关系的紧张与冲突，加剧了我国转型期的社会矛盾冲突，已经成为影响社会稳定的潜在威胁，

① 根据《中国劳动统计年鉴》（2008）整理。

严重影响到和谐社会的建设。而劳动争议案件的增多只是暴露劳资关系紧张状态的冰山一角。这也意味着如果不积极采取措施，我国的劳资矛盾问题将长期难以得到解决，社会矛盾也将随之进一步加剧，将严重影响社会的稳定与和谐。面对这一严峻形势，必须加强和谐的劳资关系构建，推动和谐企业建设。

（二）不良竞争观念与企业恶性竞争愈演愈烈

自1995年之后，我国企业的市场竞争形势发生了剧变，我国从未发生过的生产过剩现象先是从消费品生产开始，很快波及生产资料行业。生产能力的严重过剩使许多产业陷于困境，为了生存或扩大市场份额，企业间展开了前所未有的市场争夺，价格战、广告战、商业贿赂、商业间谍等恶性竞争手段层出不穷，破坏了健康正常的商业秩序，造成了资源配置的低效率，败坏社会风气，给我国经济社会造成了严重的影响。截至2007年6月，全国共查处商业贿赂案件24879件，涉案金额61.56亿元。[①] 恶性竞争的结果是大部分行业的盈利能力下降，或出现大面积和数额巨大的亏损，1993~1996年我国有大约60%的行业的利润率持续低于全社会平均利润水平，处于亏损或微利的经营窘境。一些行业如食品制造业、纺织业、服装、医药制造业、化学纤维制造业等由于过度竞争，出现了超过30%的亏损面。[②] 更严重的是国内企业在经过了较长时期的内部消耗战之后，为了提高自己的市场地位乐于与外资合资，甚至不惜让渡大量的股权，导致了一些国有资产向外流失，还使一些战略产业的主导权被控制在外商手中。例如：进入中国市场的中国策略投资集团公司（简称“中策公司”）从1992年4月对我国产业进行实质性投资开始，到1995年控制了10个行业的400余家企业，并且将它们在海外上市，进行股权转让。这种趋势已经严重威胁到我国的经济安全。[③]

---

① 姜洁：《今年查处商业贿赂24879件 涉公务员的占22.2%》，《人民日报》2007年8月22日。

② 陈佳贵：《中国工业发展报告》，经济管理出版社，1997，第6页。

③ 秦海：《“中策现象”：有待更充分的剖析》，《改革》1994年第4期。

（三）诚信缺失与企业信用危机

市场经济发展的最高境界是信用经济，而信用经济的基础是“信用文化”。我们构建了社会主义市场经济体制，但是出于历史原因，在市场经济的冲击下，传统道德价值观体系被破坏，如诚信的缺失表现普遍。从企业的角度来看，很多企业为了赚钱不择手段，不讲诚信，如用虚假广告、伪劣商品欺骗消费者、损害消费者利益。为消费者提供合格的产品和服务是企业的直接社会责任和生存根本，而在实际生活中，我国企业生产销售假冒劣质商品问题严重，伪劣商品屡禁不止，“三聚氰胺”“苏丹红”等恶性事件不断发生，食品安全、药品安全面临挑战。另外，企业做假账、偷漏税欺瞒监管者。据 2008 年 4 月 25 日《浙江日报》报道：“仅浙江省国税局 2007 年就立案查处涉税案件 12222 件，补收税收 14.78 亿元，涉税税金 100 万元以上的案件就有 168 件。”国资委在 2005 年突击检查下属 181 家中央企业的财务审计报告后发现：“有 13 家企业的财务审计报告结论与事实相反；120 家财务审计报告不充分；80 家总资产损失超一成。”[①] 合资企业和私营企业隐瞒缩小利润，上市公司则虚报扩大利润等问题严重，如“银广厦”事件、“蓝田”事件等。还有企业之间合同违约、拖欠货款等问题，表明我国企业诚信严重缺失，企业发展面临普遍的信用危机。这使整个社会经济秩序混乱，交易成本增加。

（四）漠视社会、环境利益，重大污染事件频发

企业是微观经济活动的主体，既是社会财富的创造者也是环境责任的直接承担者。而我国企业特别是工业企业环境责任缺乏，其对环境的污染猖狂到令人咂舌的地步。近年来，我国环境污染呈多发态势，一些严重的污染事件甚至引发了世界性的轰动（见表 3－3）。

这些重大污染事件的危害和恶劣影响已经成为社会热点，也引发了多

---

① 数据摘自《国资委突查 181 家央企 13 家财务审计报告作假》，新浪网，http://www.sina.com.cn，最后访问日期：2020 年 1 月 9 日。

起群体性事件，成为严重的社会问题。

表3－3 重大企业污染事件

年份	地点	事件	污染描述
2004	四川	沱江“3·02”特大水污染事故	四川川化股份有限公司将工业废水直接排入沱江干流水域，造成5个市区近百万群众用水困难
2005	广东	北江镉污染事故	2005年12月15日韶关冶炼厂超标排放含镉废水，造成北江韶关段出现严重镉污染，镉浓度超标12倍多。直接影响下游城市数千万群众的饮水安全
2005	重庆	綦河水污染	2005年1月3日，綦河上游重庆华强化肥有限公司排出的废水，导致水厂取水点被污染，停止供水，重庆綦江古南街道桥河片区近3万居民连续两天没有自来水喝
2005	哈尔滨	松花江重大水污染事件	2005年11月13日，中石油吉林石化公司双苯厂苯胺车间发生爆炸事故。事故产生的约100吨苯、苯胺和硝基苯等有机污染物流入松花江，导致松花江发生重大水污染事件。哈尔滨市政不得不于11月23日零时起关闭松花江哈尔滨段取水口停止向市区供水，哈尔滨市的各大超市出现抢购饮用水的场面
2006	湖南	岳阳砷污染事件	2006年9月8日，湖南省岳阳县城饮用水源地新墙河上游3家化工厂的工业污水日常性排放，致使大量高浓度含砷废水流入新墙河。导致水污染，砷超标10倍左右，8万居民的饮用水安全受到威胁和影响
2007	江苏	沭阳水污染	2007年7月2日下午3时，江苏省沭阳县短时间、大流量的污水侵入到位于淮沭河的自来水厂取水口，城区生活供水水源遭到严重污染，水流出现明显异味。经过水质检测，取水口的水氨氮含量为每升28毫克左右，远远超出国家取水口水质标准。由于水质经处理后仍不能达到饮用水标准，城区供水系统被迫关闭，城区20万人口吃水、用水受到不同程度影响。整个沭阳县城停水超过40小时
2009	河南	济源儿童血铅超标事件	2009年10月1日，陕西凤翔等地发现血铅超标事件后，河南省济源市对3个重点镇中10个重点村的儿童血铅检测工作结果表明：3108名14岁以下儿童中，血铅值在250ug/L以上需立即接受驱铅治疗的有1008人，占32.4%。涉及32家污染企业

资料来源：根据相关新闻报道整理。《中国十大水污染事件》，资讯－MSN中国，http：//msn.ynet.com/view.jsp？oid＝67647779&pageno＝2，最后访问日期：2019年10月20日。

我国企业发展过程中普遍的失范行为深刻反映了我国企业和谐发展的现实困境、日益加深的矛盾冲突，也揭示了企业和谐发展的必然性和紧迫性，问题如果不能得到有效的根本的解决，将影响到我国经济社会的长治久安。从根本上来说，将影响到我们的社会主义事业的可持续发展。我国企业面临的诸如忽视员工利益、不良竞争、社会责任意识缺乏等不良文化表现及种种非理性发展现实，有着宏观和微观的、外在和内在的多种原因。中国企业家调查系统在“对企业经营最起作用的约束因素”的调查结果显示，排在前三位的是“法律法规”（78.6%）、“自身修养”（61.4%）和“董事会及监事会”（36.6%）。[①] 可见我国企业不良文化及行为的主要影响因素来自外部他律机制：法律法规与治理机制和自我约束（文化观念）。从观念决定行为的角度来说，文化因素是最根本的因素。

二　我国企业文化问题成因分析

（一）企业传统谋利文化的持续性影响

马克思在《资本论》中对企业产生的原因进行了分析，指出个体小生产者向协作转化进而组建企业的演化进程，原因在于协作生产比单个生产更能节约成本，产出更高、效率更高，能获取更多的规模效益等。因此，企业逐利而生，产生的根本原因和目的是追求最大利润，这就是企业的经济属性。其他西方经济学家对企业性质的研究也指出企业的责任就是使利润最大化。[②] 关于资本的本性，马克思曾引用英国经济评论家托·约·登宁（现译为“邓宁格”）《工会与罢工》文中的句子来描述：“一有适当的利润，资本就胆大起来。如果有10%的利润，它就保证到处被使用；有20%的利润，它就活跃起来；有50%的利润，它就铤而走险；有100%的利润，它就敢践踏一切人间法律；有300%的利润，它就敢犯任何罪行，

① 参见李兰、潘建成等《市场化改革与中国企业家成长——2008·中国企业家队伍成长与发展15年调查综合报告（下）》，《管理世界》2008年第12期。

② 龚天平：《企业伦理学：国外的历史发展与主要问题》，《国外社会科学》2006年第1期。

甚至冒绞首的危险。”① 虽然强调企业追求利润最大化的传统理论逐步失去其统治地位，现代企业理论越来越多地强调企业的社会责任，但是企业的逐利本质始终存在。企业秉持的是利益最大化价值观，形成了传统的企业谋利文化，而且在短时期内企业会认为这和承担社会责任是一对矛盾。我国市场经济起步晚，绝大多数企业处于资本原始积累和艰苦创业挣扎求存的阶段，对于利润的追求欲望尤为强烈。同时在我国市场经济体制和市场体系还不成熟和完善的情况下，企业的谋利本性更加缺乏外在约束，也就必然会导致企业一味逐利、道德缺失，产生种种问题。

以追求利润最大化为核心的谋利文化是自改革开放以来我国企业文化的主流形态。当然从客观上来说，这也是历史发展阶段性的必然选择，在市场经济发展初期，无论是理论还是实践都还没有意识到谋利文化的危害性，以亚当·斯密为代表的古典经济学家认为企业是追求利润最大化的营利性机构，其首要责任是尽可能多地赚钱，为股东利益服务。这种认识成为企业一直以来发展的根本指导思想。长期以来企业基本价值观都是以利润最大化为根本目标，追求的是降低成本、提高收益、提高市场占有率，以谋利为基本行为动机和终极追求。在这样的意识和观念的指引下，企业经营者社会责任意识缺乏，企业也就自然而然地走上病态发展的道路。2009 年 10 月 18 日，中国社会科学院发布了《企业社会责任蓝皮书(2009)》，该报告对中国百强企业 2008 年的社会责任管理现状和信息披露水平进行全方位研究，结论是中国企业社会责任比较差。中国企业家调查系统《2007 年中国企业经营者成长与发展专题调查报告》中，“中国企业缺乏社会责任主要表现”的调查显示（见表 3－4），企业最缺乏的社会责任是环境责任，其次是制造销售假冒伪劣商品、偷税漏税、不正当竞争等。2007 年《中国企业家队伍成长与发展 15 年调查综合报告》（上）的调查显示，关于“成为一个成功的企业家最重要的方面”，42.4% 的企业家选择“社会责任感”，这一选项在所有选项中名列第五，而且有 56.8% 的受访者认为“目前企业家最需要提升的方面”是“社会责任感”，这一

① 《马克思恩格斯全集》第 23 卷，人民出版社，1972，第 829 页注释。

选择排在所有选项的第二位（见表3－5）。调查结果显示，我国的企业家群体已经认识到企业承担社会责任的重要性并有了提升的愿望，但也表明了目前意识与行动出现偏差，企业社会责任没有得到真正的重视和履行。

表3－4　中国企业缺乏社会责任的主要表现

单位：%

指标	总体	东部	中部	西部	大型	中型	小型	国有企业	民营企业	上市公司
环境污染	54.1	56.1	51.4	52.1	64.9	54.5	50.5	59.8	52.4	70.1
制造销售假冒伪劣产品	45.6	46.2	43.0	45.5	47.7	45.7	44.7	46.2	44.3	55.7
偷税漏税	42.5	42.8	40.4	43.1	43.4	44.4	40.5	46.2	41.7	36.1
不正当竞争	42.5	40.1	40.0	37.0	37.4	40.2	39.8	37.8	40.7	37.1
发布虚假广告	35.5	35.3	33.8	37.9	28.9	36.0	36.7	33.6	36.3	27.8
拖欠贷款	31.7	33.0	28.4	30.9	23.2	30.1	36.0	26.4	33.7	24.7
违法违规经营	26.8	25.5	28.5	28.1	28.2	27.7	25.1	27.4	26.7	22.7
拖欠或压低员工工资	26.8	27.0	27.9	24.3	22.2	26.2	29.0	25.5	28.3	16.5
不顾员工安全和健康	26.1	25.	26.6	28.0	30.0	26.2	24.7	26.2	26.2	28.9
商业贿赂	24.5	24.3	25.4	24.0	26.1	23.3	25.3	25.7	23.6	25.8
不参加社会公益活动	16.6	14.7	20.0	20.0	17.7	17.9	15.0	17.1	17.5	7.2
侵犯知识产权	15.0	17.3	11.8	11.0	17.2	14.8	14.5	15.7	13.8	17.5
不履约	14.0	13.0	14.1	16.3	12.4	14.2	14.2	13.3	14.5	15.5
损害股东利益	13.8	12.1	14.5	18.0	16.0	14.3	12.7	16.6	13.5	13.5
披露虚假信息	8.2	7.8	8.3	10.3	12.9	7.9	7.3	9.1	7.3	11.3

资料来源：李兰：《中国企业家成长15年：1993—2008中国企业家成长与发展报告》（上），机械工业出版社，2009，第124～126页。

表3－5　成功企业家最重要的方面与目前企业家最需要提升的方面（2007年）

单位：%

	成为一个成功的企业家最重要的方面	目前企业家最需要提升的方面
决策能力	70.7	57.3
社会责任感	42.4	56.8
良好的品德威望	54.5	51.2
识人用人能力	51.8	47.9

续表

	成为一个成功的企业家最重要的方面	目前企业家最需要提升的方面
丰富的行业与专业知识	56.6	47.9
预见能力	29.7	32.2
沟通协调能力	27.4	25.3
创业热情	26.6	22.7
毅力与坚忍	26.0	18.9
学习能力	25.1	38.9
创新与冒险精神	21.6	26.8
良好的社会关系	21.5	16.9
心胸开阔	13.0	14.8
人文素质	7.5	22.1
其他	0.3	0.6

资料来源：转引自《2007年中国企业经营者成长与发展专题调查报告》，载李兰编《中国企业家成长15年：1993—2008中国企业家成长与发展报告》（上），机械工业出版社，2009，第124～126页。

我国目前处于社会主义初级阶段，随着市场经济的蓬勃发展，企业面对的员工、管理层及各类股东都表现出极强的经济人特征，这是我们无法回避的现实。在目前我国特定的生产条件和生产关系以及社会文化背景下，“经济人”在经济博弈中表露出来的“主观为自己”的价值取向具有绝对性、无条件性，其行为特征强烈甚至不择手段，而“客观为他人”的影响具有相对性、有条件性，其作用方式呈温和性和潜移默化性。[①] 正如马克思描述的那样，人的人性、各种高尚的情感品质被扭曲和异化。正因为“经济人”这种特性，所以由人的意识自然形成的企业文化表现出极强的谋利性，当然也必然暴露出追逐自身利益最大化的行为主体之间的利益冲突和矛盾。这种谋利意识及动机越强，越缺乏约束，则利益冲突和矛盾也就越尖锐，不可调和。不过依据斯密的理论，即使是完全自涉偏好的“经济人”也具有“主观上必然利己，客观上可能利他”的可

① 饶静安：《企业文化的形成与演进的博弈分析及启示》，《经济纵横》2009年第8期。

能性，只不过这需要有恰当的机制，如市场机制的完善；另外，现实人性中也有利他的一面，具有亲社会他涉偏好，亲社会性指人们具有帮助、分享、合作、捐助、同情、关心、谦让等有益于群体的特性。[①] 这些人性特征在行动选择时不仅会考虑对自己的影响，也会考虑行动对他人产生的后果。由此，综合经济学对于人性认识的基本观点，可以得出企业文化群体意识的形成，一方面可以通过制度设计和环境条件的改变而实现，只有"利他"才能"利己"，使人的自涉偏好与他涉偏好良性兼容；另一方面可以通过道德教育和价值观引导以及外部激励约束机制的构建来强化人的亲社会偏好，使其成为主导偏好，而这正是本书研究的目的之一。

（二）社会价值观分化对企业文化的影响

企业文化的形成与发展离不开所处的时代环境，特别是所处时代的主流价值观的影响。很多学者指出当前中国社会种种矛盾冲突、不和谐现象根源于多元化利益之争，背后潜藏的根源是市场经济所造成的社会价值观的分化。随着我国改革开放的发展，特别是在20世纪90年代初社会主义市场经济体制改革以后，体制改革释放出巨大的生产力，促进了经济的腾飞和物质的迅速丰富，在物质文明方面我们取得了辉煌的成就。不过随之而来的负面影响特别是对传统价值观体系的冲击，社会价值观的分化不容乐观。市场经济的"黄金原则"就是要求经济主体追求利润最大化，基于成本与收益的计算，获得最大化利润。亚当·斯密将市场经济的这种伦理要求概括为"功利主义"，"经济分析中的最大化原理"是西方著名经济学家萨缪尔森的诺贝尔经济学奖获奖演说的题目。这一最大化原理在市场经济中可以充分调动经济主体的利益动力，极大地提高了资源配置效率，促进了经济的发展。但是，功利主义价值观注重经济主体个体的利益倾向，对金钱的追逐而滋生的"拜金主义"等，

---

① 黄少安、韦倩：《合作行为与合作经济学：一个理论分析框架》，《经济理论与经济管理》2011年第20期。

不可避免地会造成复杂的社会负面影响，带来严重的社会问题。以经济建设为中心的国策，市场经济大潮的强烈冲击和经济转型、社会转轨的巨大压力，诸多因素的叠加，使国人的精神领域被市场经济的功利主义、拜金主义充斥，价值观、人生观被扭曲、分化，消极的、物化价值观成为主流。我们可以从每天的各种媒体报道和随时都耳闻目睹的各种不良现象和事件清楚地认知整个社会道德、高尚精神的沦丧，价值观的极端扭曲和异化，人们在物质欲望获得不断满足的同时发现自己并不幸福也源于此。

这种社会价值观的分化直接的影响就是使企业谋利文化大行其道。对于一个企业来讲，企业价值观是其灵魂和核心，是企业经营理念和管理思想的哲学定位，从根本上决定企业的性质及经营状态。马克思、恩格斯认为，现实的个人是社会历史中的个人，是生活在他们已有的和由他们自己的活动创造出来的物质生活条件下的个人。[①] 这里的条件不仅包括自身的生理特性、地理条件和其他物质条件，而且也包括受物质条件决定的思想、观念等属于意识的东西。在整个社会谋利文化的影响下，企业作为现实的个人基于个人的利益组合而成的微观经济主体很难独善其身，利益最大化是其必然的价值选择，而逐利的冲动使企业的行为极易产生盲目性而失控，自然也就产生了种种为维护自身利益而不顾社会后果、公众利益的行为。从这个角度来说社会价值观分化是企业谋利文化植根的土壤，是企业病态发展的根源，只有重塑社会主流价值观、变革企业文化才是解决企业病态发展问题的治本之策。当然，目前社会主义和谐文化塑造的大背景，也为我们构建和谐企业文化提供了契机。我们要抓住机遇，以新发展观引领企业文化实践，创建和谐企业文化，促使企业和谐发展。

（三）传统文化对企业文化的影响

我国传统文化源远流长，对企业文化有着最深层的影响。这一影响有

① 《马克思恩格斯全集》第3卷，人民出版社，1960，第23页。

积极的也有消极的，我国不良文化形成有着传统文化的一些消极影响。首先我国几千年的“人治”传统对于现代企业制度及其文化的构建形成极大的阻碍。“人治”传统使得我们有治道而无政道，亦即正式制度的缺失和扭曲，缺乏法治和制度观念。皇权政治、一权独大的集权统治历史使我国传统文化“唯上”“仆从”心理严重，忽视普通员工权益，治理机制难以有效运转。一个企业的兴衰往往是系于个人之手，失去权力制衡和监督的一言堂文化容易导致企业的种种不良行为。其次，长期农耕文明下的小农经济使中国人封闭和抱残守缺，缺乏长远眼光、合作意识。合作博弈往往受到个人短期利益的侵害，使得大规模的合作在中国社会往往难以建立，即使合作能够带来长远的更大利益，从企业的恶性竞争中可以看到这一点。还有我国传统文化中的“知足长乐”“枪打出头鸟”等观念抑制企业的创新精神，这种传统文化影响深沉持久，企业难以真正形成现代企业经营理念。虽然随着社会经济发展，“以人为本”的观念逐步得到认同，现代企业不仅要创造利润，为股东和员工负责，对社会和自然环境承担相应责任等企业经营理念也逐步深入人心。一部分企业开始注重员工利益、社会责任、企业形象。但受传统观念制约、观念滞后、认识不一致和不全面等问题仍然影响着我国企业的和谐发展。如一些企业认为企业承担社会责任就是做慈善，捐点钱、做点公益活动，一些企业干脆把它等同于企业的公关活动，就是作秀。还有一些企业直接拒绝承担社会责任，将其与企业利润诉求对立起来。从总体来看，我国企业在对企业和谐发展以及社会责任承担上还没有统一认识，在履行社会责任、寻求企业和谐发展时表现出不均衡性。

当然，企业价值观的更新和企业文化的现代化发展不是一朝一夕就能完成的，所以我国企业在文化发展过程中，从传统谋利文化向现代和谐文化的发展还有很长一段距离，在这个过程中发生的种种企业非理性发展问题也只有通过发展来解决。虽然法治的健全、制度的完善也是解决问题的办法之一，但正如制度经济学研究表明，只有内在制度与外在制度兼容，才能真正发挥制度的威力。因此，和谐企业文化构建才是解决企业发展问题的根本途径，更准确地说，和谐企业文化是解决企业和谐发展问题的根本药方，当然也是其重要内容和目标。

（四）外部激励约束的不足

在西方发达国家，企业文化是在企业的主导下不断发展的，而在我国，企业制度变迁及企业文化演化处处体现出政府行政主导的特色。回顾改革的进程可以发现，有效地运用公共行政机构的社会动员力和影响力以达成经济社会管理目标是我们这个社会制度的传统和优势所在。公共行政权力的合理运用所产生的充分调动经济和社会资源、降低经济和社会成本、提高经济和社会运作效益的效果为历史所证明。同时我们也看到，在我国这种社会制度下，任何一个地方的政府都对所辖地区的经济、社会和文化的整体发展负有一种特殊的责任。而企业作为地方经济的生长点，与地方政府有着既定的深层关联。[①] 因此，各级政府对于企业及企业文化发展有着不可推卸的责任。企业行为的他律机制主要是政府通过法律法规以及行政规制进行的硬约束，还有来自社会公众和新闻媒体的监督。我国市场经济的不完善使市场制约不足，社群集体行动力量薄弱，因此在外部约束方面不同于西方国家市场、政府、社群等压力集团强大的约束力，我国在外部约束上表现为单一的政府供给。而我国政府在外部的激励约束制度供给上也存在不少问题。我国企业的不良文化及其行为选择的广泛存在表明，企业作为理性经济人为追求自身利益最大化的决策中，私人成本和社会成本不一致。意味着我国对企业不良文化及行为缺乏有效的激励约束机制，相关的法律法规滞后和政府治理力度不足。

从具体情况来看，在员工、消费者利益的保护上有了相应的立法，不过政府在法律的实施和监管惩罚力度上还很不够。如企业员工因为害怕失去工作而被迫接受企业方不合理的要求和待遇，超长劳动时间、恶劣劳动条件、拖欠工资等对员工身体和经济利益的双重侵害，处于弱势地位的员工往往得不到利益的保障，法律显得空白无力，工会成为资方利益的代

---

① 张平：《企业文化建设中政府的定位与作用》，《经济论坛》2002 年第 7 期。

言人。在企业环境污染方面，与西方发达国家相比我们在立法上显得滞后，地方政府在GDP、税收、就业等政绩的强激励下，与企业在经济利益上成为共同体，对于企业造成的环境污染往往选择容忍。2006年《南方周末》推出的《2006年在华外商投资企业白皮书》的调查显示，世界500强企业在华承担社会责任的状态不佳，特别是环境污染，这些跨国公司在中国排放大量废水、废气和污染物，给自然环境造成极大的破坏，严重影响当地居民的身体健康。[①] 那些在母国做得很好的企业在中国截然相反的表现引人深思，企业的行为选择往往取决于对其所处环境的外部激励约束的权衡。这也表明价值观约束必须要以强有力的制度约束做保障。当然随着生态环境的持续恶化，党的十八大以来，我国政府在环境保护立法和规制上表现出了极其强硬的态度，已经成为可持续发展的硬约束。政府不断提高环境标准，造成了污染企业向欠发达、经济落后、环境压力弱的地方转移。

从我国企业发展历史以及我国企业现有的生产关系下的矛盾冲突表现来看，显然传统的发展模式以及谋利文化已经难以延续。就企业自身发展来说，传统谋利文化遇到困难和危机时倾向于选择裁员以削减人力成本，转嫁危机，往往导致企业直接解体。而选择共患难，共同应对危机的企业往往具有持久的生命力。我们观察这些企业不难发现它们成功的秘诀在于价值观。这类企业往往具有共同的价值观，而这价值观的核心内容是企业与员工以及其他利益相关者的利益共享、患难与共。这种文化的核心差异体现在企业面临危机时的同呼吸、共命运的共同的伦理价值观，将企业各利益主体牢牢地黏合在一起，形成命运共同体，从而也发挥出巨大的能量，使企业快速度过危机。而其他企业文化则不具备这一核心思想及其功用。要进一步弱化利益冲突，强调利益的一致性，必须形成一种倡导兼顾企业经济利益和企业利益相关者利益的新的价值观体系，因此和谐企业文化的提出是我国企业可持续发展的现实需要。

---

① 佚名：《2006年在华外商投资企业白皮书》，《南方周末》2006年11月23日。

第三节 新时代中国企业文化创新时势分析

文化从来都是随着经济的发展而不断演绎出新的形式，提出新的诉求，实现新的价值的。企业文化作为企业管理的灵魂，推动企业发展的不竭动力，也是社会文化的重要组成部分，是我国实现现代化战略目标的重要支撑，实现中华民族伟大复兴的强大推动力，其战略地位在文化制胜的新时代愈加凸显。党的十九大指出“中国特色社会主义进入新时代”[①]，新时代呼唤新文化。在新的历史时期、新的改革形势下，企业作为最重要的微观主体，必须承担起时代赋予的历史使命。因此，企业文化因应时代需求，顺时谋势，创新势在必行。本节分析新时代我国企业文化创新所处的时代背景和国际国内环境，以准确把握新时代企业文化创新的时代背景和前提。

一 国内环境分析

当前中国特色社会主义进入了新时代，“这个新时代，是承前启后、继往开来、在新的历史条件下继续夺取中国特色社会主义伟大胜利的时代，是决胜全面建成小康社会、进而全面建设社会主义现代化强国的时代，是全国各族人民团结奋斗、不断创造美好生活、逐步实现全体人民共同富裕的时代，是全体中华儿女勠力同心、奋力实现中华民族伟大复兴中国梦的时代，是我国日益走近世界舞台中央、不断为人类作出更大贡献的时代。”[②] 新时代赋予了企业新使命、新任务，也赋予了企业文化新的内涵。要全面建成小康社会，建设社会主义现代化强国，创造美好生活，实

① 习近平：《决胜全面建成小康社会 夺取新时代中国特色社会主义伟大胜利——在中国共产党第十九次全国代表大会上的报告》，人民出版社，2017，第12页。

② 习近平：《决胜全面建成小康社会 夺取新时代中国特色社会主义伟大胜利——在中国共产党第十九次全国代表大会上的报告》，人民出版社，2017，第10～11页。

现中华民族伟大复兴，需要更多具有世界竞争力的企业，也更迫切需要更强大的、更具包容性的、更有竞争力的企业文化。

党的十九大所确立的习近平新时代中国特色社会主义思想，是引领中国特色社会主义文化发展的重要指导思想，也是我们开展企业文化建设的行动指南。党的十九大报告强调指出："我国经济已由高速增长阶段转向高质量发展阶段，正处在转变发展方式、优化经济结构、转换增长动力的攻关期，建设现代化经济体系是跨越关口的迫切要求和我国发展的战略目标。"[①] 建立现代经济体系，推动经济高质量发展，是当前和今后一段时期我国经济发展的大逻辑。国家层面的经济发展战略导向，要求企业主动融入未来我国经济的发展战略之中，承担企业应有的社会责任。首先，企业在未来应追求高质量的发展内涵。高质量发展的诉求根本上是要求企业回归到产品和服务本身，满足消费者需要，特别是消费者对美好生活的需要。这是企业竞争的根本立足点，是企业与外部利益相关者的动态和谐。其次，企业应实现与员工及其他利益相关者的共同发展。无论是加快技术升级、转型发展还是产业重组，企业不是孤立的个体，而是需要同其他利益相关者和内部员工互动，构筑一个义利共生的共同体，才能创造和谐生存和发展氛围，降低改革成本。[②] 也就是要实现企业外部的关系和谐。也只有尊重并保障每一个内部成员的基本权益，并充分发挥员工的主观能动性、创造力和创新力，才能推动企业创新发展。最后国家提倡的绿色发展理念与战略要求企业与环境和谐共存，走一条可持续发展的道路。上述社会变革要求企业必须转变发展观念，以创新为动力，高质量、高效率为导向，构建新时代中国特色和谐企业文化，适应新时代，引领新时代，推动伟大事业，实现伟大复兴。

企业是社会的细胞，企业发展是建立在良好的企业文化氛围之上，我国企业文化植根于独特的文化土壤之中，是中国特色社会主义文化的重要组成部分。综上所述，时代要求和社会条件决定了新时代中国企业文化的

---

① 习近平：《决胜全面建成小康社会　夺取新时代中国特色社会主义伟大胜利——在中国共产党第十九次全国代表大会上的报告》，人民出版社，2017，第 30 页。

② 吴潜涛、姜珂：《企业履行社会责任的新时代诉求》，《伦理学研究》2018 年第 9 期。

创新只能走向更具有包容性和竞争性的方向。只有和谐企业文化才能推动企业高质量、高效率、更公平、更可持续发展。新时代和谐企业文化是我国新时代和社会变革的本真诉求。

二 国际环境分析

伴随着日益复杂的国际环境、不断变革的新技术，中国企业“走出去”面临新的挑战。新时代中国企业“走出去”，如何培育全球竞争力是中国企业面临的现实问题。伴随着国际“不确定性”格局的变化、利益纷争，多元文化的交流、交融、交锋，“一带一路”建设的新发展等，中国企业“走出去”也面临着前所未有的挑战。

处在历史交汇期的中国与中国企业，外部面临着怎样的国际环境？应该如何适应和应对日益复杂和多变的环境挑战，增强国际竞争力？2018 年在中央外事工作会议上，习近平表示：纵观人类历史，世界发展从来都是各种矛盾相互交织、相互作用的综合结果。我们要深入分析世界转型过渡期国际形势的演变规律，准确把握历史交汇期我国外部环境的基本特征，统筹谋划和推进对外工作。既要把握世界多极化加速推进的大势，又要重视大国关系深入调整的态势；既要把握经济全球化持续发展的大势，又要重视世界经济格局深刻演变的动向；既要把握国际环境总体稳定的大势，又要重视国际安全挑战错综复杂的局面；既要把握各种文明交流互鉴的大势，又要重视不同思想文化相互激荡的现实。[①] 这里提到的四个“大势”是对国际形势的最新判断和深刻把握。

上合组织青岛峰会上，习近平对世界大势和时代潮流也有一个判断：尽管当今世界霸权主义和强权政治依然存在，但推动国际秩序朝着更加公正合理方向发展的呼声不容忽视，国际关系民主化已成为不可阻挡的时代潮流。尽管各种传统和非传统安全威胁不断涌现，但捍卫和平的力量终将

① 《习近平在中央外事工作会议上发表重要讲话》，新华网，http://www.xinhuanet.com/politics/xxjxs/2018-06/23/c_1123026120.htm，最后访问日期：2019 年 12 月 21 日。

战胜破坏和平的势力，安全稳定是人心所向。尽管单边主义、贸易保护主义、逆全球化思潮不断有新的表现，但“地球村”的世界决定了各国日益利益交融、命运与共，合作共赢是大势所趋。尽管文明冲突、文明优越等论调不时沉渣泛起，但文明多样性是人类进步的不竭动力，不同文明交流互鉴是各国人民共同愿望。[①] 可见，习近平对当前我国所面临外部环境的判断愈发清晰。

习近平在中央外事工作会议上指出，当前，我国处于近代以来最好的发展时期，世界处于百年未有之大变局，两者同步交织、相互激荡。做好当前和今后一个时期对外工作具备很多国际有利条件。历史交汇期，也是历史机遇期。有利条件很多，仍然大有可为。[②] 5 月 28 日，在两院院士大会上，习近平在讲话中还提到一个“历史性交汇期”。他指出：“现在，我们迎来了世界新一轮科技革命和产业变革同我国转变发展方式的历史性交汇期，既面临着千载难逢的历史机遇，又面临着差距拉大的严峻挑战。我们必须清醒认识到，有的历史性交汇期可能产生同频共振，有的历史性交汇期也可能擦肩而过。”[③]

在历史交汇期这样的重大历史关头，在中华民族伟大复兴历史进程中具有特殊重大意义的这样一个时期，我们必须深刻领会习近平对国际大势的判断，把握大势、抢占先机，直面问题、迎难而上。中国企业要走出去并站在山顶，唯有着眼于世界多元文化交流、交融、交锋的现实，推动有世界视野、包容性和竞争力的中国特色企业文化的发展才能保持战略定力，把握历史机遇。

综合新时代国际国内环境时势的分析，我们发现无论是国际还是国内都需要企业从根本上更新经营管理理念及模式，才能适应环境变化和社会

---

① 《习近平在上海合作组织成员国元首理事会第十八次会议上的讲话》，新华网，http：//www. xinhuanet. com/world/2018 - 06/10/c_ 1122964013. htm，最后访问日期：2020 年 1 月 5 日。

② 《习近平在中央外事工作会议上发表重要讲话》，新华网，http：//www. xinhuanet. com/politics/xxjxs/2018 - 06/23/c_ 1123026120. htm，最后访问日期：2019 年 12 月 21 日。

③ 习近平：《在中国科学院第十九次院士大会、中国工程院第十四次院士大会上的讲话》，人民出版社，2018，第 8 ~ 9 页。

变革。只有更具包容性、竞争力的以和谐为核心价值理念的企业文化才能适应多变的环境和复杂的内外部关系。基于此，本书提出新时代和谐企业文化命题，并认为只有以和谐理念为价值核心的企业文化模式才能因应新时代的所有诉求，应对国际国内环境的挑战。本书在下面的章节中将对这一论点进行详细的阐述和系统论证。

第四章　新时代和谐企业文化内涵及性质

对和谐企业文化概念进行准确界定是研究和谐企业文化的逻辑起点。有很多学者从不同的侧面对和谐企业文化内涵进行了初步探讨，但尚未形成共识。本书拟对这方面研究梳理分析，深入组织内部对和谐企业文化进行精心解析和整体诠释，提供更丰富、更深刻的文化观点，为后续和谐企业文化实践研究打下坚实的基础。

第一节　新时代和谐企业文化的内涵

要准确把握和谐企业文化的内涵，首先要考察其产生根由。企业文化作为一种微观组织文化，是社会文化的子系统，必然植根于整个社会文化之中，在与社会文化的互动中演化发展。企业文化在与社会文化互动中形成显著的时代特征，并体现整个社会的意识形态。同样和谐企业文化是在和谐社会文化的基础上衍生而来的，全社会倡导和谐文化，以企业为单位创建的和谐文化就是和谐企业文化。和谐企业文化是和谐社会文化的基础工程和生长点，其内涵和目标必须与和谐社会文化保持一致。从这个角度我们可以把握和谐企业文化的一般规定性和本质特征。

一　和谐文化

文化最通常的广义定义是指人类在社会生产的历史过程中所创造的财富总和，包括精神财富和物质财富。狭义的文化则强调一个群体在社会生活过程中所共享的价值观念、行为准则、生产生活方式和意义符号体系。[①]杨鹏认为："社会主义和谐文化是以马克思列宁主义为指导，以和谐为思想内核和价值取向，以倡导、研究、阐释、传播、实施、奉行和谐理念为主要内容的民族的科学的大众的社会主义文化。"[②] 该定义将和谐文化视为社会主义文化的重要组成部分，是以和谐为思想内涵、以文化为表现形式的一种文化系统，包括思想观念、价值体系、行为规范、文化产品、社会风尚、制度体制等多种存在方式。反映了人们对和谐社会的总体认识、基本理念和理想追求。曹德本认为："和谐文化模式作为一种文化模式，形成了本身所具有的特质，即是三大和谐的凝结。"三大和谐是指"人际和谐、群体和谐和天人和谐"。和谐文化应具有四种结构，"包括人与自身，人与人、人与社会、人与自然四个方面的和谐。"[③] 寇东亮认为："社会主义和谐文化就是以科学发展观与社会主义和谐社会构想为依据、以倡导和谐理念与培育和谐精神为主旨、以社会主义核心价值体系为内核的文化。"和谐文化有三重意蕴："在文化类型学意义上，和谐文化就是以和谐为核心理念与根本价值取向的文化，它反映了一种新的文化理念；在文化结构论意义上，和谐文化就是以社会各种文化元素、文化形式的协调互动和有机统一为根本特征的文化，它展示了一种新的文化自觉；在文化社会学意义上，和谐文化就是与市场经济、民主政治和人的全面发展相契合的文化，它呈现了一种新的文化愿景。"[④] 宋联可等人认为："和谐文化是以和谐为核心价值观，以倡导、研究、阐释、传播、实施、奉行和谐理念为主要内容，以思想观念、思维方式、行为规范、社会风尚为主要表现形式，以社会各种文化元素、文化形式的协调互动和有机统一为根本特征，以实现人与自然、人与社会、人与人、人与自身和谐发展为目标的文化体系。"[⑤]

---

① 杨鹏：《建设和谐文化构建和谐社会》，《理论导报》2007 年第 7 期。

② 杨鹏：《建设和谐文化构建和谐社会》，《理论导报》2007 年第 7 期。

③ 曹德本：《和谐文化模式论》，《清华大学学报》（哲学社会科学版）2000 年第 3 期。

④ 寇东亮：《"和谐文化"的三重意蕴》，《郑州大学学报》（哲学社会科学版）2007 年第 2 期。

⑤ 宋联可、杨浩：《和谐企业文化内涵与构建研究述评》，《江苏商论》2008 年第 10 期。

概言之，和谐文化是以和谐为思想内核、以文化为表现形式的一种文化系统。它融思想观念、价值取向、理想信仰、社会风尚、行为规范为一体，包含着对和谐社会的总体认识和评价。要把握和谐文化内涵必须注意以下几点：首先和谐文化的思想内核是“和谐”。其次和谐理念通过价值观念、制度规范、行为方式、社会风尚等这些载体表现出来。最后和谐文化是以实现人与自我、人与人、人与社会、人与自然的和谐发展为最终目标的一种文化体系。

二　新时代和谐企业文化

企业文化作为社会文化在企业中的反映，通过对和谐文化的解读，我们可以初步得知：和谐企业文化也必然是一种以“和谐”为核心，围绕“和谐”观的贯彻，以实现企业和谐发展为根本目标的包括精神文化、制度文化、行为文化和物质文化的文化系统。

和谐企业文化的最终目标是促进企业和谐，实现企业的可持续发展，进而推动社会的和谐。因此，我们可以从和谐企业的角度来分析和谐企业文化的内涵要素。借鉴一些学者的利益相关者分类观点，我们可以把和谐企业简要地划分为三个方面的表现：企业与员工关系的和谐（内部的和谐）、企业与社会关系的和谐以及企业与自然关系的和谐。后两个方面可以概括为外部和谐。可以说现代企业发展的弊端以及矛盾也主要体现在这三个方面。基本上这三方面关系处理好了，企业也就和谐了。而要实现这三个方面的和谐，在企业内部关系的处理上就必须要遵循“以人为本”的基本原则，这是企业理论研究早就形成的基本共识。而要实现外部关系的和谐，企业就必须要有责任意识和尊重自然的基本观念，并付诸行动。这也正是目前整个社会和企业理论研究所关注的问题。

和谐企业文化作为企业文化在新的历史阶段适应社会发展要求以及企业制度变迁而产生的一种企业文化形态，在进行内涵界定时，既要符合企业文化一般定义要求，又要体现鲜明的时代特色。根据可持续发展理论、共生理论、企业社会责任理论等研究成果，以及我国国内学者已有的观点，和谐社会文化以及和谐企业的基本要求及其在伦理价值上的体现，我们把和谐企业文化表述为在经济社会发展和和谐社会文化影响下，企业在生产经营过程中选择、倡导、奉行而形成的全体员工共同认同的以“和谐”为思想内核，以“以人为本”“注重责任”“尊重自然”为指导思想和行为准则，以实现企业可持续发展为目标的企业文化。

和谐企业文化的内涵可以从以下几个方面来把握：和谐企业文化要以“和谐”观为基本信念、理想追求、价值准则和行为规范；对内要以“以人为本”为基本指导思想和行为准则，最大限度地调动广大员工的积极性、主动性和创造性，实现内部和谐；对外要以“注重责任”“尊重自然”为基本指导思想和行为准则，有社会责任意识和环境道德观念，积极承担对社会的责任和维护环境正义，实现外部和谐，即企业和自然环境、社会环境的和谐相处；以实现人与人、人与社会、人与自然的和谐为基本目标，以实现人的全面发展、企业的可持续发展和社会的和谐发展为最终目标。

在前面的论述中我们知道和谐企业文化是企业谋利文化演化嬗变而来的一种企业文化新模式，是企业文化发展的新阶段，是优秀企业文化的一种发展和表现形式。从企业文化演进的历史来看，企业文化的延绵性和路径依赖，使企业文化在一定历史阶段、一定环境条件下，有着较为稳定的阶段性特点。和谐企业文化作为企业文化演进的必然趋势和企业文化发展的新阶段，它与传统企业谋利文化相比最关键的区别就是它的核心价值观的嬗变。和谐企业文化不再单纯追求企业自身的经济利益最大化，而是追求利益各方的竞合共赢、利益共享、共生共荣，兼顾经济利益和社会利益，实现企业与员工、自然、社会的和谐发展。在中国特色社会主义新时代，它是新发展观在企业中的贯彻和体现，其价值核心仍然是“和谐”，“以人为本”“注重责任”“尊重自然”的基本价值观念和行为准则没有变，不过新时代和谐企业文化更加注重创新的引领、质量和效率的追求，在适应性和竞争性上有所增强，推动企业高质量、高效率、更公平和更可持续发展。

从更广泛的意义上来说，我们以往所讨论研究的一些优秀的企业文化都会包含和谐的因素。如瓦拉赫意在建立具有和谐的外部支持环境的支持文化；奎因意在关注内部，注重形成关心、合作、民主参与的团队文化；

曼克斯提倡建立和谐、合作、支持环境的关系导向型企业文化；戈菲和琼斯强调内部和谐氛围的共有型文化；胡德的平等文化。[①] 但上述企业文化准确地说还不是和谐企业文化，仅仅是具有和谐文化的一些特质，或者说体现着一种和谐精神。当然这类企业文化因为其内含的和谐因子发挥积极的作用，而不断被强化，最终会演化成为和谐企业文化。可以说和谐企业文化是企业文化发展的一个阶段性的形态，一种较高层次的企业文化，一种较为理想的文化模式，与人类社会进步相适应，是伴随着和谐发展而衍生的一种普遍的文化现象。

和谐企业文化并不意味着所有企业都只有一种企业文化，和谐企业文化与企业个性文化并不冲突，它只是企业文化的一种普遍形态。如何实现和谐，每个企业需要根据自身的资源禀赋和具体条件进行凝练和个性化表达，和而不同就是这个意思。和谐也不意味着企业就完全没有矛盾，它只是指企业能以和谐的方式去处理矛盾，去协调利益关系。

本书所研究的新时代和谐企业文化是以“和谐”为核心的理念、思想、制度、行为和意义符号的文化体系。意识与其载体或者说外化物（制度、行为、物质）存在天然的难以割裂的关系，因此本书所研究的对象既包括以“和谐”为核心的思想观念体系，也包括和谐企业文化载体，比如，体现和谐观念的各种道德律令和制度规范、各种促进和谐的团体活动和文化设备设施等。它们均属于和谐企业文化的表达形式，是人类精神的产物，共同构成和谐企业文化体系。

第二节　新时代和谐企业文化的构成

一　和谐企业文化的层次

加拿大学者佩格·纽豪热、佩·本德和科可·斯特姆斯伯格用同心圆

---

① 宋联可：《构建和谐企业文化的 H－H 模型》，《企业文明》2008 年第 3 期。

图来说明企业文化由三个层次构成，内层圆（最深层，魂文化）是企业文化的共有理念和价值观；中层圆（中间层，法文化）是企业的制度体系；外层圆（第三层次，形文化）是简单易见的企业标识、文字等。企业文化的三个同心圆互相联系，互相制约，互相促进，缺一不可，最关键的是做到三位一体。因为“魂文化”是根本，“法文化”是保证，“形文化”是基础。有“魂”无“法”，“魂文化”不能实现，“形文化”没有保证；有“法”无“魂”，“法文化”和“形文化”便没有方向。只有“魂”“法”“形”相互结合，协调发展，才能达到预期效果。① 本书也借用同心圆理论来简单说明和谐企业文化的层次构成。和谐企业文化最深层是企业的基本假设，即“和谐”信念以及“以人为本”“注重责任”“尊重自然”等价值观念和行为准则。中间层是维护企业和谐的各种道德律令和制度规范、各种促进和谐的团体活动。第三层次是展示、宣扬和谐企业文化观念的行为体现及企业标识、设备设施等易见的物质载体（见图 4－1）。

图 4－1　和谐企业文化同心圆

和谐企业文化又可以分为以下两方面。一是内部和谐，“以人为本”，包括企业内部各利益主体之间的和谐，企业整体利益与员工利益的和谐。

① 宋宝昌:《企业文化的同心圆模式》,《企业文化》2003 年第 12 期。

对内的和谐着重体现为企业与员工之间的关系和谐。和谐企业文化就是本着“以人为本”将员工利益和发展同组织目标与要求统一起来，使企业得以和谐发展，同时实现员工的全面发展。二是外部和谐，其一是企业和社会的和谐相处，包括企业与企业、政府、社会公众、股东、消费者的关系。企业作为社会一员，积极承担起应有的社会责任，以共赢为共同目标和基本准则，实现企业与社会的和谐发展；其二是企业和自然环境的和谐相处，企业树立“尊重自然”的环境伦理观念和责任意识，主动承担环境责任，协调经济效益和环境效益，实现企业与自然的和谐发展。

二　和谐企业文化的构成

企业文化构成研究的传统思路和方法是由总体到局部层层分解，建立一种类似关系树的层级结构。这种研究思路的最大好处是系统、完整又清晰、实用。基于此，本书研究和谐企业文化构成模型的总体思路是：根据本书对和谐企业文化的内涵与外延的界定，在文献归纳的基础上，借鉴美国学者丹尼森（Denison）的组织文化测量模型[①]，从内部和谐、外部和谐两个方面，一致性（基本价值观）、使命、相容性和适应性这四个维度，分解具体指标，来分析和谐企业文化的构成及其特质。目前，规范的分析大多采用该思路，同时结合对企业负责人、企业文化专业人士进行的深入访谈和调查，我们把和谐企业文化的构成指标修订如下（见表4－1）。

表4－1　和谐企业文化因子构成

层次	因子	具体指标内容	因子	具体指标内容
内部和谐	一致性 （基本价值观）	1. 和谐信念 2. 以人为本 3. 注重责任 4. 尊重自然	相容性	8. 薪酬福利 9. 领导风格 10. 人际关系 11. 民主参与 12. 培养培训

① 吴秋生、刘沛：《企业文化对内部控制有效性影响的实证研究——基于丹尼森企业文化模型的问卷调查》，《经济问题》2015年第7期。

续表

层次	因子	具体指标内容	因子	具体指标内容
外部和谐	使命	5. 愿景 6. 战略导向 7. 目标	适应性	13. 创造变革 14. 顾客导向 15. 竞合共赢 16. 社会责任 17. 环境责任

我们从使命、一致性、相容性、适应性四个维度将和谐企业文化与丹尼森企业文化测度模型的构成因子加以比较分析（见表4－2）。

表4－2 和谐企业文化与丹尼森企业文化测度模型构成因子对比

维度	丹尼森企业文化测度模型	维度	和谐企业文化测度假设模型
使命	战略导向和意图 愿景 目标	使命	战略导向 愿景 目标
一致性	核心价值观 协调与整合 一致意见	一致性 （基本价值观）	和谐信念 以人为本 注重责任 尊重自然
相容性	能力发展 团队导向 授权	相容性	薪酬福利 领导风格 人际关系 民主参与 培养培训
适应性	创造变革 客户至上 组织领导	适应性	创造变革 顾客导向 竞合共赢 社会责任 环境责任

使命用于判断公司是一味注重眼前利益，还是着眼于制定系统的战略行动计划。愿景、战略、目标指员工是否对公司未来的理想状态、战略和目标安排形成共识并明确行动。和谐企业文化强调企业和谐发展的远景和可持续发展战略及行动。

一致性用以衡量企业是否拥有一个强大且富有凝聚力的内部文化。不同于丹尼森强调内部的一致性，和谐企业文化强调和谐价值是否体现在组织各个方面的行动中。所以设置和谐信念（价值核心）、以人为本、注重责任、尊重自然四个维度，用于衡量企业与人、自然、社会的和谐，在价值观上的一致性。和谐信念是和谐企业文化的价值核心、基本信念和假设，是人们对企业、自然、人类社会变化和发展规律的认识，人们所追求的美好状态和理想社会。企业与员工、社会、自然环境及利益相关者保持和睦协调的关系，是企业实现可持续发展的必然选择和基本路径。以人为本是和谐价值观在企业与人关系上的体现，是体现基本价值观的方法论，人既是企业发展的支撑，又是企业发展的目的。树立以人为本的理念，有利于实现企业与人关系的和谐，增强外部的适应性和内部的整合性。注重责任是和谐价值观在企业与社会关系上的体现，是企业在法律允许的范围内追求经济利益最大化的同时，主动承担社会责任，增进社会福利。如提供就业机会、保证员工基本权益，遵纪守法、依法纳税，踊跃参加社会公益事业，与其他社会团体融洽相处，等等。尊重自然是和谐价值观在企业与自然关系上的体现，企业在自身发展的同时，尽量减少对生态、环境的影响，主动承担环境责任，与环境友好相处。

相容性涉及公司对员工的培养、沟通、重视，表现企业内部的整合性。和谐企业文化从薪酬福利、领导风格、人际关系、民主参与、培养培训五个维度来考察内部的整合程度。

适应性主要是指公司对外部环境（包括客户和市场）中的各种信号迅速做出反应的能力。和谐企业文化从创造变革、顾客导向、竞合共赢、社会责任、环境责任五个方面来表现企业与外部关系的和谐。和谐企业文化比丹尼森模型有更丰富的内涵，强调企业与利益相关者、社会和自然环境关系的和谐。

为了进一步形象地表述各指标之间的关系，借鉴丹尼森企业文化模型，我们尝试初步构建和谐企业文化特质模型，如图 4－2 所示。

图中两条线交叉成“十”字，把圆分为四个 90 度扇形区域，分别代表了和谐企业文化的四个基本特征，即一致性（核心价值观）、使命、相

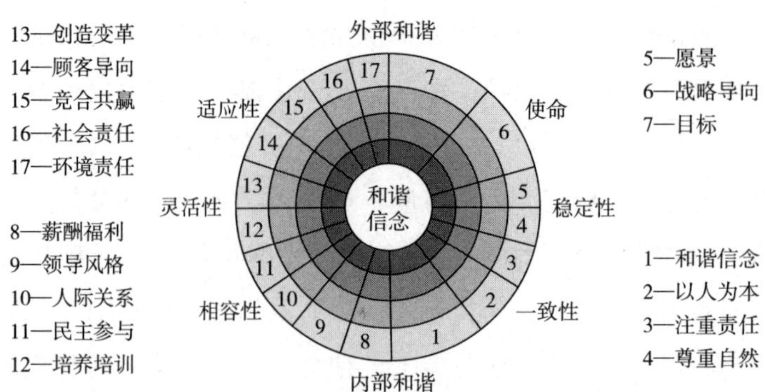

图 4-2 新时代和谐企业文化特质模型

容性和适应性。上半圆两个 90 度扇区的内容——使命和适应性，反映的是组织的外部和谐状态。具体内容包括愿景、战略导向及目标的确定和企业如何协调、处理与客户、竞争者、政府等利益相关者之间的关系，如何承担社会责任和环境责任，建立和谐的外部环境。下半圆包括一致性和相容性两个 90 度扇区，考察的是企业内部和谐状态。主要内容包括内部的和谐信念、以人为本、注重责任、尊重自然等基本指导思想和行为准则，企业与员工关系和谐的一系列措施，涉及薪酬福利、领导风格、人际关系、民主参与、培养培训等方面。右半圆反映的是组织的稳定性，包括一致性和使命两个维度，表现为企业有远景、战略导向、目标和以和谐信念为核心及引领的价值观体系，这些可以反映一个企业的稳定性；左半圆反映的是组织的灵活性，包括相容性和适应性两个维度，表明企业可以通过内部的薪酬福利、领导风格、人际关系、民主参与、培养培训等实现企业内部的和谐与整合；通过外部的创造变革、顾客导向等行动积极适应外部环境的需要，从而保证组织的灵活性。

从构成来看，和谐企业文化和传统企业文化相比更注重内外的和谐，更注重企业的社会责任、环境责任，体现了企业价值导向的根本性变化。而实现和谐的途径和内容则没有根本的差异，都强调战略导向、外部的适应性和内部的一致性与相容性。可见和谐企业文化和企业竞争力以及企业经济绩效是不矛盾的，和谐企业文化不会导致企业利益的损失，而是从更基础和长远的角度增强企业内部的凝聚力、创造力和外部的适应力、竞争力。当然此模型目前仅限于对新时代和谐企业文化构成进行形象的表述，至于其应用，如分析企业的现有文化构成及其和谐程度则有待于在实践中进一步检验、修正和完善。

第三节　新时代和谐企业文化性质与特征

一　和谐企业文化性质与特征分析的背景

和谐是我国传统文化的重要传统和基本内容，和谐思想在我国源远流长，从古代重要典籍和思想家对于和谐的阐述，可以看出传统文化对于和谐思想的强调和贯穿始终是对于和谐社会的理想追求。我国传统文化中的和谐思想强调和睦、协调，包括人与自身、人与人、人与社会、人与自然四个维度的和谐。

随着人类社会发展，传统发展模式引发的一系列严重的社会问题和自然危害，人类社会不得不深刻反思传统发展观念以及行为模式。可持续发展理论和科学发展观的提出，使得和谐社会、和谐企业成为必然的理想追求和制度选择。胡锦涛总书记在党的十七大报告中提出科学发展观战略思想，党的十八大更进一步将科学发展观上升为党的指导思想。在科学发展观的指导下，中国企业开始了和谐企业文化建设。随着中国改革开放的深入推进，中国特色社会主义进入新时代，出现了新的发展问题，主要矛盾也发生了变化，2015 年 10 月 29 日习近平总书记在党的十八届五中全会第二次全体会议上提出了“创新、协调、绿色、开放、共享”[①] 五大新发展理念。新发展理念是科学发展观的继承与发展，是马克思主义中国化的理论创新和发展，是新时代指导我国经济社会发展的新发展观。新发展观自

① 《习近平关于全面建成小康社会论述摘编》，中央文献出版社，2016，第 55 页。

然成为新时代企业发展的根本指导思想，也是新时代和谐企业文化创新发展的基本依据和准则。

同时国内外众多专家在企业文化领域的一些研究成果也为我们分析和谐企业文化特征奠定了理论基础。如前面所说的瓦赫拉的支持文化，意在建立友好的环境，倡导开放、和谐，强调“家”的价值观，这种文化强调外部和谐关系及氛围的营造；奎因的团队文化，关注内部，提倡关心、承诺、士气、讨论、参与和公开，强调了企业内部的和谐；曼克斯的关系导向企业文化，提倡建立和谐、合作、支持的环境，强调了竞合共赢的和谐关系的建立；同时还有胡德的平等文化、戈菲和琼斯的共有型文化；等等。[①] 奎因和卡梅龙的企业文化类型研究中，根据灵活性—稳定性和关注内部—关注外部两个维度将企业文化划分为四个类型。其中团队型/宗族型企业文化的特点是：工作环境友好、组织关注员工、凝聚力强、鼓励团队合作等。这些描述都强调了企业文化的内部和谐特征。[②] 和谐企业文化要求企业在使命、高度的一致性、员工的参与性和企业对于外部环境的主动适应性上都有突出的表现。

二　新时代和谐企业文化的性质及特征

综合国内外学者对于和谐企业文化的研究成果以及与传统企业文化的比较分析，并结合我国传统和谐思想以及新发展观的基本精神，本书对新时代和谐企业文化性质及特征归纳如下。

（一）先进性

与传统谋利文化比较，和谐企业文化的先进性是其最本质的特征之一。其先进性体现在如下几个方面。首先从历史传统来看，和谐一直是数千年来人类孜孜以求的一种美好理想，和谐思想是人类精神进步的产物。

---

① 宋联可：《构建和谐企业文化的 H－H 模型》，《企业文明》2008 年第 3 期。

② 转引自屈燕妮《企业文化的和谐特征分析》，《商业时代》2009 年第 32 期。

而凝聚和传播这种和谐精神、和谐理想的企业文化，当然也是具有进步性质的文化。其次从企业文化演进过程来看，企业文化实质上是时代变迁在企业中的缩影，而我们所处的时代正是人的经济价值持续提升、社会公众权利意识不断增强、要求企业和谐发展的时代。和谐企业文化是企业文化的演化方向和必然趋势。最后，从企业自身发展来看，和谐企业文化也是企业适应科技进步，人的经济价值不断提升、各生产要素重复博弈的结果，企业文化之于企业的重要性已形成共识。随着社会生产力的发展，企业环境条件的变化，企业文化的适应性变革要求协调企业内外复杂关系，关注人的价值，满足人的需求以提高企业竞争力，实现企业的可持续发展。这一切构成是对和谐企业文化的现实需求，和谐企业文化不再是口号，不再是企业主的个人责任意识，而是企业实现可持续发展的理性选择。总之，和谐企业文化是新的历史阶段适应社会发展要求以及企业制度变迁的结果，是先进生产力和现代化生产组织形式在企业文化中的反映。

（二）社会性

和谐企业文化与传统谋利文化相比最显著的特征是和谐企业文化的社会性。企业不仅是一个经济组织，也是一个社会性的组织。充分认识企业的社会性，是研究企业社会责任的逻辑前提。从企业制度及其文化变迁的历史过程来看，企业发展初期以追求利润最大化为唯一目标和全部内容，表现出极强的经济性，而企业社会性被忽视，或者说表现出一种适应不良的社会性，如环境污染、资源浪费、剥削与压榨劳动者。而在企业演进过程中，随着生产力的发展，人的经济价值的提升以及企业利益相关者的联合制约，企业不得不在追逐经济利益的同时开始考虑兼顾社会利益。从企业制度和文化的变迁中可以看出，对企业社会性的关注不断增强。作为企业文化的最终演化方向，和谐企业文化对企业的社会性的强调显著甚至超越企业的经济性。企业以实现其社会价值为根本目的，经济性只是其实现社会性的手段，服务于社会性，决不能为了经济性而牺牲社会利益。和谐企业文化的研究价值及其现实意义也在于其对于传统谋利文化的反思，在理想信念上追求企业与人、自然、社会的和谐发展，在核心价值观念上突出和谐理念和行为准则。以人为本、注重责任、尊重自然都是强调企业社会性的表现。

（三）一致性

和谐企业文化的一致性是指和谐企业文化本身的和谐，文化系统的高度和谐一致。和谐企业文化形成以“和谐”为核心的理念系统、相应的和谐制度安排和物质体系的一致；企业和谐宗旨、和谐经营理念、战略导向与企业的各项制度规范、行动措施之间的一致。一致性意味着和谐企业文化由观念文化发展到制度文化状态，企业内部达成高度共识和文化心理的认同，和谐企业文化充满生机与活力，对企业行为产生巨大影响，企业具有良好的经济绩效和社会福利效应。

（四）相容性

相容性也是和谐企业文化的突出特征，指企业内部的和谐程度，主要是指如何处理与员工的关系，包括员工的主要需求的满足，民主管理及促进员工的能力发展等。企业与员工关系的和谐，是实现企业和谐的关键环节和逻辑起点。企业与员工关系的和谐之所以重要，源于企业从诞生之日起就一直贯穿至今的劳资关系问题。随着社会的进步，企业的发展也伴随着双方的进一步博弈，这一矛盾冲突从尖锐对立到逐步缓和甚至有了新的发展。不过目前依然是制约企业发展的主要矛盾。而现代科学技术的发展，使人的经济价值持续上升，因此，企业要发展必须得依赖人的素质的提高以及人的主观能动性的发挥。因此要实现企业的和谐发展，首先得实现企业与员工关系的和谐。和谐企业文化的和谐最核心的要求就是“以人为本”。而“以人为本”最重要的内容就是要发展人，通过利益的共享、民主管理、授权、教育培训来增强员工主人翁意识，实现员工与企业的共同发展。

（五）适应性

适应性指和谐企业文化在面对企业外部环境变化和协调外部复杂关系时所表现出的显著特征。和谐企业文化在企业适应外部竞争环境和条件变化时表现出的适应性变化，使企业保持持续的活力。同时和谐企业文化面对外部来自政府、社会公众、环境保护组织等利益相关者压力时，能主动适应外部需求，从企业经营理念、战略和各项事业制度措施中予以贯彻和体现。可见和谐企业文化本质上是一种创新文化，因为只有不断创新、变革才能动态适应变化的内外部环境，实现和谐。这种外部适应性是企业具有和谐的发展环境，更容易实现企业的经济绩效和可持续发展，当然，也创造、增进社会福利，实现企业社会价值的最大化。

第四节　和谐企业文化与其他企业文化

一　和谐企业文化与传统谋利文化

和谐企业文化作为企业文化发展的一个新的阶段，是企业对所处时代环境及条件的适应性产物，是经济主体应对环境条件变化主动选择的结果，并不是在超经济力量干预下人们的被迫选择，是和传统谋利企业文化有着本质区别的一种现代企业文化，是一种新的文化模式。

美国著名学者托马斯·库恩（Thomas Kuhn）认为，社会发展范式的转变是一种思维原则、思维方式的转变，也就是看问题的范式的转变。时代、国家、民族、企业的进步在很大程度上表现在这种范式的转变。综观世界，企业发展的历史告诉我们，传统的以经济利益最大化为目标的思维范式已经不适应经济社会发展要求，甚至阻碍企业和经济社会的进一步发展。而反思传统范式，适应时代要求，新的发展范式要求摒弃以物质为中心，从单一的经济发展范式转到以人为中心综合的社会发展范式。从我国的发展现实也可以看出这一点，我国从改革开放以来以经济建设为中心，追求经济利益为基本范式，而党的十六大提出的科学发展观则在对这种思维范式指导下的负面后果的反思基础上提出以人为中心综合的社会发展范式，从追求一时繁荣的局部发展到全面协调可持续发展，可见和谐企业文化正是经济社会发展范式转变的产物。

传统谋利文化是基于“经济人”的自涉偏好，以企业利润最大化为根本目标，以成本收益为基本思维方式，追求企业短期盈利目标的文化。和谐企业文化则基于人的亲社会他涉偏好假定，强调自利和互利的统一，以和谐为思想内核和价值取向，追求的是利益相关者的利益共享，共同发展，以及企业的可持续发展。但和谐企业文化并不排斥功利主义，认为出于利己动机也可以得到合作行为，不存在脱离个体理性的集体理性。这种企业文化使企业发展超越单纯的经济增长层面而提升为文化创造，综合的社会发展，赋予发展以明确的人文价值导向，用文化管理和文化创新来消除企业内部的诸多不和谐因素，实现企业发展与人、社会、环境的和谐统一。和谐企业文化之于传统谋利文化本质上是一种方向的变革，是核心价值观和思维模式的改变，是现代企业文化发展的必然趋势。

在企业谋利文化向和谐文化演化的过程中，随着时代的改变，经营环境的变化，人的地位越来越突出，很多企业开始关注人的需求，“以人为本”管理理念的提出，标志着现代企业文化——“人本”文化的产生。和谐企业文化和这一时期的“人本”文化在外部表现上具有很大的相似性，容易混淆，以至于很多人将它等同于和谐企业文化。实质上它们存在本质区别，所谓“人本”文化本质上依然是一种谋利文化，因为企业仍然以追求利润最大化为根本目的，人本理念只不过是实现目的的手段而已。这种本质区别在企业顺境中不大显现，在企业逆境中则暴露无遗。和谐企业文化引领下的企业，企业与其利益相关者是一种基于利益以及伦理价值的共同体，是同呼吸共命运的紧密协作关系，而不是谋利文化引领下的基于利益的松散合作组织。这两类企业在面对困境和风险的时候，表现截然不同。谋利文化引导下的企业可能在顺境中会倡导或者标榜诸如“以人为本”、社会责任、回馈奉献等，但一遇到困难和危机，出于谋利文化的思维方式会基于成本收益分析，开始削减成本如人力成本，开始裁员。这样做的结果从企业发展的成功与失败的案例中不难总结出。这类基于利益的松散合作组织很容易垮掉。而从一些企业的成功经验中，不难总结出基于共同利益以及伦理价值的企业更具有持久的生命力。可见企业的可持续发展需要寻求各利益主体的共同利益和伦理价值。而共同的伦理价值才是这一利益共同体的黏合剂，是企业迎接各种困难和挑战的秘诀，也只有追求利益相关者的利益共享，共同发展的和谐企业文化才具有这一功效。

我们来看一些具体事例。我国一些企业在和谐企业文化建设上走在了前面，在面对金融危机时，有记者就此进行了相关采访报道，华中企业集团是一家以房地产为主的大型民企，虽然遭受了前所未有的冲击，但还是在2008年10月共同商讨采取不裁减工人的一致行动。面对金融危机，集团董事长赵建棠表示，我们做出不但不裁员还要不减薪的承诺，我也希望更多企业“勇担社会责任”。记者采访华中企业集团的员工，员工表示在困难的时候，企业如果裁员，我们也能理解，但现在没裁一个人，我们很高兴，就算少拿一点钱，也要与企业共渡难关。中国人寿保险有限公司保定分公司的总经理王吉山告诉记者，面对金融危机，我们既没有裁员也没降薪，我们要对员工负责任，要把企业做好，做的是员工的共赢，进而达到社会的责任。[①] 深圳航空公司面对危机承诺不裁员不减薪，记者采访其公司员工，员工均认为深航是一个优秀的航空企业，而且是一家充满社会责任感的企业，面对危机不裁员不减薪，他们会把对公司的感恩回报在工作中，保证安全和服务，齐心协力与公司一起渡难关。[②] 可见，和谐企业文化与谋利文化的本质区别在于企业发展的目的，是利益共享、和谐发展，不是只追求资本利益。因此，企业形成利益共同体和命运共同体，从实际效果来看，赢得了企业员工的理解和支持，愿意与企业患难与共，共渡难关，也使企业增强了抗风险能力。

二　和谐企业文化与企业个性文化

和谐企业文化作为企业文化发展的必然趋势，是与人类社会进步相适

---

① 王琼：《企业如何选择：面对金融危机裁员还是不裁员》，保定日报电子版，http：//news. bdall. com/epaper/bdrb/html/2009 -02/24/content_ 64032. htm，最后访问日期：2019年2月24日。

② 沈勇：《面对危机不裁员不减薪》，深圳特区报电子版，http：//sztqb. sznews. com/html/2009 -02/16/content_ 514847. htm，最后访问日期：2019年2月16日。

应，社会发展到一定阶段出现的一种较高层次的企业文化，一种较为理想的文化模式。它呈现了一种新的文化愿景，并不与企业个性文化相矛盾。正如社会主义、共产主义是我们必须坚持的基本道路和理想追求，但是实践中我们必须考虑国情，走中国特色的社会主义道路。企业要和谐发展则需要创建和谐企业文化，改变企业发展的根本理念及思维模式，以和谐为价值核心引领企业发展。但企业具体情况千差万别，每个企业的环境条件、资源禀赋、历史传统都会有差别，这些差别会使每个企业在和谐企业文化建设中进行个性化凝练和表达，形成独特的个性文化。这种个性也正是“和谐”的基本要求，如果强求一个模板，不顾企业具体情况的差异也就违背了“和谐”的本义。因此，各具个性的和谐企业文化才是和谐企业文化实践的正确打开方式。事实上，每个企业都可以在追求和谐企业文化这一文化愿景下形成体现和谐核心价值的具有个性的和谐企业文化。这是文化多元化、创新性的本质要求。和谐企业文化基本规定性在于和谐价值观念体系、和谐思维方式及行为规范、企业经济效益和社会福利的增进。为了理论联系实际，更直观感知和谐企业文化的个性化，我们通过一些案例来分析和谐企业文化的个性化实践。

1. “电工鲁师傅”

“电工鲁师傅”是绍兴供电公司推出的一项电力服务品牌，旨在整合电力抢修、用电宣传、培训咨询、公益服务等功能，为绍兴广大居民提供更加贴心、亲民的用电抢修与服务。“电工鲁师傅”动漫是该服务品牌的延伸拓展，通过这一载体，让日常生活中的用电安全相关知识通过寓教于乐的方式呈现在老百姓面前，收到良好效果。其管理者介绍说：近年来，公众对电网企业的人性化、个性化服务提出了新的要求，因此电力品牌传播也需要与时俱进。加强传播的贴近性、趣味性，需要我们不断探索新方法，寻找新路径。“电工鲁师傅”普法系列动漫源于真实的电工形象，用百姓口说百姓事，老百姓易于接受，乐于接受，为公司发展营造了和谐的外部环境。[①] 绍兴供

① 《年终盘点 十佳企业文化案例》，中电新闻网，http://www.cpnn.com.cn/wh/jd/201612/t20161230_ 943300.htm，最后访问日期：2019 年 12 月 29 日。

电公司的企业文化体现了对消费者的高度责任服务意识和责任意识，“电工鲁师傅”是和谐企业文化的个性化表达。

2. 山东莱芜供电公司的“爱心彩虹”

莱芜供电公司十年如一日坚持“以德育企”，全面加强全员道德教育，在全省率先注册了“爱心彩虹”志愿服务品牌。为保证“爱心彩虹”帮扶活动经费的来源，公司于2013年9月发起成立“爱心彩虹”基金会，号召职工每人每天捐助一元钱。截至2016年12月，征集爱心善款已逾10万元，开展“为孤寡老人过生日”“冬日送温暖”等各类主题帮扶活动514次。管理者介绍说：企业文化的生命力在于广大职工的认同与践行，10年来，莱芜供电公司“爱心彩虹”逐步形成以“六大活动”为载体的企业特色文化品牌，在公司建成了公司文化中心、车间文化室、班组文化角三级文化建设阵地，让每一名职工时时刻刻都能感受到浓厚的企业文化氛围。[①] 莱芜供电公司的“爱心彩虹”志愿活动表现了企业文化高度的社会责任意识，是和谐企业文化价值追求与企业创新性文化活动结合的产物。

3. 雷锋学堂

中建电力建设有限公司深圳分公司自2013年以来在广西、福建以及越南、纳米比亚等多地建立30余所“雷锋学堂”，加强员工职业道德教育，并与各基层项目驻地周边50余所中小学开展“雷锋学堂”属地联建活动。“雷锋学堂”注册志愿者320余人，志愿者们通过担当学校雷锋辅导员、定期赠阅书籍等形式为当地学生送去知识和关爱。[②] 该公司通过具体的雷锋榜样形象，去具象和表达抽象的企业核心价值观，“雷锋学堂”使公司企业文化更具象，更为可感可知，对全员进行职业道德和职业素养的培养，促进了企业内部和谐、员工的全面发展。“雷锋学堂”是企业个性文化的突出表现，但实质上体现了新时代和谐企业文化的发展方向和

---

① 《年终盘点——十佳企业文化案例》，中电新闻网，http：//www.cpnn.com.cn/wh/jd/201612/t20161230_ 943300.htm，最后访问日期：2019年12月29日。

② 王炳乾、邬佳颖：《十佳企业文化案例彰显典型特色》，《深圳晚报》2018年6月12日，第A15版。

发展要求。

三　和谐企业文化与企业其他文化类型

时下，关于企业文化建设，掀起一阵阵热潮，如企业创新文化、企业质量文化等，这些基于特定时期的特定需要而开展的某一类型的文化建设，与企业和谐文化并不矛盾，而是包容和兼容的关系，是企业文化基本形态和专门文化的区别，是整体与部分的包容关系，是一般与具体的关系。我们通过如下案例来具体讨论和谐企业文化和其他类型企业文化的区别与联系。

1. 比亚迪公司和谐企业文化与创新文化建设

比亚迪股份有限公司创立于1995年，2002年7月31日在香港主板发行上市，公司总部位于中国广东深圳，是一家拥有IT、汽车及新能源三大产业群的高新技术民营企业。公司在持续发展的同时，始终致力于企业文化建设，矢志与员工一起分享公司成长带来的快乐。比亚迪坚持不懈，逐步打造“平等、务实、激情、创新”的企业核心价值观，并始终坚持“技术为王，创新为本”的发展理念，努力做到“事业留人，待遇留人，感情留人”。比亚迪公司自成立以来，就一直倡导“以厂为家、爱厂如家”的“家文化”，提倡管理不仅要“人性化”，更要“家人化”。公司努力营造亲近、和善的工作环境，提供家一样的饮食、住宿等基本需求服务，开展体验式、传帮带式的培训，建立通畅有效的内部沟通渠道，给予员工温暖如家的关怀和关心，营造公司与员工“共赢”的局面。从比亚迪公司的核心价值观和一系列内部和谐和外部和谐的举措，可以看出比亚迪公司致力于和谐企业文化建设，并取得了成功，企业持续发展。比亚迪股份有限公司在“2016中国企业500强”中排名第175位。同时公司也坚持以“创新”为动力，打造创新文化，在创新氛围、激励创新制度和人才培养、培训上进行了系统架构，营造出创新文化的良好氛围。随着创新文化建设得到不断深入开展，公司迈上一个新台阶，创新文化成为比亚迪崛起的脊梁。2019年9月1日，2019中国战略性新兴产业领军企业100强榜单在济南发布，比亚迪股份有限公司排名第24位。[①] 从比亚迪公司和谐企业文化和创新文化建设可以看出和谐企业文化包含创新文化，创新是实现企业可持续发展的动力，是和谐企业文化的基本特征。

2. 华为和谐企业文化与质量文化建设

总部位于深圳市的华为技术有限公司（以下简称“华为”）成立于1987年，以企业文化为先导来经营企业，是华为总裁任正非的基本理念。任正非认为资源是会枯竭的，唯有文化才能生生不息。从创业之初，任正非就重视为企业“塑魂”。从他的讲话中可以概括华为的文化内核的几个关键词：“奋斗”“开放”“合作”“共赢”。[②] 华为文化表现出远大的追求、奋斗的精神和求实的作风。任正非依据自己的追求和价值准则建立了公正的价值体系和价值分配制度，并凭借这一体系和制度吸引和积聚优秀人才，建立严密的、有高度活力的组织，形成有高度凝聚力和高度文明的企业文化，使华为一家民营企业从技术引进、模仿、超越到世界领先，不断创造奇迹。2013年，华为首超全球第一大电信设备商爱立信，排名《财富》世界500强第315位。2016年8月，华为在“2016中国企业500强”中排名第27位。2017年6月6日，《2017年BrandZ最具价值全球品牌100强》公布，华为名列第49位。2019年7月22日美国《财富》杂志发布了最新一期的世界500强名单，华为排名第61位。2018年2月，沃达丰和华为完成首次5G通话测试。2019年8月9日，华为正式发布鸿蒙系统。2019年8月22日，“2019中国民营企业500强”发布，华为投资控股有限公司以7212亿元营收排名第一。[③] 任正非认为一个企业要成为高质量的企业，根本是文化。工具、流程、方法、人员能力，是“术”，文化是“道”。

---

① 数据来源：《比亚迪股份有限公司》，百度百科，https：//baike.baidu.com/item/%E6%AF%94%E4%BA%9A%E8%BF%AA%E8%82%A1%E4%BB%BD%E6%9C%89%E9%99%90%E5%85%AC%E5%8F%B8/3340269?fr=aladdin，最后访问日期：2019年12月29日。

② 《公司简介》，华为集团网站，https：//www.huawei.com/cn/about-huawei/corporate-information/，最后访问日期：2019年12月29日。

③ 《华为》，百度百科，https：//baike.baidu.com/item/%E5%8D%8E%E4%B8%BA%E6%8A%80%E6%9C%AF%E6%9C%89%E9%99%90%E5%85%AC%E5%8F%B8/6455903?fromtitle=%E5%8D%8E%E4%B8%BA&fromid=298705&fr=aladdin，最后访问日期：2019年12月29日。

任正非在企业内部的讲话中除了以客户为中心这一永远不变的主题之外，讲的最多的就是“质量文化”。他指出质量的保证不能依赖于制度和第三方的监管，这样的质量会因人而异，也不可延续。质量成败在于文化，即全员认同的质量文化，体现在每一个人的工作中。华为建立以客户体验为中心的质量体系。这种大质量管理体系介入公司的思想建设、哲学建设、管理理论建设等方面，形成华为特色的质量文化。在华为，每一位员工入职培训时，都必须围绕客户需求和产品质量，认真学习并谈论感想。“积极倾听客户需求，精心构建产品质量，真诚提供满意服务，时刻铭记为客户服务是我们存在的唯一理由”——华为这一让质量优先的理念在平时工作中反复贯穿，已成为一种职业价值观。从华为总的框架来看，业务流程架构、核心业务领域，包括战略规划、市场集成、产品开发、客户关系管理和集成供应链，质量管理活动已深入有效地融入到了各主要业务流程当中。具体总结华为的质量文化，就是将“一次把事情做对”和“持续改进”有机结合起来，在“一次把事情做对”的基础上“持续改进”。华为通过质量文化建设实现了企业与客户关系的和谐，使企业持续地获得市场成功。华为以“奋斗”为核心的企业文化体系，从内部“公平”价值分配体系到以客户体验为核心的质量文化，内部整合和外部适应，主张“合作”与“共赢”，为企业创造了内外部和谐发展环境，从而实现了企业的可持续发展。可见华为的文化是一种和谐企业文化，质量文化是其重要的组成部分，两者相互促进和不断融合，最终形成华为的个性文化。

第五章　新时代和谐企业文化的价值

和谐发展以“和谐”为基本信念，共存共荣为基本准则，以不断实现高水平和谐状态为目标，通过优化系统各要素和结构，提高系统适应、变革和创造环境的能力，实现系统内外关系的协调和发展。和谐企业文化在实现企业和谐发展中的作用可以分为两个基本方面：企业的经济价值和社会价值。本章将从这两个方面阐述和谐企业文化在推动和实现企业和谐发展中的巨大价值。

第一节　和谐企业文化基本价值

企业文化之所以受到广泛关注，其理论与实践地位不断上升，根源于其在企业竞争与发展中所产生的越来越重要的作用。如果说在20世纪企业竞争主要靠技术、资本等要素，而在21世纪知识经济时代，企业竞争环境和竞争模式随之改变，当一切都可以复制与模仿的时候，文化就成为制胜的秘诀，它看不见、摸不着，却实实在在地发挥着魔力，使企业保持长久的活力和生命力。因此，许多学者对其进行解析，希望找出其本质、要件、规律，发挥其价值，使越来越多的组织找到生存发展的不二法宝。值得注意的是每一个企业都会有自己广义上的文化，但不是每一种企业文化都会对企业产生积极影响，有些消极的企业文化反而会阻碍企业的发展，使企业滑向衰败的深渊。根据现有经济学对于企业文化价值的研究思路和研究基础，本书对和谐企业文化的功能及价值分析如下。

一 规约功能与管理成本的大幅度降低

新制度经济学关于人的行为的第三个假定：人的机会主义行为倾向，认为人只要有机会都是会投机取巧、损人利己的，谋取最大化私利。机会主义源于人的逐利本性和有限理性、信息不对称给予的生存空间，往往造成经济秩序混乱、资源浪费、管理目标难以实现等危害。因此需要制度对人的行为予以约束，提供交易的双方一种交易框架和秩序，使交易双方行为可预期，使交易得以实现。因此，企业需要制度来规范和约束人们的行为，降低企业管理成本。企业制度体系由两部分组成：一是由企业组织形式、法定规则和管理形态构成的企业正式制度；二是由价值信念、道德规范、风俗习性等组成的非正式制度。理论研究与实践都证明正式制度虽然在一定程度上可以有效地约束人的机会主义行为，但要在企业的运营过程中，规范所有员工的每一项行为，还要求员工能够很好地遵守和贯彻企业的制度安排及企业经营战略，需要制定完备的制度和严密的监控。这样一来制度的制定和执行都需要极高的成本，而且效果不一定很好，因为正式制度在设计中往往只能考虑一般情形坐实，不可能事无巨细予以规制，也不可能实现全方位的监控。而且正式制度在因应社会情境或组织变迁的灵活性上总略显滞后。再则人是有思想意识的，人的行为受思想意识的支配，思想意识是人的内在约束，因而在企业运行过程中，需要一种内在的约束，即当一个人只有在思想上觉得自己应该去如何干的时候，他才能形成内在约束，并约束自己的行为。这种内在的约束主要指以非正式制度存在的企业文化，只有在这种内在约束起作用的条件下，企业才能保证企业制度和企业经营战略的有效实施。企业文化如何影响人的意识，形成人的内在约束？意识形态可以定义为关于世界的一套信念、观念的集合，当个人无法对错综复杂的现实进行准确、理性且成本很低的判断时，他会借助于意识形态来走捷径，从而简化决策过程。企业文化就是通过将企业的基本信念、价值准则等内化为员工的个人观念意识，形成成员共识，成为一种潜在的行为规范，规定人们应当怎么做，不应当怎么做，一旦员工的某项行为偏离这种标准，他会感受到来自内心的冲突、煎熬和来自群体的排斥和舆论的谴责，这种压力与束缚使得行为人会自发限制和纠正错误行为。企业文化使人们超出个人利益的斤斤计较，诱发集体行为，淡化机会主义行为，可以换得产权谈判、界定、监督的费用的减少，即管理成本的降低，有效弥补正式制度的不足。

科斯关于企业性质的论述，蕴含着一个哲理：企业替代市场制度存在的根本原因及价值在于企业相较于市场能取得更大的制度优势，就是节约交易成本。这一判断意味着企业必须最大限度地降低内部交易成本，使其低于市场交易费用。而和谐企业文化和一般企业文化一样作为一种无形的力量、一种隐性制度具有规范约束功能。不过和谐企业文化更强调关系的和谐，特别是内部关系的和谐。强调在团队协作基础上的共同发展、共享利益，因此在影响员工行为方面发挥着更强的“软”规范和约束作用，那些基于个人功利主义损害群体利益、组织利益的破坏和谐的行为将会招致更大的群体压力，例如排斥、谴责、规劝等，基于和谐企业文化黏合的群体组织较于一般松散合作的群体组织具有更大的能量，以及个体内在的内疚等自我隐性约束力都随之增强，从而有效改变个体行为，维护组织内部和谐。华为公司的创业历程也表明了这一点，华为主张“奋斗”“开放”“合作”“共赢”，通过和谐企业文化建设，以产业报国精神感召员工，以公平的价值分配实现利益的协调，使一代又一代华为年轻人用自己的奋斗、拼命赢得了华为作为民族通信产业登顶世界高峰的成就。这种精神演绎出的狼性文化、床垫文化是华为以“奋斗”为核心的企业文化的具象表达，是和谐企业文化强大规约功能的体现。没有人要求你这样做，但在这种文化氛围中，身处其中的人内化于心，自然外化于行。在这种具有成熟和谐企业文化的企业中，企业员工对于企业的理念都高度认同，员工通常对自己应该干什么、不应该干什么，以及怎样干都十分清楚，会自觉遵守这种潜规则，可以明显弥补企业显性制度的不足，也大大减少企业制度设计如完备合同、产权界定以及监督实施的成本，从而大大降低企业运行成本。这样使企业作为市场价格机制的替代，在节约交易费用方面具有存在价值及意义，从这个角度来说，和谐企业文化关系企业生存之本。

二 凝聚功能与组织资源的强力整合

A. 阿尔钦（A. Alchain）、H. 德姆塞茨（H. Demsetz）的“团队生产”[①]（team production）的理论，使我们从另一个角度认识了和谐企业文化在企业中的价值。他们指出企业是一种团队生产方式。团队协作的意义在于能使总产出大于各要素分别投入的产出之和，即 1 +1 >2。合作生产要实现 1 +1 >2 的目标必然要在加号也就是“合作”上下功夫。无疑加强合作、增强凝聚力是不二法宝，因此有人说凝聚力是很多组织渴望又很难形成的一种内部力量。而和谐企业文化在增强组织凝聚力方面具有巨大的优势。首先和谐企业文化重视人的价值，研究人的价值如何在企业中实现，把企业视为人的协作团体和合作团体。因此更容易得到企业成员的高度认可，通过塑造具有共同理想信念——人与企业的共同发展、共生共享的和谐价值观、高尚道德境界、协作意识等可以有效协调成员之间的利益关系，构建合作的思想基础，强化企业成员彼此之间的心理认同感和默契，使一个团队因为具有共同的利益目标、理想追求和群体文化心理，自发地形成一个更为紧密的团体，使组织各类资源得以更有效的整合。其次，因为每种文化体系意味着其个体拥有不同的资源使用的权利和人际关系结构，这种隐形框架和秩序可以实现资源不同配置效率，和谐企业文化则可以使企业成员通过参与和授权而拥有更多的资源使用权利以及和谐的民主平等的人际关系，使更为复杂、高效率的合作得以实现，使企业资源得以更有效率的优化整合。

因此，和谐企业文化具有的凝聚功能，可以使一个组织因为具有这样的文化而能最大限度地凝聚人心，整合资源，并有效配置资源，避免内耗，形成合力，实现“团队生产”“联合劳动”的最大优势。日本企业文化因为深受儒家思想的影响，在诸多要素上体现了和谐文化因子。如日本企业中注重“和”的发展理念，而“和”主要是和谐。[②] 日本企业把企业

---

① 〔美〕阿尔钦、登姆塞茨：《生产、信息费用与经济组织》，载〔美〕科斯、阿尔钦、诺斯主编《财产权利与制度变迁》，刘守英等译，上海人民出版社，2004，第 50 ~57 页。

② 杨维：《儒家思想在企业文化建设中的运用——以日本企业京瓷为例》，《国际公关》2019 年第 7 期。

称为社会共同体、生活共同体、劳动协作体或者命运共同体。基于此，日本企业创建了终身雇佣制、年功序列工资制和企业工会三大体现和谐观念的企业文化支柱。[①] 企业是命运共同体，日本企业非常重视员工的忠诚度，因而这类企业往往更具有极强的凝聚力，企业不容易解体或者说垮掉，具有更持久的生命力和抗风险能力。[②] 这一点从日本企业的持续发展历史得以证实。

三　激励功能与组织效率及产出的显著提高

知识经济时代，经济发展主要依赖于人的智慧和知识，企业的竞争力、活力最终来自人的主动性、积极性和创造性。正如哈耶克所说："每个人都拥有一些特殊的信息，每个人都只有在愿意主动合作时，才会运用这些信息。"[③] 这也意味着人所具有的独特的知识和智慧的发挥，无法强迫也无法监督，只能依靠人的主观意识，也就是取决于人的主观意志。心理学研究表明，人们越是认识到行为的意义，行为的社会意义越明显，越能产生行为的推动力。[④] 显然，激励具有巨大的现实意义，因而受到广泛的关注。所谓激励是组织中推动人们积极行动的劝说、诱导、推进或促使等做法，核心是满足行动者的需要，以及由种种需要的满足所产生的行为动力。对于人的需要的研究，传统经济学自亚当·斯密以来就把人假定为追求利益最大化的理性经济人，但实际上，人类行为远比这种假定复杂。英国剑桥大学教授阿玛蒂亚·森的伦理经济学思想对传统理性行为假定进行了批判，认为对自身利益的追逐只是人最重要的动机之一，人还有公正、仁慈、公共精神等品质，如果把这些非利己的动机排除在外，将无法全面理解人类的理性。新制度经济学则认为人类行为动机具有追求财富最大化

① 王伟军：《日本企业的新三大法宝》，《经营与管理》1986 年第 3 期。

② 葛轩阳、邓克坚：《日本企业文化内涵及对我国企业发展的启示》，《特区经济》2016 年第 12 期。

③ 转引自黎群《从新制度经济学谈企业文化的功能》，《中外企业文化》1999 年第 6 期。

④ 转引自徐全忠《企业文化的构建》，《现代企业教育》2003 年第 1 期。

和非财富利益最大化的双重动机。诺斯提出“广义的效用”概念，包括各种有形的收益与意识形态带来的效用。所谓非财富最大化，则是人的利他主义、自愿负担等行为给人带来无形的收益，是一种意识形态带来的效用。人的非财富最大化的动机也非常重要，常常约束着人们的行为。而个体则出于成本、“广义效用”最大化去从事集体行动。[①] 这些都表达了人的需要的复杂性，有物质性需要，也有非物质性需要。

激励的制度化机制建构是其发挥预期效用的基础。人们一般重视正式制度化激励，通过组织规则、程序的制定来构建激励机制。组织理论的主流观点就是将组织管理视为激励和惩罚措施机制的设计问题，认为只要通过奖惩制度设计及对下属行为进行规制就可以促使追求个人利益并且缺乏内在努力动机的成员们认识到为组织目标的努力工作符合他们自身的利益。“委托—代理”理论正是这种机制设计思路的体现，委托人的工作就是设计一套激励使代理人在追求个人利益的理性决策中自觉采取符合委托人利益的行动。这类文献强调制度设计与规制，所谓的激励是基于个人利己主义行为动机，设计规约制度，促使员工自发地做出有利于组织利益的行为选择。这种激励忽略员工内在动机的激发，明显激励不足。与之相对应的研究则认为管理者应该去激发大家合作、创新，去努力超越狭隘的、利己主义的激励所引致的努力水平。盖瑞·米勒（Gary Miller）研究的管理困境也指出，企业存在的经济学解释是纠正市场失灵，但这种纠正意味着企业科层内部的合作必须是有效的，而现实的存在是在追求自身利益的上级与下级之间激励不兼容的问题。因此如何激励组织成员超越那种导致卸责的自利性行为成为管理者面临的难题，并且认为那些能够激励成员超越短期自利性行为的组织总是拥有竞争优势。[②] 切斯特·巴纳德（Chester Rarnard）认为总裁的主要工作不是致力于规约下属自利行为，而是激发他们超越这种自利性的追求。[③] 这种基于责任感、献身精神的激励是组织合

① 转引自黎群《从新制度经济学谈企业文化的功能》，《中外企业文化杂志》1999 年第 6 期。

② 〔美〕盖瑞·米勒：《管理困境》，王勇等译，格致出版社，2014，第 1 ~3 页。

③ 转引自时华忠、姜世波、邹伟《合作的可能性：来自科层的政治经济学分析》，《湖南社会科学》2016 年第 2 期。

作得以维持以及组织生命力的基础。这种基于人内在的价值观念、道德感等构成的激励实质上就是企业文化的激励。在诺斯的框架中，文化作为一种“意识形态”是秩序的伦理基础，文化作为制度的一个层面除有效降低交易费用外，最大的作用是能够激励经济主体的进取精神和创新精神，这一作用在诺斯看来尤为重要，具有和产权界定对经济组织效率的贡献相匹敌的巨大价值。德国著名社会学家马克斯·韦伯在《新教伦理与资本主义精神》一书中表达了同样的思想，文化的激励作用成为有效率组织的基础，而近代资本主义的兴起与日本企业的成功也证明了这一事实。其激励效果在某种程度上超越正式制度。企业文化的激励源于其能有效满足员工非财富最大化需要，以意识形态满足企业员工的非财富最大化动机和需求来激励员工工作的积极性和创造性，从而提高组织的效率，更好地实现企业的目标，从这个角度来说企业文化是一种巨大的“组织资本”。

由此可见只有能够激发员工非财富最大化动机的企业文化才能带来巨大的激励能量。而什么样的企业文化能够最有效地激励员工的非财富最大化动机和需求？显然基于企业股东利益最大化目的的谋利企业文化无法实现这一点。企业文化的发展过程也表明了这一点，基于谋利文化的调节与修正提出了“以人为本”的“人本文化”应运而生，正如前文所述，这种“人本文化”是和谐文化产生的基础，其本质上依然是一种谋利文化，因此其激励效果在企业顺境中比较明显，而在企业逆境中，当遇到企业危机时，谋利文化本质会使企业抛弃其在顺境中高唱的人本原则，而选择裁员等破坏企业文化凝聚力的行为。

因此，只有摒弃单纯股东利益最大化目标的和谐企业文化才是真正的人本文化，才能在顺境和逆境中保持一致，以长远目标、高尚理想、责任感和奉献精神来激励员工，激发其追求非财富最大化行为动机，获得远远超越自利性追求的行动效率和创造性产出。进而使组织在效率及产出上显著提高，有时甚至能创造市场奇迹，而这正是现代企业在竞争中获胜的关键。如在日本企业中，非常注重社会责任，并且也认真地履行所应承担的社会责任，在注重企业利益的同时，更加注重国家利益，把企业利益和国家利益结合到一起，以富国强民为己任。如日本松下公司将“产业兴国”作为企业的主要运营理念；丰田公司提出：企业上下要同心协力，以至诚从事业务的开拓，以产业的成果报效国家。[①] 这些公司的企业文化以长远目标、高尚理想、责任感和奉献精神来激励员工，激发其追求非财富最大化行为动机，获得了远远超越自利性追求的行动效率和创造性产出。日本企业在进入20世纪80年代以后，又形成了战略计划、自主管理、在职教育新的三大法宝[②]，表明企业和谐价值观、人本原则的进一步落实，归根结底都是为了调动人的积极性，挖掘人的内在潜力。因为日本企业有着这些先进的发展理念，所以才可以在短短几十年里取得了如此大的成功。

四　导向功能与组织战略目标的实现

对于企业来说，有了动力、凝聚力，如果方向不对，只会是南辕北辙，事倍功半。由肯尼斯·阿罗（Kenneth Arrow）引入的新制度经济学关于人的行为的第二个假定即人的有限理性假定，这一假定涉及人与环境的关系。“有限理性”[③] 原理，指人的行为是有意识的、理性的，但这种理性又是有限的。诺斯进一步指出有限理性包括两方面。一方面是环境的复杂性；另一方面是人对环境的认识及计算能力是有限的。这两方面的限制使得人在不确定的环境、信息不完全的情况下，适应环境的反应模式各有不同，行为选择自然呈现差异性。对于企业经营来说，这将会导致企业很难整合资源形成合力来实现企业目标。而企业文化作为一种非正式制度则可以通过一系列潜在规则、群体共同的隐性规范来减少环境的不确定性，增强默契，提高人们认识环境的能力，同时能够通过强化价值观念及共同目标来实现行为的指向性和一致性，这就是企业文化的导向功能。具体而言

① 葛轩阳、邓克坚：《日本企业文化内涵及对我国企业发展的启示》，《特区经济》2016年第12期。

② 王伟军：《日本企业的新三大法宝》，《经营与管理》1986年第3期。

③ 郭新强：《有限理性决策选择性预期形成机制及影响因素》，《学术论坛》2011年第8期。

就是指它对企业行为方向和目标所起的指向和导引作用，促使员工自觉约束和调整行为。正如彼得斯和沃特曼所说，有优秀企业文化的公司具有明确的指导性价值观，企业文化明示企业发展的方向和目标，通过长期的教育和引导，潜移默化地铭刻进员工的头脑中，渗入组织决策的各个环节，从而有效引导员工的决策和行为，整合企业资源服务于企业战略目标，实现企业文化的导向功能。优秀的企业文化会通过知识、观念等对企业家决策产生影响，从而影响企业战略选择。总之企业文化的导向功能意味着企业文化通过其指导性的价值观引导企业成员行为的指向性以及企业家的战略选择，不同企业文化的企业目标、发展道路、发展模式的选择不同，企业成员行为的指向性不同。

和谐企业文化的和谐主要体现在企业与人、企业与社会、企业与自然的和谐，和谐价值观决定企业的根本战略目标不再是单一的股东利益最大化，而是企业利益、员工利益以及社会利益的协调与兼顾。而企业实现与人关系的和谐，可以促进企业内部与员工关系的和谐，充分调动员工自我约束及工作的积极性和创造性，增强组织凝聚力和经营效率，降低管理成本，更有效地促进企业经济效益的实现。企业实现与社会、自然关系的协调，使企业树立良好的社会形象，并获得一定的声誉资本，从而获得消费者投票、社会公众的认可、政府的支撑，也为企业的发展创造良好的外部条件。从社会形象良好、声誉佳的企业在股票市场的上佳表现可以看出，企业获得了长远的利益，最终实现企业的可持续发展。由此可见，和谐企业文化的导向功能促使企业实现内外关系的和谐，导引企业超越短期利益走上可持续发展道路。这一点关系企业发展战略选择以及战略的实现，在现代企业发展中尤为重要。

企业文化在企业内形成一定的价值标准、思维模式和行为准则，也可谓“心灵结构”（mental structure），在日积月累的重复交互中，会自发形成一种集体无意识的机制，这种机制的形成与变迁都是一个渐进漫长的过程，也就是说这种机制一旦形成就会具有一定的惯性，不会因为企业的一些偶然事件而改变演进轨迹，也就意味着企业文化可能具有高度的“路径依赖”（path dependence），这种特性积极的一面是可以使企业有很好的传承和稳定性，保障企业长期战略目标的持续实现。但也意味着自然演进的惯性力量会使企业文化的变革比较困难，容易陷入低水平均衡状态。因此和谐企业文化一旦形成可以引导企业长期可持续发展，同时实现个人、社会的和谐发展，这样的路径依赖不是低水平的均衡陷阱，而是企业良性发展的通道。而且和谐企业文化内部因为强激励，自身孕育创新因子和创新动力，企业能够不断反思和克服自身弱点，保持自身的活力和创造力，为企业提供可持续发展的动力和保障。

第二节 新时代和谐企业文化与企业的经济绩效

一 企业文化与企业经济绩效的研究概况

在实践中，人们在强调企业正式制度建设后，发现企业文化更能实现企业的高绩效，也因此企业文化受到更多的关注和重视。马克斯·韦伯的经济伦理命题发现，企业的文化与企业的生存发展有着密不可分的联系。科斯认为，当交易费用太高时，市场的自发交易无法解决外部性问题，组织企业是一种替代方式。但这也意味着企业必须能够降低交易费用，以比市场更有效率的方式运行，否则就会被市场淘汰。也就是说，企业只有不断创造效益、降低成本才能在激烈的市场竞争中生存下去。而企业如何在激烈的市场竞争中生存下去，取得良好的经营业绩，是企业理论与实践探索的主要课题。20 世纪 70 ~ 80 年代，美国经济出现了衰退，日本经济异军突起，到底是哪些因素导致美国的衰退和日本的崛起这个问题引起了美国管理学界和企业界的广泛关注。很多学者对此进行了研究，理查德·帕斯卡尔等学者认为，企业文化可用来解释这一问题，是企业文化这种软性精神因素对日本企业取得良好的经营绩效和长期发展起到了重要的作用。[①] 泰伦

---

① Pascale, Richaid Tanner, and Athos, Anthony G., *The Art of Japanese Management*, London: Allen Lane, 1982.

斯·狄尔和爱伦·肯尼迪在深入调研80多家美国企业的基础上做出了“杰出而又成功的企业大多拥有强有力的企业文化”的论断。[①] 随着时代的进步，企业竞争加剧，人们越来越意识到企业文化的重要性。所谓“企之将立，文化先行”。IBM前任总裁小托马斯·沃森对于企业价值观的重要意义有过精辟的论述：“我坚定地相信，为了生存下去并取得成功，任何一个组织都必须具备一整套健全的信念，来作为他一切政策和措施的前提。其次，我还认为，公司取得成功的唯一最重要的因素便是忠诚地严守这些信念。最后我认为，公司在它的生命历程中，为了迎接瞬息万变的环境的挑战，必须做好改革其自身的一切的准备，唯独不能改变它的信念。”[②] 帕拉德和哈默在1990年首次提出企业核心竞争力的概念，企业核心竞争力指企业独具的长期形成并融于企业内质中支撑企业竞争优势的，使企业能在竞争中取得可持续生存与发展的核心性能力。它是企业各个环节各个方面的竞争力的综合和优化，使企业最终形成的综合竞争力，是其他企业难以模仿和复制的能力。企业文化之所以对企业经营绩效有着显著的推动作用，其关键就在于企业文化对核心竞争力的形成有着无法估量的作用。因此很多研究也直接把优秀的企业文化视为企业的核心竞争力，同时也强调优秀的企业文化必须以提高企业核心竞争力为根本目的。不管企业文化是企业核心竞争力形成的原因，还是核心竞争力的根本内容，企业文化都关系着企业的经营绩效。对于企业文化绩效的实证研究一度是企业文化研究的热点，很多学者致力于企业文化的实证研究。美国学者约翰·科特（John Kotte）与詹姆斯·赫斯克特（James Heskett）的研究较为引人注目。他们在1987～1991年对包括惠普、美洲航空、沃尔玛在内的200多家公司的企业文化和经营状况进行了长期追踪调查，深入研究表明：有优秀文化的企业与其他企业在各项增长的指标上是有着明显差别的（见表5－1）。

---

① 〔美〕泰伦斯·狄尔、爱伦·肯尼迪：《企业文化——现代企业的精神支柱》，唐铁军等译，上海科技文献出版社，1989，第13～14页。

② 转引自谢梦珍《谈传统伦理观念与现代企业文化的融合》，《商业时代》2006年第23期。

表 5-1 有优秀文化的企业与其他企业在各项增长的指标对比

对比项目	有优秀文化的企业（%）	其他企业（%）
总收入平均增长	682	166
公司股票价格增长	901	74
公司净收入增长	756	1
企业员工增长	282	36

数据来源：顾建江：《基于企业文化提升企业核心竞争力的思考》，《电子商务》2010 年第 10 期。

我们可以清晰地看出，有优秀文化的企业，各项增长的指标都遥遥领先于其他一般的企业，竞争优势相当的明显。虽然现有的经验数据及研究需要进一步拓展和深化，至少从目前已有的经验研究及数据来看，企业文化特别是强有力的企业文化会产生强有力的经营业绩。

二 和谐企业文化绩效机制

企业文化的规范约束、凝聚、激励等功能的分析实质上关注的是企业文化在企业内部的绩效效应，而企业利益的实现还有一个重要的环节就是消费者的认可，产品能顺利出售。因此，企业文化与企业经济绩效的关系还必须得考虑企业外部市场关系。深入分析企业文化之所以能产生经济绩效，从企业层面来说源于企业独特的契约结构。1937 年科斯在其论文《企业的性质》中对企业性质的不同认识开启了现代企业理论，以此为起点，对于企业的认识不断得以深化，企业契约理论视企业为“一系列不完全契约的连结”。[①] 因此，可以从企业内部的契约形式来探测企业存在的根本原因。从企业的契约主体来看，除去不以人为交易主体的契约，企业的契约有两类：企业与员工之间和企业与顾客之间的契约。企业的日常运作可以简化为这两类交易的完成过程，即企业与员工的交易，支付报酬，获得员工的付出；企业与顾客的交易则是企业从员工处获得的生产成果转让给顾

① 转引自〔美〕迈克尔·詹森、威廉·麦克林《企业理论：管理行为、代理成本与所有权结构》，载陈郁编《所有权、控制权与激励》，上海人民出版社，1991，第 84 页。

客，并获取经济收益。[①] 企业从顾客处获得的收益，又用于企业与员工交易的支付，从而实现交易的持续和循环。简言之，作为生产者和消费者之间的连接点，企业通过一系列管理活动持续不断地完成这两重交易，实现生产与消费的顺利衔接以及企业的生存与发展。企业的经济收益取决于企业的两重交易是否能够高效率、持续不断地进行。

由此，企业的获利公式为：从消费者处获取的物质性收益减去企业对员工的物质性支出，再减去其间的交易成本和固定成本。表面看来这个盈利公式是纯物质性的，不过企业中发生的两重交易从内容上来说都包括两个方面，物质性的交易和非物质性的交易，也就是说交易具有二重性特点。[②] 而这一特性源于交易主体的特殊性。交易主体是具有多层次需求的人（员工与顾客），员工和顾客不会仅仅满足物质方面的需求，他们会同时需要精神上更高层次的满足。如员工工作不仅追求物质报酬的丰厚，也会追求工作环境、氛围、发展机会、成就感、自我实现等方面的满足，有的甚至会高于物质报酬的吸引力。而顾客在购买产品的同时除了比较价格，也会基于信息不对称而依赖于对品牌形象的认知等，也就意味着两重交易要圆满完成必须考虑非物质性支付。当然反过来员工和顾客对非物质性报酬的支付，从较长时间里会慢慢影响企业的品牌形象、企业创新和发展，影响企业利润。这一影响显得不易测量和量化，不过长期的实证检验证明了这一绩效效应。非物质性交易的存在难以量化，容易导致契约不完全，难以通过制度设计来规范和约束，企业通常意义上的契约交易难以有效保障交易绩效。而随着时代的发展，员工的创新能力和服务意识，顾客对产品质量和服务、品牌形象要求的提高，这种非物质性交易将会占据越来越重要的地位，对企业发展的影响也越来越大，甚至是至关重要的。如何保障这种非物质性交易绩效的提高，无疑只能是通过企业文化来提高对员工和顾客的非物质性支付，而获得超额回报，如可以最大限度地调动每一位员工的工作积极性、主动性和创造性，使员工自愿献身于工作，产出

① 杨艳英：《企业文化的经济效益分析》，《经济界》2003 年第 4 期。

② 杨艳英：《企业文化的经济效益分析》，《经济界》2003 年第 4 期。

效率大大提升；顾客对品牌忠诚度高，愿意支付高于同类产品的数倍的货币购买企业产品和服务；等等。也就是说企业文化使企业的非物质性支付获得了实实在在的经济收益，而且也通过减少交易成本，提高企业与员工和顾客的交易效率，促进交易的顺利进行以及持续实现，从而取得更大的经济收益。这种可以提供显著非物质性报酬的能带来超额回报的企业文化自然成为现代企业的核心竞争力，而且企业文化的延续性和个性化，难以复制、模仿的特点使得这种竞争力可以持续强化，而竞争对手很难模仿和复制，企业可以保持长期的竞争优势和可持续的发展态势。

和谐企业文化无疑是优秀企业文化，之于传统企业文化的显著区别在于更关注人，“以人为本”是和谐企业文化最核心的价值体现。和谐企业文化以谋求人的全面发展为根本目标，尊重人、关心人，更注重和谐氛围的营造，和谐关系的建立，团队协作意识的培养，员工能力的发展以及与员工和消费者利益的协调。因此从企业的二重交易契约结构，交易对象都是“人”（员工与消费者）的角度来说，和谐企业文化可以支付更为丰厚的非物质报酬，因而也就具有更显著的绩效效应。那种认为和谐企业文化更关注社会利益会因此牺牲企业的经济利益是一种片面认识。从上述分析中我们可以发现，和谐企业文化可以使企业更有竞争力，而企业所牺牲的经济利益只不过是一种短期利益。

三 和谐企业文化绩效范围和程度分析

和谐企业文化对企业的重要性毋庸置疑，不过和谐企业文化对企业经济效益的影响程度和范围有着现实的差异性。不同企业其企业文化与企业经济收益的相关性不同，也就是说企业文化在不同企业的经济绩效具有差异性。这个差异性源于企业交易的二重性，交易主体消费者、员工、企业都有不同。其差异性体现在以下几点。一方面，由于企业本身的行业、环境等的差异性，企业经济绩效与企业非物质收入的相关性不同。比如依靠智力创新的高科技产业和传统行业企业文化的作用和地位不同。前者企业经济绩效与非物质性收入相关性高，企业文化的经济绩效显著。如苹果品牌的创新文化使企业独占鳌头。还有诸如化妆品、餐饮等行业出于信息不对称的原因，消费者依赖于品牌的认知，所以企业文化通过增加产品的非物资性收入而使企业获得高昂的品牌附加值，如不同品牌化妆品价格差几十倍，可以看出企业文化的经济绩效在这一类企业中非常突出。因此和谐企业文化建设在不同企业的投入回报率会有差异，需要考虑企业文化的行业特征。从社会经济的发展趋势来看，新经济的兴起，无疑使企业文化绩效范围扩大，和谐企业文化也有了更广阔的发展空间。

另一方面由企业交易主体中员工与消费者的个体性差异而导致和谐企业文化的绩效效应发生变化。员工和消费者的个体需求不同，特别是物质性需求和非物质性需求的主导地位和对比力量不同会影响企业文化的绩效效应。根据马斯洛的需要层次理论，人的需求分为五种，像阶梯一样从低到高，按层次逐级递升，分别为生理上的需求、安全上的需求、情感和归属的需求、尊重的需求以及自我实现的需求。这五种需求同时存在，但人的需求的满足是由低到高逐步满足的，而且在一定时间、地点人的需求会有主次之分。总的来说，当人的低层次的物质性需求得到满足时，人的精神性的非物质需求会占据主导地位。在企业的二重交易中，物质与非物质交易品同时存在，不过其重要性因人而异，当人的精神性需求逐步上升甚而占据主导地位，企业的非物质性收入增加，那么相应的和谐企业文化的绩效影响也就越大。反之，当人的物质性需求尚未满足时，物质性需求占据主导地位，这类企业此时的非物质性收入会相对较低，换句话说是此时的和谐企业文化对企业经济绩效的贡献相对较小。从整个历史趋势来看，随着社会进步、人的需求的发展，人的精神需求会越来越重要，因此和谐企业文化对人的精神需求的满足，由此而来的非物质性报酬也会日益凸显。说明企业文化应考虑员工与消费者需求的不同以及变化，考虑企业文化的适应性与企业文化的变革。

总之，随着经济社会发展，企业的两大交易主体的需求相应变化，总体趋势是员工的非物质性需求日益增加，消费者为规避选择风险以及更高程度的精神享受越来越依赖品牌形象，和谐企业文化与企业的经济绩效的依存度越来越高，和谐企业文化的经济效应的范围和程度均有发展。在企业所面临的竞争日趋激烈的今天，和谐企业文化也成为企业生存与发展的关键。

第三节 新时代和谐企业文化与社会福利

一 和谐企业文化与企业和谐治理制度安排

从制度起源的历史来看，非正式制度早于正式制度，人类最初的交往联系主要靠非正式制度规制，很大一部分正式制度由非正式制度演化而来。可见，非正式制度安排在社会生活中起着重要的作用。非正式制度如一些传统的文化、习俗、惯例等是人们在长期的生产生活的交互博弈中所形成的共同选择和固化了的知识，这些在生活中不断被选择、积累、固化、应用的潜在价值观念、行为规则最终转化为正式制度，因此可以说正式制度起源于非正式制度，正式制度是非正式制度演化的结果，是对传统习俗和惯例的肯定和否定。也就是说非正式制度也是正式制度形成的基础，一定的正式制度是在一定的意识形态指导下形成和制定出来的。如一些法律法规就是风俗习惯固化而成，不过非正式制度始终大量存在并发挥着重要的作用，即使在制度日益完善和发达的经济社会里。奥利弗·威廉姆森（Oliver Williamson）在著作《治理机制》中将制度分为三个层次：最底端是没有明文规定的非正式制度，包括宗教、意识形态、社会观念、习俗、文化等；非正式制度之上是正式制度，包括法律、政治等；正式制度上面则是治理机制，包括公司治理机制、政府治理机制和交易治理机制。威廉姆森认为，制度变化会影响治理模式，继而影响着经济组织的运行。显然，他认为治理不是孤立进行的，非正式制度是影响正式制度以及组织治理机制的内在因素。

比较美国、日本、德国以及东亚国家的治理模式，也可以发现这些形态各异的公司治理模式与其文化特征有着高度的一致性和相关性。如美国是一个移民国家，美国文化追求个人主义，重视个人利益，热衷于冒险，追求物质利益。许多移民曾在母国遭受各种政治、宗教迫害，他们来到北美大陆，非常珍惜来之不易的所谓民主和自由，希望创造一个自我奋斗、能充分施展自己才能的环境，在政府运行以及企业经营上强烈要求民主、透明、信息公开等。由此，该国公司治理模式的显著特征是公司所有权广泛分散，以股东价值最大化为治理目标，追求资本的短期回报，主要依靠资本市场、劳动力市场、外部审计等外部市场机制监督约束代理人的行为，信息披露较多，经营比较透明。日德两国和美国有很大不同，两国都有悠久的集权统治历史，人民对政府民主运作、企业透明经营的要求远没有美国那么强烈，因此其公司治理内部监控力度强于外部监控。日本地处太平洋小岛，资源匮乏，自然灾害频繁，恶劣的生存环境造就了日本民族的忧患意识和集体主义精神，他们缺乏安全感，不愿意冒险，具有强烈的规避不确定的倾向。而日本企业的终身雇佣、年功序列制等内部治理机制，则满足了职员这种集体主义的安全感和归属感需要，缓和了对不确定性的担心。股权相对集中、交叉持股和主银行制使企业的管理层在做决策时能面向未来，更多考虑公司的长远利益。德国历史上爆发过多次大规模的工人运动，民主社会主义思潮有一定基础，工人的政治觉悟较高，具有要求参与管理的强烈诉求。因此，德国内部治理的一个显著特点是拥有双层董事会结构，即完全由企业经营者构成的董事会（执行董事会）和由股东代表与员工代表组成的监事会，监事会的规模和构成由法律决定，监事会中必须包括员工代表，股东无权改变，而且监事会具有经营决策和评价监督的双重职能。东亚国家和地区深受儒家文化影响，在市场经济不完善的情况下，家族监控型的公司治理模式是一种自然的选择。正如一些学者指出文化决定社会成员的价值取向，价值取向的不同又决定各国选择不同的政治体制、法律体系，从而使不同国家形成了各异的融资模式和所有者结构，进而产生不同的公司治理结构。① 可见文化的差异最终导致

① 张林超等：《从文化的视角看国外典型公司治理模式》，《技术经济与管理研究》2005 年第 1 期。

了这些国家公司治理模式的差异。这些经济强大的国家取得成功的公司治理结构，不能说孰优孰劣，不过都适应了其历史文化传统。从一些发展中国家对国外先进治理模式的模仿和引进而失败的事例中也可以确定，只有与自身文化环境相适应的公司治理模式才能行之有效，这也表明了文化之于企业治理模式的重要作用。

本书把基于实现企业组织和谐的企业治理活动简称为企业和谐治理，和谐企业文化及与之相适应的企业制度以及由此形成的和谐治理机制共同构成企业和谐治理体系。从上述分析中可以得知，和谐企业文化是企业和谐治理的基础和深层次影响因素，企业和谐治理制度必须建立在和谐企业文化之上，两者必须兼容与协调。从制度经济学的角度来看，和谐企业文化与企业和谐治理制度的关系实质上是一种非正式制度与正式制度的关系。从历史的角度来看，非正式制度也选择和决定着与之相适应的正式制度，正如本书在企业文化形成机理的分析中所示，观念性企业文化会对组织行为形成一定的驱动力，从而产生与之相适应的正式制度安排，因此可以说和谐企业文化是和谐企业正式制度的基础，决定并影响着企业的正式制度安排，和谐企业文化以及与之相适应的正式制度安排及由此形成的企业治理模式构成企业的治理体系，最终影响企业和谐发展和社会福利的增进。

从制度是文化观念的表达形式来看，和谐企业文化观念通过和谐治理制度得以固化，和谐企业文化的最终确立也需要和谐治理模式的进一步内化（文化化），即形成更广泛的共识和更强的约束，完成企业文化从观念性文化向制度性文化的演化。有学者指出公司治理作为现代企业的组织管理制度在实现社会责任中发挥着重要作用，不同治理模式会影响公司承担社会责任的程度。[①] 在社会日益增强的对企业和谐发展的压力以及由此产生的相关理论思想的影响下，国外一些优秀的公司率先转变文化观念，开始了适应性地探索相应的和谐治理制度。比如德国公司就是典型的利益相关者治理模式，在德国公司里，企业职工和产业工会的代表在监事会和董

① 李维安、武立冬：《公司治理教程》，上海人民出版社，2002。

事会中占有一定席位并参与决策，监督已制定的维护职工利益的法规和劳资协议的执行情况。[①] 德国公司这一治理模式最接近本书所讨论的和谐治理制度安排。因此在企业和谐治理制度安排上，借鉴利益相关者理论设想及国外优秀公司治理模式经验，设计利益相关者治理制度及治理机制是和谐企业文化的需要，也是企业理性的选择。因为只有企业非股东的各利益相关者能够参与公司决策、政策制定、监督企业行为，才能够有效克服企业的逐利性以及经营者的短期行为和违法行为，兼顾利益相关者利益的协调并从长远利益出发考虑企业的社会责任，使企业各利益参与者和相关者权益得到保障，实现和谐发展。

二　和谐企业文化与企业和谐治理

制度作为一种人类的秩序和规则，必然反映一定的价值观念，以一定的文化精神为支撑，通过人们的观念上的认同和接受影响和决定人的行为。制度无法自行推行它的秩序和规则。从这个角度来说企业正式制度的实施必须依靠企业文化来实现。正如制度经济学研究表明非正式制度对正式制度的影响和制约还表现在正式制度实施上。根据制度经济学中关于正式制度必须与非正式制度兼容的原理，非正式制度既可以推动和促进正式制度的实施，也可以阻碍和制约正式制度的实施。前提是正式制度与非正式制度是否兼容和适应。因为，非正式制度与正式制度的形成与变迁的不同步，正式制度在短时期内迅速变迁，而非正式制度，因为内在传统的根本性和历史的沉淀性，与正式制度相比具有持久的生命力和延绵性，决定其变迁的高度路径依赖带来的长期性和渐进性。也就意味着企业的正式制度如组织产权制度、组织结构、各种政策文件可以很快通过模仿和复制而全部改变，但是非正式规则如企业的价值观、行为规范等文化内容由于其形成的长期性和渐进性，具有高度的路径依赖，也决定其变迁只能是渐进的边际调整，需要长期的演化过程。对企业而言，即使通过对企业文化形

① 李维安、武立冬：《公司治理教程》，上海人民出版社，2002。

成规律的掌握和运用，也只能是促进其更快完成演变，而无法实现企业文化的快速移植。非正式制度具有“自我实施机制”，[①] 人们会不由自主、下意识地去遵循或者维护一种非正式制度，而不会去理性思考与判断，如进行成本收益分析等理性经济人的行为习惯。这种自我实施机制更像一种出于思维定势和习惯心理而做出的自动反应或者说是行为的复制。“遵守旧的非正式制度的成本可能远远大于收益，但是它却仍能被成员所接受和遵守，抛弃它或者利用效率更高的制度替代它，却会给社会成员带来更大的冲击或心理的痛苦。从效用论的观点来看，新制度会造成社会成员效用降低，尽管他们的收益会更高。”[②] 可见，非正式制度变迁不仅仅因为获利机会的出现，其更多的是取决于人们心中的价值观念。因此，当从外部移植而来的新的正式制度（如现代企业制度）由于非正式制度的内生性，可能在很长时间遭遇其排斥和抵制。新的正式制度如果缺乏与之相适应的非正式制度，即使移植过来也难以取得成功，得不到有效实施。可见，同一个社会体系中，正式制度与非正式制度的兼容与适应关系着社会或者组织的稳定和和谐，如果两者不相容，甚至矛盾，则会带来一系列问题，人们常称之为“改革的阵痛”。不过如果通过两方面的努力，促进两者兼容和适应，则“阵痛”会降到最低。企业同样如此，一个企业是否和谐发展还看企业正式制度与企业文化是否相容，完善程度越高、契合度越高企业才能实现和谐发展。由此，决定了企业正式制度与企业文化的适应是一个长期的现实问题。

企业和谐治理即和谐制度能否有效实施，治理机制能否良好运行，取决于其是否与企业现有文化价值取向及要求一致，是否与企业文化良好兼容。例如我国企业在现代企业制度及公司治理机制引进的过程中，遭遇的最大障碍就是企业文化的制约与阻碍。在我国企业引进现代企业制度及治理结构的过程中，涌现出一大批引入西方先进企业制度的企业如银广厦、琼民源、蓝田股份、红光实业、郑百文等，这些公司经过公司制改造，公

---

① 刘磊、杨蕊：《非正式制度与不同所有制企业人力资本收入差异》，《当代财经》2010 年第 3 期。

② 唐绍欣：《传统、习俗与非正式制度安排》，《江苏社会科学》2003 年第 5 期。

司组织结构、管理体系及相关规章制度完备，董事会、监事会、经理以及相关治理制度一应俱全。从形式上看，完备的公司制度可以和西方发达国家的任一家公司相媲美。然而，这些公司上市之后，先后曝光一系列丑闻，如银广厦在其上市后的短短四年时间内，累计虚构销售收入 104962.6 万元，导致虚增利润 77156.7 万元，其虚假信息创造股市神话事实败露之后，股价由原先的 30.79 元狂跌到每股 6.59 元，市值瞬间蒸发近 68 亿元。其间还先后从股市三次配股圈走 5.74 亿元资金，向银行贷款高达 15 亿元。[①] 事实证明，只照搬国外现代企业制度不能解决我国的实际问题。现实的情况是，我国大多数国有企业在积极引进现代企业制度，进行企业经营体制改革的同时没有建立起与之配套的意识形态体系，尽管这一制度能够带来良好的经营效益，促进员工的发展，但是由于固有观念的影响，尽管新制度可能会带来更大的收益，但人们仍然会感到新的制度打破原有的平衡，降低了效用，因此有意、无意地抵触新的制度的实施。

可见企业文化不仅影响企业正式制度安排，决定企业治理结构特征，也决定企业治理机制的运行。企业要实现和谐治理，完善治理机制，不应该仅关注正式制度的设计和技术的进步，还应该积极正视自身的弱点，反思自身的文化缺陷，在正式制度创新的同时，对价值观念、传统习俗和道德伦理等非正式制度（企业文化）进行进一步反思，强化和谐理念和行为准则，避免非正式制度的滞后引发制度的失衡，导致正式制度的失效。也就是要加强和谐企业文化的内化和渗透，才能真正实现企业的和谐治理。需要强调的是尽管非正式制度看起来比正式制度难以变迁，但历史经验表明，一个国家、一个民族，其经济增长的停滞、社会发展的落后，固然有其文化传统包袱即路径依赖性的问题，但是，正如诺斯所说的那样，如果善于学习，克服自身弱点，在模仿中创新，是可以建立有利于经济增长和社会进步的制度的。[②] 和谐企业文化的培育和完善同样如此。

---

① 张晓峰：《中国公司治理的文化依赖研究》，《南京工业大学学报》2004 年第 2 期。

② 〔美〕道格拉斯·诺斯：《制度、制度变迁与经济绩效》，陈昕等译，上海三联书店，1994，第 153 页。

三 和谐企业文化与社会福利的增进

这里的“社会福利”从最广义的角度理解，指企业在创造有利于社会成员个人与集体发展的社会环境，提高全体社会成员的社会生活质量和幸福指数方面的努力和贡献。企业相关者理论和企业社会责任理论都指出了企业在利用各种资源谋求自身发展的同时，应该兼顾利益相关者利益，积极承担社会责任，不能以追求利润最大化作为唯一目标，而应该以实现社会价值最大化为目标。企业应该承担起作为企业公民的责任，包括经济责任和社会责任，以增进社会福利为己任。

企业虽然是以追求利润最大化为根本目标和意义的经济实体，但其存在与发展离不开社会环境，利润的实现离不开社会的支持。作为社会系统的一个小系统，必然离不开与社会的互动和和谐一致。因此，企业必须在追求自身经济利益时，兼顾社会利益，使自己的逐利行为与社会的利益耦合，使自己获得生存与发展的资源以及机会等。而一个企业如何发展、如何理解和对待社会责任取决于企业的价值观和经营理念。综观国外企业发展历程，我们不难看出企业文化在企业中的作用、地位及其内容与形式的变化，企业价值观从利润最大化，向利润适度、利益相关者利益共享观念转变，这些转变使企业发展与社会的发展日益和谐，也是使企业获得长久的、可持续发展的动力。那些执着于短期利益的企业则被社会所排斥，最终被淘汰。

从历史的角度来看，企业文化的演化历程以及和谐企业文化的出现，是经济社会发展以及人类理性思考和选择的必然结果。工业化初期企业的发展伴随着日益严重的资源浪费、环境污染和破坏以及消费者等利益相关者利益的损失等企业不良发展表现，与当时谋利文化引导下企业社会责任意识缺失息息相关。人类与这些危害作斗争的过程实质上是与逐利主义观念做斗争的过程，因为人的行为归根结底取决于其思想意识，观念决定行动。正是在人类不断反思谋利文化缺陷的过程中，和谐企业文化逐步形成。传统谋利文化企业社会责任意识缺乏到和谐企业文化兼顾社会责任，以增进社会福利为己任的演变，使企业的经营理念超越了经济利益，以企业社会价值为导向，以实现人的全面发展、企业的可持续发展以及社会福利的增进为根本目标。当然观念的嬗变必然通过企业制度安排和治理机制予以体现，企业和谐治理的实现意味着企业经营目标和行为指向企业社会福利的增进，企业在经济效益提高的同时为社会做出更大的贡献，这也是和谐企业文化的根本使命。

第六章　新时代和谐企业文化的生成与创新

和谐企业文化生成与创新的过程也就是和谐理念内化，并由观念性文化内化、固化为制度性文化的过程。本章将从讨论企业文化生成的一般原理、内在机理及内外部影响因素，使和谐企业文化的生成有着更为清晰的路径，为新时代和谐企业文化的塑造奠定理论基础。

第一节　企业文化生成与创新一般原理及影响因素

一　企业文化生成机理

本书第二章论述了企业文化的演化过程及其规律，实际上从宏观上对企业文化生成与变迁的外部因素及其机理进行了剖析。企业文化生成的一般机理（见图6－1）是随着经济社会发展、社会生产力发展水平以及与之相适宜的社会意识促使形成一定的企业文化观念，本书称之为观念性的企业文化，如早期的谋利文化以利润最大化为企业唯一目标，与资本主义发展初期的生产组织形式以及整个社会对企业使命的共同认知相适应，这种谋利文化与和谐文化相比虽然具有时代局限性，在当时却具有合理性。而这一文化观念引发组织与之相应的正式制度的变迁而得以表达和固化（制度化），如企业的各项制度安排均围绕着如何实现企业主或股东利益最大化目标，表现为对工人的压榨和剥削等，反过来正式制度对这一价值观体系进一步予以强化和保障，使之内化（制度的文化化）形成企业共识而深入人心，从而改变企业群体和个体行为以及物化为企业的外在形象和物质载体，使企业创造经济效益和社会福利，进一步影响经济社会的发展。而经济社会的进一步发展又会引发对其适应性的思考，企业文化的变革由此产生，又开始新一轮的演化，如此循环往复，不过由于早期谋利文化的影响，企业创造了经济效益，而带来的是负的社会福利。而负的社会福利引发经济社会中压力集团的联合行动，而使企业文化越来越关注利益相关者的利益协调，关注企业的社会责任，促进企业协调内外部关系，实现自身可持续发展和经济社会的和谐，和谐企业文化孕育而生。

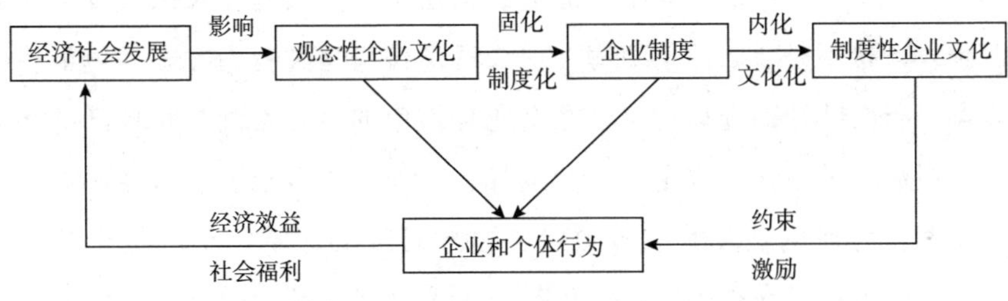

图6－1　企业文化生成与演化的一般机理

企业文化生成的内在机理主要讨论企业文化如何由少数人接受的观念和强制约束的企业制度内化为企业员工的自愿行为选择和自我约束机制。制度经济学认为人有追求财富最大化和非财富最大化的双重动机，诺斯提出“广义的效用”概念，包括各种有形的收益与意识形态带来的效用，认为个体出于成本、“广义效用”最大化去从事集体行动。① 笔者认为虽然现实社会中存在不少“亲社会他涉”偏好的人，但作为具有理性计算本能的人，每一个行为决策都会基于理性分析而认为“值得”才会采取行动，只不过这类人在获取的收益中更偏好意识形态带来的效用。因此可以说利己动机具有广泛性，人都追求自身效用最大化，基于此，笔者试用博弈论来讨论企业文化的内化与变迁。

每一个在企业工作的员工，不可避免地会形成与管理者、同事、客户

① 转引自黎群《从新制度经济学谈企业文化的功能》，《中外企业文化》1999年第6期。

等乃至整个企业的交互关系，这一关系实质上就是博弈关系。一般而言，企业员工的行为是员工决策的结果，价值观不变时，员工追求个人效用最大，员工需要根据博弈对手、约束条件作出选择。员工与管理者、同事、下属、客户都在同一个复杂博弈之中，企业制度、领导者的管理方法、同事态度、资源与技术的状况等因素就构成了这个复杂博弈的约束条件，员工利己的动机不变，但博弈对手与约束条件使他认识到不同的行为特征选择将使自己获取的利益大小不同，因此员工将作出最大化自身利益的行为选择。而且当代进化博弈论的研究者们发现人是有限理性的动物，很多场合中人无法迅速达到纳什均衡，但是多数人在长期的选择中却会趋近纳什均衡解。员工在一两次博弈中可能会感情用事，但最终在长期反复的博弈中，他发现这不是自己的均衡解，他会逐渐偏离这种行为方式。他最终会发现某些行为特征的选择对自己在企业环境中的生存发展，对自己的利益最大化或满足最大化，都是较好的选择，其他员工也会发现这些规律，于是，某些行为惯例就开始被多数员工自觉遵守和服从，企业文化开始形成。有些学者提出最初的企业文化源于企业创建者的经营理念。他们通常通过描绘本企业应该是个什么样子的方式来建立最初的企业文化，企业文化是在企业制度化的过程中生成的。[①] 这与本书观点并不矛盾，企业创建者的经营理念通过企业制度和各种行为规范传递给每个员工，成为员工进行个人行为选择的约束条件。企业文化的生成过程就是个人策略的优化过程。企业文化实质就是企业内所有员工长期在追求个人效用最大化的企业博弈中经过选择、优化和学习而保持下来的一种具有共性的行为惯例及其所蕴含的价值观、群体意识等。

这种价值观、群体意识和行为惯例一旦形成，积淀成为企业文化，就会持续稳定地发挥作用，反过来会影响企业内部的博弈行为，使各方更容易实现合作，达到帕累托最优解。如克莱珀斯所说在静态的博弈过程中，由于理性经济人的机会主义倾向，必须是一个“纳什均衡解”，即“囚徒悖论”（prisoner’s dilemma）中两个囚犯都承认错误。而在一定的条件下，

---

① 仝广杰：《透析现代企业文化的塑造》，《大众科技》2005 年第 12 期。

两个囚犯完全可能都拒绝承认错误，实现共同合作，达到帕累托最优解。克莱珀斯指出由于不完全信息的影响，企业作为人们合作的“场所”无法把所有可能发生的事件明确地写在契约中（因为无法估量该事件发生所带给每个人的损益）。当参与人之间没有正式的信息交流时，他们存在于其中的“环境”，也就是企业文化，往往可以提供某种暗示，形成一种默契，使参与人可能达成某种暗中的共识，使增进福利的帕累托最优解更容易出现。[①] 总之，企业在博弈各方的博弈决策中逐步筛选、优化形成企业员工所共有的价值观念、行为规范等，这是一个漫长的渐进的过程。而企业文化一旦生成，就会形成某种“决策”环境，使企业的人们可以在不确定性的情况下更容易找到“决策”的“焦点”，实现帕累托最优解。企业文化也具有了自我强化机制并且延绵下去。企业文化的生成过程是漫长的，而且有自我强化的发展机制，但正如其产生源自企业成员追求自身效用最大过程的策略优化，同样的，当企业内外环境发生变化，企业在外部适应和内部融合中，成员博弈约束条件会随之发生变化，为追求效用最大化，成员会选择新的适应性行为及策略，并逐步得到大多数人的认同。自此，作为企业对环境适应的全部智慧结晶的企业文化逐步发生演化。

可见，和谐企业文化的生成是企业内部主体对变化了的博弈环境和条件适应性的结果。据此，我们可以在引入和谐观念的基础上同时创设与和谐价值观念一致的制度体系，通过制度规则的改变使和谐行为成为员工的效用最大化的理性行为选择。如在和谐企业文化背景下，不讲团队协作的个人主义者会受到惩罚或者排斥，影响其效用，从而促使这些人逐步改变行为选择，并使这些和谐的行为模式在企业重复博弈的过程中不断被强化、优化、积淀下来，最终成为一种具有共性的行为惯例和思维习惯。至此，和谐价值观念也就内化为员工的一种无意识的价值观念和内在的自我约束，和谐企业文化也就逐渐生成。

---

① 沃伟东：《企业文化的经济学分析》，博士学位论文，复旦大学，2006，第38页。

二 企业文化生成的影响因素

（一）企业文化生成的外部影响因素分析

前面我们对企业文化生成的博弈过程进行了简要的阐述，但对员工做出策略选择的约束条件没有做深入分析，也就是企业文化生成环境条件，而这是关系企业文化构建的关键问题，不能回避。从系统论角度来说，企业作为一个系统，企业环境是指该企业系统之外一切与企业具有不可忽略的联系的事物集合。企业本身又是整个社会大系统的子系统，企业要与本身之外的系统进行物质和能量的交换，因此，企业不可能脱离环境而存在。自然，作为企业适应环境的全部策略和意识体现的企业文化也不能脱离环境而生成。这一点美国学者艾伦·A. 肯尼迪和特伦斯·E. 迪尔早就在著作中予以强调。他们指出企业环境是企业文化形成的“唯一的而又最大的”影响因素。因此对企业文化形成环境条件的分析至关重要，也只有把企业文化放在整个环境中结合环境进行分析，才能真正深入理解企业文化的本质，分析结论才有更大的价值。①

企业文化环境以企业边界为限可以划分为企业内部环境和外部环境。企业文化的外部环境又可分为宏观环境与微观环境，也可分为一般环境与具体环境，主要有企业文化所面对的企业外部的经济环境、政治法律环境、社会文化环境、科学技术环境、自然环境等。企业文化的内部环境指企业内部除企业文化以外的部分。

企业文化外部环境的变化也可促使企业变革企业文化以适应外部环境的变化。特别是外部经济环境的变化如技术变革、资源条件的改变、竞争对手的变化都可能促使企业为适应环境的变化思考和变革企业行为。企业作为追求自身利益最大化的理性经济人，在与外界各个经济主体的博弈过程中，同样会根据变化了的约束条件进行行为选择，而企业行为最终要体

---

① 〔美〕特伦斯·E. 迪尔、艾伦·A. 肯尼迪：《新企业文化》，孙健敏等译，人民大学出版社，2014，第10~12页。

现为员工的行为，企业文化也就相应变革。当然，反应迟钝、不能主动适应变化，没有采取合理策略的企业会逐渐被淘汰。所以，企业文化变革是企业适应环境变化的必然结果。只不过不同的企业变革的进度、内容有差异，这取决于企业独有的个性。

当然，外部政治环境、文化环境等都会对企业文化的生成产生影响，这些就是不同国度、地域、民族企业文化差异的原因。企业文化不能脱离环境而生，当然企业文化也必然打上国家、民族的文化烙印。

（二）企业文化生成的内部影响因素分析

企业也是一种“关系契约”的网络，企业内部的博弈环境有多个利益相关者，主要分为企业和员工。企业与员工签订正式合约，员工通过让渡一部分要素使用权而获得报酬，因此，在一定程度上得服从企业的安排和管理，企业因为支付报酬所以可以对员工行使一定的支配权。不过这一切都限定在合约明确规定的范围之内，众所周知，任何合约都不可能事无巨细地对所有的交易内容进行约定，必然存在大量合约没有约定的空间，这些空间使员工有自主决策的权利，因此，企业的权利也只能限定在有限的范围内。即使在合约约定范围之内，当企业基于自身利益最大化考虑而不当使用权威，也会遭遇成员的反抗，因为成员有拒绝签约或放弃合约的自由。因此，作为非正式制度的企业文化就有了可以发挥作用的空间，可以弥补正式合约的不足和留下的权利空白。

在企业文化博弈生成过程中，内部环境中强势人物和规章制度是让员工感受博弈的不同约束条件的主要因素。企业规章制度是企业希望员工形成一定的行为惯例，精心设计出来的正式的行为规范。制度经济学的研究表明正式的制度只有与非正式制度相融，并为员工所接受，才能发挥效力。许多成功的制度设计在企业内部博弈过程中被证明是员工们共同的均衡解，从而被员工接受，即使这些制度不存在了，这些行为惯例也依然存在，成为企业文化的一部分。

强势人物是另一种促使某种行为惯例形成的力量，创业者在创业之初对企业的设想和定位以及其观念和主张会最终通过其管理经营活动生成企业文化的主要特征，创业者对企业文化建设的引导和推动在企业的相关文化著作中都会被强调，创业者、公司变革推动者这些人也都会使人强烈感觉到自己在与公司的博弈中，他们对约束条件的安排或控制，与他们长期博弈就会导致企业出现某些行为惯例。实质上，在公司各部门或分公司、子公司中存在不同类型的强势人物，他们的长期存在，影响了与他们接近的员工的行为惯例，企业亚文化也就生成了。[①]

通过企业文化生成的一般机理和内在机理以及内外影响因素的分析，在了解和谐企业文化生成过程以及宏观环境和微观条件的基础上，可以发现和谐企业文化是企业对于宏观环境压力的适应性的结果，在当前社会经济发展背景下，企业所面临的宏观经济社会环境发生了巨大的变化，一个显著的特征是要求企业兼顾利益相关者利益，实现与人、自然、社会的和谐发展。从微观环境来说，企业内部制度体系以及强势人物是促使员工和谐观念内化和和谐行为选择的重要影响因素。

三　企业文化创新理论概述

（一）企业文化创新内涵

正如前文所述，企业文化生成与发展有着特定的客观规律和主客观条件，企业文化一旦生成就会对企业发展起着重要的推动作用。但企业文化一旦形成，也会形成文化的路径依赖，如由前期文化投资而形成的利益集团、文化观念的惯性和文化形成之后的协同效应等都会使文化固化并逐渐僵化，阻碍文化的变革和创新。[②] 因此，理论和实践都需要我们在把握企业文化生成一般规律的基础上，能主动介入，打破企业文化的路径依赖，进行文化创新，以适应不断变化的外部环境。从这个角度看，企业文化创新是指企业为了使其自身发展与周边环境相匹配，结合企业的特点和性

---

① 饶静安：《企业文化的形成与演进的博弈分析及启示》，《经济纵横》2009 年第 8 期。

② 张群祥、朱永法：《基于新制度经济学视角的企业文化变革研究》，《企业活力》2008 年第 3 期。

质，更新企业文化理念及实践系统，并不断发展和创新的过程。[①] 企业文化创新的根本目的是使企业能够主动适应不断变化的外部环境。特别是新时代中国经济处于大变革、大发展时代，面对日益复杂的国际经济大环境和国内市场经济的发展要求，企业文化创新显得尤为重要。只有主动进行文化创新的企业才能适应经济发展，充满活力和生机。企业文化创新的实质在于突破僵化的不适宜的观念理念和方法的束缚，采用全新的管理理念和方法，解放思想、与时俱进，推动企业实践。在新时代，中国企业向高质量发展转型升级，涉及发展理念的根本性变革。这种深层次的转型发展如没有企业文化的根本性变革支撑，就很难实现实质性的转型，或者在实践中会遇到更多来自旧有观念及文化的阻碍和束缚，而使转型变得尤为困难，这一点在实践中已得到证实。因此，面对日益深化、激烈的国内外市场竞争，越来越多的企业认识到创新是企业文化建设的灵魂，是不断提高企业竞争力的关键，要把企业文化创新落实到企业经营管理的实践中。[②]

（二）企业文化创新要素

1. 创新精神及创新文化是企业文化创新的基本前提

企业文化一旦生成就自成体系并具有稳定性和连续性，影响持久而深远。因此，企业文化的创新尤为艰难，需要强大的动力。这种动力就是基于远见卓识的创新精神和创新文化。创新是一种敢于冒险、勤于探索、鼓励竞争的精神状态，唯有创新才是企业文化创新发展源源不绝的动力。而企业持久弥新的创新精神源于创新文化，就是企业在发展中形成的一种勇于创新、支持创新、尊重创新、激励创新和宽容失败的文化氛围，是企业无论是从观念、技术、组织还是制度层面上提升创新能力的基础，是企业培育创新人才、激发创新活力的重要前提。在当今新科技革命的时代环境下，如果没有创新文化提供精神动力和智力支持，提供促进创新的环境和条件，那么企业提高自主创新能力、实现高质量发展也无从谈起。创新文

① 徐晓飒：《关于企业文化创新之于企业可持续发展重要性的思考》，《河南工业大学学报》（社会科学版）2014 年第 3 期。

② 王莉、邢启：《企业文化创新的基本思路》，《内蒙古科技与经济》2008 年第 11 期。

化本身也属于企业文化的一部分，由此可见，不管是哪一种企业和组织的文化都必须培育创新精神，形成浓厚的创新文化氛围是企业组织成功的基本保障。有了创新精神和创新文化就使企业文化有了对外部变化信息的灵敏感知和识别，有了企业文化创新的自适应机制。

2. 企业价值观是企业文化创新的核心

企业价值观是企业大多数员工共同认可并影响着企业经营目标和经营行为的企业基本价值追求和信念。从哲学上来说，价值观是关于对象对主体有用性的一种观点。从这个角度看，企业把自己认为最有价值的对象作为本企业追求的最高目标、最高理想或最高宗旨，并以此为标准，对企业经营性质、经营目标和经营决策行为做出选择。这种最高目标和基本信念一旦成为统一本企业员工的共同价值观，就会成为企业员工共同遵守的行动指南，影响企业的方方面面，形成强大的内部凝聚力和影响力。可见企业价值观是企业文化的灵魂，也是核心，有什么样的价值观就会有什么样的文化。如有利润最大化价值观引领下的谋利文化，也必然有“和谐”价值观引领下的和谐文化。本书所倡导的就是在和谐价值观引领下的和谐文化，主张企业将和谐、协调和可持续发展作为企业最高目标和基本信念，据此建设包容创新、协调、绿色、开放、共享发展理念的新企业文化，并将其贯彻到企业经营管理的方方面面，每一个环节、每一个决策之中，从而转变经营管理理念和行为，实现企业与人、社会、自然的和谐。从企业价值观在企业文化中的核心地位可以看出企业文化创新的关键就是企业价值观。新时代中国企业文化创新就是更新价值观念，培育支持企业可持续发展的价值观，是一种鼓励创新、崇尚和谐的价值观。

3. 企业精神是企业文化创新的强大动力

所谓精神是指人的意志和能动性。这种意志和能动性表现出来就是人的一种干劲、一种精神风貌。积极的正向的精神可以充分激发人的主观能动性，增强行动的动力和韧性，创造出奇迹。可见精神是不可或缺的行动动力。企业精神是企业在长期经营管理实践中在一定价值观指导下培养形成的群体意识，一种群体内心态度、意志状况和思想境界。企业精神一旦形成，便能在企业员工中起到鼓舞、驱动、凝聚、熏陶、评价和规范的作用，使企业员工始终保持旺盛的斗志、昂扬的士气、进取的精神，从而实现企业及企业文化创新目标。美国著名管理学者托马斯·彼得曾说："一个伟大的组织能够长期的生存下来，最主要的条件并非结构、形式和管理技能，而是我们称之为信念的那种精神力量以及信念对组织全体成员所具有的感召力。"① 托马斯·彼得强调了基于企业基本信念而形成的企业精神可以给组织带来力量和感召力，他认为这种精神才是组织长青的根本。因此企业文化创新意味着企业文化变革和转型，这期间新旧文化的碰撞和新文化的落地都会面临种种困难和障碍，没有企业创新精神、团结精神、奋斗精神、梦想精神的支撑，企业文化的创新也就没有了动力。因此将企业文化与企业精神高度整合，使企业精神成为企业文化的基石，促使企业形成强烈的创新精神、奋斗精神、团结精神和梦想精神，为企业文化创新提供源源不断的精神动力。

4. 企业家是企业文化创新的主导者

企业文化作为一种群体文化，不可避免地受到群体中强势人物的影响和主导。这个强势人物通常指的是"一把手"企业家。企业家可以利用自己的权势地位，将自己的价值观念、理想信念进行推广，并通过本身的言行举止和企业各项举措而促进企业文化深深打上企业家的个性烙印。企业文化也体现出优秀企业家个性品质特征。因此，企业家是企业文化创新的主导者。熊彼特指出："每一个人只有当他实践上对生产要素实现新组合时才是一个企业家。"② 在他看来企业家精神就是创新精神，企业家的根本任务和本质特征就是"创造性的破坏"，就是不囿于现状，不断创新。海尔集团总裁张瑞敏认为企业家在企业中应该扮演的角色"第一应是设计师，在企业的发展中如何使组织结构适应企业发展；第二应是牧师，不断地布道，使员工接受企业文化，把员工自身价值的体现和企业目标的实现结合起来；第三应是企业价值观的实践者。企业家的身体力行，率先垂范，对员工起着重要的示范作用。"③ 由此可见，企业家是企业文化创新的

① 转引自孙长福《企业凝聚力提升策略探究》，《企业改革与管理》2014 年第 2 期。

② 〔美〕熊彼特：《经济发展理论》，何畏译，商务印书馆，1990，第 26 页。

③ 奚从清、谢健：《现代企业文化概论》，浙江大学出版社，2004，第 70 页。

设计者、引导者、推动者和践行者。

5. 员工是企业文化创新的主体

企业文化作为一种群体意识和群体认可的“无形规则”，它的形成和作用的发挥都离不开这个代表大多数的“群体”，即企业员工。企业文化存在于员工的意识之中，离开了员工的共同认可、遵守和践行，企业文化也不复存在。可见广大企业员工才是企业文化创新的主体。企业文化创新意味着广大员工思想解放，不害怕变革，乐于接受新的理念和事物，勇于创新，积极主动地参与企业文化变革和创新。有了广大员工积极主动的参与和推动，企业文化变革和创新才有可能付诸实践，否则只能成为上位者的一纸空文和一厢情愿。因此，企业文化变革和创新必须积极引导和动员全体员工的参与，并激发其主动创造和践行的积极性，企业文化创新从领导者的独唱变为全体员工的合唱，企业文化创新才能因为群体的主动选择而成为新的共识，企业文化落地并深入人心。当然这里蕴含着企业文化创新最基本的原则和前提就是“以人为本”，尊重人、理解人、信赖人、发展人，努力创造条件让员工参与管理和创新。从这个角度讲，和谐企业文化倡导的企业内部和谐对于企业文化创新时全体员工主体作用的发挥有更好的激励效能和天然优势。

（三）企业文化创新与管理创新、制度创新、技术创新的关系

企业管理总是表现为一定的管理理念、制度、行为规范及各项举措，也就表现出相应的文化特征。有什么样的管理就有什么样的文化，因此，管理创新实质上也是文化创新。当然企业进行管理创新，必然是在一定文化环境中进行的，一个充满活力和创新的企业文化必然会给管理创新创造良好的文化氛围和前提条件。企业要进行管理创新，意味着必须变革既有的思维、观点，打破现有文化模式，建立新的文化模式。可见管理创新和文化创新息息相关、相辅相成，难以割裂开来。为了适应新的竞争环境，企业必须进行一场深刻、彻底的管理变革，这就涉及企业价值观、管理理念等深层次的方面，要求企业必须创新文化观念，实现文化观念与制度的变革，管理创新才能取得成功。从这个角度说企业文化创新贯穿管理创新始终，是管理创新的重要内容，同时也是管理创新的条件、助推剂和重要表现。

企业制度和企业文化的辩证互动、协同演化的关系在前面已经详细阐述过。可以说文化创新是制度创新的先导和重要条件，制度创新是文化创新的必然结果和重要载体，同时也推动文化创新的固化和落地。两者相互制约也相互促进，在实践中要处理好两者的关系，形成良性互动，避免互相抵触，引发一系列冲突和矛盾。如不顾文化观念的冲突，强行引进国外的企业制度，容易引发一系列矛盾，新制度就很难被接受，不容易取得好的效果。可见要制度创新、文化创新必须协同，一方面通过文化创新推动制度创新，另一方面也要重视制度创新对文化创新成果的固化。在这里，制度创新是企业文化创新的主要现实表征。企业在深化改革、完善企业制度的过程中，应切实重视企业文化的创新，把两者结合起来，形成良性互动，最终实现管理创新。

企业文化创新意味着企业具有鼓励创新、包容失败的创新精神和创新文化氛围，这种精神和文化氛围构成企业创新的前提和动力，自然推动企业各方面创新，包括管理创新、技术创新。可见，企业文化创新是企业技术创新的先导和动力，企业技术创新是企业文化创新的结果和表现。企业技术创新实际上也表现出企业文化的竞争力和创新力度。技术竞争的实质是文化的竞争，文化是否先进最终决定了技术创新先进与否。

总之，企业文化创新作为现代企业创新的重要内容，是企业管理创新、制度创新和技术创新的前提、先导和强大动力，企业管理创新、制度创新和技术创新是企业文化创新的重要载体和现实表征。

（四）企业文化创新价值

1. 企业文化创新与企业创新能力

达尔文说过："得以生存的不是最强大的或最聪明的物种，而是最善应变的物种。"① 随着科学技术的迅猛发展、日新月异，人类社会经济环境也随之快速变化，对现代企业经营和发展不断提出新的挑战。面对复杂、充满不确定性的环境和市场竞争的加剧，企业也必须根据对环境和未来的

① 转引自杨月坤《企业文化创新——企业创新的动力之源》，《工业技术经济》2007 年第 12 期。

预判进行不断的创新以应对挑战。企业创新的根本目的是使企业适应经济环境的巨大变化，在激烈的市场竞争中立于不败之地。创新成为新时代企业生存和发展的唯一不变的选择和战略。同时创新能力自然成为企业角逐的基本能力和关键素质，成为企业核心竞争力的主要源泉。

企业创新能力的培养绝非一朝一夕，不是通过简单的举措就可以完成，而是需要企业从理念到制度、从战略到执行，使整个管理系统持续发力。而企业文化的创新作为企业创新的条件和动力，从企业创新氛围的营造、创新精神的培养、创新主体的激励、创新活动的推动到创新成果的反馈，发挥着重要的作用。可以说企业创新能力的培养和提升，需要强有力的企业创新文化的支撑，需要企业文化的不断创新，为企业创新发展提供源源不断的精神动力和智力支持。企业的创新能力根植于优秀而独特的企业文化之中，企业文化创新是企业创新的原动力。

2. 企业文化创新与企业核心竞争力

企业核心竞争力是企业在激烈市场竞争中取胜的关键能力。时代的变迁，也使企业核心竞争力发生变化，有一种说法，20 世纪 60 年代企业竞争靠技术，70 年代靠管理，80 年代靠营销，90 年代靠品牌。不管历史上企业竞争的核心是什么，毫无疑问，现代企业的核心竞争力转变为企业文化已成为共识。一个基本的观点是企业品牌、技术、管理可以模仿和移植，文化不可以模仿和移植，而这种文化正成为推动现代企业不断创新发展的核心动力，使企业人力资源优势转变为知识优势、智力优势和创新优势。这些优势的发挥对于现代企业在知识经济时代的竞争显得尤为关键。企业文化创新推动企业解放思想、营造良好文化氛围，促使人的知识和能力不断提高，激发人的主动性、创造性，从而使企业形成竞争优势，最终形成企业核心竞争力。企业文化创新形成的强大精神力量相当于为企业装上了一台大功率的发动机，可为企业发展提供源源不断的精神动力和智力支持。无疑拥有这样发展动力的企业将拥有强有力的竞争力。当然企业文化竞争力的形成复杂而持久，难以模仿和移植。不过只要掌握其客观规律，久久为功，一经形成将发挥巨大的作用，推动企业持续获取竞争优势，即使环境复杂、市场竞争激烈，企业也可以成为“掌握变局的赢家”。

3. 企业文化创新与企业的可持续发展

企业可持续发展取决于企业能否适应变化的环境，做出正确的战略选择。归根到底是企业是否具有创新精神和创新能力。而在前面的论述中我们可以看到企业文化创新对企业创新精神和创新能力的培养、对企业核心竞争力的塑造起着巨大的推动作用。可以说企业文化创新是企业创新的原动力，企业文化创新会直接作用于人的观念意识、思维方式，进而影响人的行为。企业文化创新推动企业根据变化的内外部环境，不断更新观念，有意识地调整战略选择，保持竞争优势，实现企业的可持续发展。众多在市场竞争中持续取得成功的企业能够敏锐地识别环境的变化，并能预见其发展趋势，及时调整和选择正确的观念意识，摒弃不适宜的思维和行为，创造新的文化模式。这种新的文化模式也开启企业发展的新篇章。企业在新的文化模式的引导下创造出一系列新成果，实现可持续发展。当然，众多消失在历史长河中的企业也从反面证明了这一论断。如历史上曾经各领风骚的爱立信、摩托罗拉手机，失败的根本原因在于企业没有及时识别市场的变化，没有把握手机的未来发展趋势，做出正确的战略调整。归根到底是其文化的僵化，失去了活力和创造力。可见，企业文化创新使企业更具活力和创新力，更强的环境适应力和竞争力是实现企业可持续发展的原动力。一个企业无论实力多么雄厚，它的企业文化创新一旦停步不前，这个企业必将没落，被淘汰出局。

第二节　和谐企业文化的生成与创新一般原理及策略

一　和谐企业文化生成与创新概述

（一）和谐企业文化生成与创新内涵

在当前社会经济发展背景下，企业所面临的经济社会环境变化更加快速，而作为观念的文化变迁又具有其自身的稳定性和惯性，往往滞后环境的变化和时代的需要。因此，企业作为文化创建主体应根据企业文化演化和形成规律，主动进行文化的变革和创新，在尊重规律的基础上，积极预测环境的变化，主动因应时代发展趋势，结合企业自身特点进行积极的文化变革和创新，以推动文化的发展。和谐企业文化的提出正是这要求的反映。和谐企业文化的生成同样遵循企业文化生成的一般原理，企业为了应对内外部环境的变化，在不断调整试错的过程中，主动或被动地摒弃传统谋利价值观，选择和谐价值引领企业发展。在实践中这一价值观不断被强化和固化，最终成为全体员工的共识和行为准则，和谐企业文化生成。通过对企业文化演进规律、趋势及经济社会发展带来的企业内外部环境变化的分析，可以发现和谐企业文化是企业对于环境压力的主动适应性结果，和谐企业文化生成是企业文化创新的结果。

和谐企业文化的生成与创新是个一体化的过程，是塑造和谐企业文化并不断推进其创新发展，实现更高层次的可持续发展的过程。和谐企业文化取代谋利文化作为一种新的价值引领，是符合社会发展趋势和新时代要求的文化，是企业文化与时俱进和发展创新的结果。从哲学上来说它是一种新事物，代表发展的方向，但他还需要不断发展和完善，直面旧事物的挑战和阻抗，才能发展壮大。也就是和谐企业文化同样需要不断地发展创新，以保持其先进性和适应性。和谐企业文化的创新是在坚持和谐企业文化基本理念的基础上，以对传统谋利企业文化的批判为前提，对构成企业文化诸要素包括经营理念、企业宗旨、管理制度、经营流程、仪式、语言等进行全方位、系统性的弘扬、重建或重新表述，使之与企业的生产力发展步伐和外部环境变化相适应。

企业文化属于微观上层建筑的范畴，是特定历史的产物，它既是企业自身状况的反映，又受客观环境的影响，而客观环境是时刻在变化的。从长期发展的动态过程来看，任何企业文化都必须随着环境的变化而变化，也就是都有一个企业文化创新发展完善的过程，可见，企业文化是一个动态发展的概念。① 但企业文化本身一旦形成必然会有一定的稳定性和连续

① 杨月坤：《企业文化创新提升企业创新能力》，《江苏工业学院学报》2007 年第 12 期。

性，这是文化本身的特性，生成和演进都不是一朝一夕的。企业文化具有相对稳定性，表现出一定的阶段性特征。这个阶段性特征取决于环境的阶段性变化。从第二章对企业文化演进历史进程回顾我们可以看到不同历史发展阶段，企业文化具有相对稳定的阶段性特征。而和谐企业文化是适应中国特色社会主义新时代发展要求，引领中国企业文化创新，体现中国特色社会主义制度优势和文化优势的企业文化模式，是我们共同的文化追求。从这个角度就可以更深入地理解本书所谈和谐企业文化创新的内涵。和谐企业文化创新指企业在“和谐价值”引领之下，在保持和谐企业文化一定时期内相对稳定的同时，随内外环境的变化及企业战略的调整，作出及时的调整、完善和发展。不过这种创新不是根本价值观的变革，而是在和谐价值理念的引领下，保持企业文化内核不变的情况下根据环境的变化不断地创新、完善和发展，使之能更具活力、适应力、影响力、竞争力。就“和谐”本身的内涵来说，要保证企业一以贯之的和谐，特别是与外部环境的和谐，唯有通过不断的创新才能实现。因此，在保持其和谐本质特征的基础上，根据具体环境要求进行不断的创新，才是促进和谐企业文化发展的根本之道。只有企业文化创新，才能保持与时代、社会、环境的和谐，只有创新的企业文化才是反映时代精神的文化，才是体现时代发展方向的文化，才是保持企业生机活力的文化，才是和谐的企业文化。可见，创新是和谐企业文化的基本特征和本质诉求，是和谐企业文化发展的内在需要。和谐企业文化创新一方面是对传统文化内容的扬弃和发展，另一方面根据时代变化不断增加或强化新的时代精神。企业需要根据环境变化结合企业实际促进和谐企业文化创新发展，推动和谐企业文化本土化、时代化、个性化发展。

（二）和谐企业文化生成与创新目标

兼顾企业的经济功能与社会功能，实现企业的可持续发展是和谐企业文化生成与创新发展的根本目标，这是和谐企业文化的本真诉求。新发展观引领下的和谐企业文化创新要不忘初心，明确并坚持这一根本目标。首先，现代企业作为一种经济组织形式，其固有的营利性质决定了企业文化本身带有一种功利色彩。但企业盈利的意义除了提高员工生活质量和工作质量，为股东及其他资产所有者带来可观利润外，还要为社会或公众提供有价值的产品与服务，满足人类物质上与精神上的需求。其次，现代企业作为社会大系统中的一个子系统，其生产、经营、管理行为会作用并依赖于社会大环境，即企业子系统与社会大系统间存在紧密的相互联系、相互影响、相互制约的系统效应。因此企业在谋求自身经济效益的同时也要兼顾包括社会经济效益、社会生态效益与社会精神文明效益在内的社会整体效益。作为人类物质与文化生活产品的提供者，生态环境的保护者，人类精神文明的传承者，人们生存方式与消费观念的塑造者，企业要担负起以优良的产品和服务奉献社会，以依法纳税的行动回报社会，以优美的环境维护社会，以现代产业文明造福社会，以先进文化推动社会的历史重任。因此，“兼顾经济目标与社会目标，促进经济社会协调发展”，应明确树立为企业生产经营的根本目标，也是在新发展观引领下和谐企业文化创新在目标上的基本要求。背离这一方向，企业将最终失去生存空间和生命力。

（三）和谐企业文化生成与创新的一般原则

和谐企业文化生成与创新须遵循一定的基本原则才能健康发展，取得成效。根据前文对和谐企业文化基本特性和规律的研究，和谐企业文化在生成与创新中必须坚持以下基本原则。

1. 坚持从实际出发的原则

和谐企业文化是企业文化发展的新的历史阶段和价值模式，其在不同国家和不同企业的创新不可能具体而微地细致规定，但并不意味着就没有规律可循。结合企业文化生成和创新的一般规律，和谐企业文化创新同样需要将和谐企业文化的一般规定性和国情、企业实际相结合，进行创新性实践。从实际出发，将理论原理与具体实践相结合，形成富有个性特色的和谐企业文化。和谐企业文化也只有具备了本企业的特点，充分发挥自身优势，才能被广大职工认同，才能由此创造出效益，也才能真正具有强大的生命力。我国的企业文化是在生产力水平较低及发展十分不平衡的状态下形成的各具特色的企业文化，从总体来说，企业文化力不强，积淀不够，理论和实践的水平都需要提高。和我们建设中国特色社会主义的探索一样，我们的和谐企业文化建设还刚入门，还不及格，需要走的路还很长。唯有解放思想、实事求是，发扬艰苦创业、勇于创新的精神，通过和谐企业文化创新使企业真正成为适应社会发展要求、具有生机和活力的微观主体。

2. 坚持“以人为本”的原则

有人才有文化，人才是文化构建的主体，企业文化的出发点和归宿点都是人，企业文化创新必须贯彻以人为本的基本原则。“以人为本”在企业文化构建中始终被提出和强调。但在谋利文化时代，企业以经济利益最大化为目标，“以人为本”很难真正落实下去，只不过是资方为了缓和矛盾，追求更大利益的一些表面的妥协和让步。在和谐企业文化构建中，从内部来讲，人的全面发展，员工与企业的共同发展是和谐企业文化追求的终极目标之一，和谐企业文化自始至终以提升人的价值为宗旨。因此，和谐企业文化创新更需要深入地贯彻这一基本原则，要把以人为中心作为自己的根本原则，并且全面落实，才能实现我们创新和发展和谐企业文化的目标。同时，只有坚持以人为中心，才能在工作中不偏离方向，破除“以用为本”“雇佣”等旧观念，真正做到尊重人、理解人、培养人，使每个员工在一种和谐的、上进的文化氛围中从事工作，充分发挥他们的聪明才智和创造性，可以不断提高工作绩效，实现企业目标，也可以不断激励他们追求更高的人生目标，使其人格不断得以完善，素质得到提高。从企业外部来讲，只有以人为本，才能在企业产品和服务创新中充分考虑消费者需求，提供更人性化、符合消费者需求的产品和服务，为企业和社会创造更大的价值，创设和谐的企业成长氛围。同时也只有把以人为本作为和谐企业文化创新和发展的根本原则，才能促使企业更为主动积极地考虑其社会责任、环境责任。企业要在强调“员工—顾客—大众”的互动模式上，树立全方位以人为本的理念，将以员工为本、顾客为本和社会公众为本三个层次有机结合起来。我国企业在实践中既要克服计划经济时代对员工“个性”“利益”“需求”的忽视，片面强调企业社会功能的极端做法，也要避免市场经济初期企业利润最大化、无视公众利益的错误导向。总之，从长远来说，只有以人为本，才能保障和谐企业文化的创新和发展不偏离方向，才能实现企业的持续和谐、持续发展。和谐企业文化创新就是要全方位"以人为本"，对内营造出员工生产、生活、发展的良好环境空间；对外自觉遵守国家相关法律法规与国际通行标准，提供人性化产品与服务，积极承担社会责任，实现企业可持续发展。

3. 坚持全员参与的原则

和谐企业文化的创新和变革是一个系统工程，需要多方面的努力，需要各种因素的积极配合。而和谐企业文化要求创建和谐的人际关系和和谐的文化氛围，这就需要企业全体员工共同参与，任何一个个体背离组织和谐价值观念的行为都可能给组织和谐的文化氛围带来巨大的影响。因此和谐企业文化创新必须坚持全员参与的原则。首先，企业家作为企业文化的设计倡导者、执行推动者、实践变革者，是企业文化创新的关键。其次，企业员工作为文化的载体及文化创建的微观主体，是文化创新的决定力量。企业领导与各个层面管理人员要对文化创新给予高度重视，并动员、组织、激励企业员工共同参与文化创新工作，使和谐企业文化成为大家的共同文化追求。

4. "义利兼顾"原则

纵观我国几千年的传统美德，都强调的是重义轻利。孔子在《论语·里仁》云："君子喻于义，小人喻于利。"北宋欧阳修说："小人所好者利禄也，所贪者财货也。"董仲舒说："正其义不谋其利，明其道不计其功。"这种单纯的重义轻利、义利分离的观点，带有过于理想化的色彩，不符合社会现实和大多数人的需求。马克思说："人们奋斗所争取的一切，都同他们的利益有关。"① 邓小平同志说过："革命是在物质利益的基础上产生的，如果只讲牺牲精神，不讲物质利益，那就是唯心论。"② 当然重利轻义也被历史证明其局限性。可见，只有义利兼顾才能义利兼得，只有义利平衡才能义利共赢。和谐企业文化强调"和谐"价值引领，强调在实践中

① 《马克思恩格斯全集》第1卷，人民出版社，1956，第82页。

② 《改革开放三十年重要文献选编》上，人民出版社，2008，第5页。

“义利兼顾”。“义利兼顾”不是说放弃或者不重视经济效益，相反为了实现企业的可持续发展，需要更加强调经济效益，不过经济效益实现的手段需要兼顾社会利益，走创新发展、高质量发展之路。和谐企业文化主张兼顾经济利益和社会利益，实质是兼顾企业的短期利益和长远经济利益。当然和谐企业文化作为一种先进价值引领和文化模式，其效能需要接受市场的检验。从基业长青企业的考察可以发现，其企业文化都体现出强烈的“义利兼顾”的倾向。

总之，和谐企业在文化创新的实践中要注意遵照企业文化创新的基本原则，以新发展观的基本要求为指导，统筹兼顾，系统规划，对文化创新构成各要素间的关系进行科学处理，协调好创新主体中的个别与整体的关系，创新基础中的传统与时代的关系，创新内容中的浅层与深层的关系，创新目标中的共性与个性的关系，创新功能中的经济效益与社会效益的关系，弘扬爱国主义、集体主义精神，倡导企业精神，开展公民道德、职业道德教育和诚信教育，把企业物质文明、精神文明、政治文明建设统一起来，促进企业与社会和谐发展、共同进步。

二　和谐企业文化生成与创新途径

和谐企业文化生成与创新既遵循企业文化生成与创新发展的基本规律，又因为时代环境的发展、和谐价值理念的引领而具有鲜明的时代特色和文化个性特色。

（一）政府作用的发挥

很多企业文化生成与创新研究都只着眼于微观的、企业文化的内部建设，而忽视了企业文化建设的外部条件和宏观的保障机制。而企业文化构建是一项长期而复杂的系统工程，影响的因素、涉及的问题都比较多。从企业文化形成的一般机理及影响因素来看，从外部来说，不同的国家制度、民族文化特点、经济政治环境、行业、地域等都会影响到企业文化的构建。为了全面系统地研究和谐企业文化构建，有必要对和谐企业文化构建的外部条件和保障机制进行研究。创设和谐企业文化构建有利的外部条件和保障机制，以形成我国和谐企业文化强有力的外部推动力和企业行为选择的约束条件，使和谐企业文化由被动因应转向主动理性的选择。

企业文化生成与创新是一项长期而复杂的系统工程，影响的因素、涉及的问题都比较多。诺斯认为制度变迁分为两种方式：诱致性制度变迁与强制性制度变迁。由于企业文化变革的艰巨性和全局性，必然要有权力作为支撑，笔者认为和谐企业文化生成与创新可以采用强制性变迁和诱致性变迁相结合的办法，要充分发挥政府的主导作用。和谐企业文化是基于人的他涉偏好的合作行为而发展起来的，竞争可以不需要任何约束，而合作行为的达成却需要相应的制度和组织约束才能走出囚徒困境，无疑需要政府来承担这一重任，事实上我国政府在企业文化形成的各个阶段也确实扮演着不可或缺的角色。

在西方发达国家，企业文化是在企业的主导下不断发展的，而在我国，企业制度变迁及企业文化演化处处体现出政府行政主导的特色，特别是和谐企业文化构建有着鲜明的中国特色，它的提出和推进是一场自上而下的运动。党的十六届四中全会提出了科学发展观，构建社会主义和谐社会的伟大战略。十六届六中全会作出了《中共中央关于构建社会主义和谐社会若干重大问题的决定》，这是中国根据新世纪、新阶段我国经济社会发展的新要求、新特点提出的重大战略举措。全社会掀起和谐文化构建的高潮，这些都成为我国和谐企业文化构建的重要社会思想背景和外部推动力。在这种历史背景下越来越多的研究开始聚焦于和谐社会、和谐社会文化、和谐企业构建。企业文化研究也自然倾向于与中国社会改革相结合，开始研究和谐社会与企业文化的关系，提出了和谐企业文化构建命题。胡锦涛总书记在党的十七大报告中明确指出："文化越来越成为民族凝聚力和创造力的重要源泉、越来越成为综合国力竞争的重要因素，文化越来越成为民族凝聚力和创造力的重要源泉、越来越成为综合国力竞争的重要因素，丰富精神文化生活越来越成为我国人民的热切愿望。"① 作为社会和谐

① 《十七大以来重要文献选编》上，中央文献出版社，2009，第741页。

文化的重要组成部分和生长点，和谐企业文化逐渐成为企业文化研究的热点问题，在政府的大力倡导和推动、理论研究的支撑下，和谐企业文化实践也如火如荼地开展起来。关于和谐企业文化的各类研讨会、经验交流会也屡见报端，形成了良好的行政、学界、企业界的联动力量，大大地推动了和谐企业文化理论与实践的进程。可以说，我国企业的和谐文化命题的提出及实践探索都兴起于政府的推动。但是这种探索随着社会热点问题的转变而没有持续深入下去。因缺乏后续的推动，实践中也没有成熟和定型。因此本书认为要进一步推动和完善和谐企业文化创新发展，不应该随着社会关注热点的转变而改弦易辙，需要政府发挥在制度供给中的巨大作用，采取诱致性变迁和强制性变迁相结合的方法，加大对和谐企业文化构建的引导和推动力度，积极创设和谐企业生长发育的环境条件，完善保障机制，促进我国和谐企业文化的发展和完善，形成成熟完善的有中国特色的企业文化模式，构筑中国精神、展示中国价值、凝聚中国力量。

在和谐企业文化生成与创新中，我们需要更有效地发挥公共行政力量对企业文化生成与创新发展的引导和推动作用，政府的政策导向和实际的支持至关重要。不过需要强调的一点是政府在和谐企业文化形塑中的定位，必须是有所为、有所不为。每个企业根据自身条件构建什么样的企业文化、如何构建企业文化是企业的自由，政府应当予以尊重。政府要做的是从战略的高度出发，在宏观上运用各种社会资源和因素去构建和谐企业文化的促进机制，支持和推动和谐企业文化创新发展。

（二）企业内部积极因素作用的发挥

企业作为和谐企业文化生成与创新的主体，在有利于和谐企业文化外部环境的条件下，进行和谐企业文化生成与创新实践应该充分发挥企业内部积极因素的作用。

1. 企业领导者的主导作用

在企业文化形成的内在机理中，我们看到企业内部强势人物在企业文化内化过程中起着举足轻重的作用。强势人物最通常的代表是企业领导者。诺斯认为实施制度变迁首先要形成能够发现制度变迁潜在利益的第一行动集团，即初级行动团体。在企业文化的变革过程中，这个初级行动团体就是具有卓越才能的领导者。在科特看来卓越的领导者因为具有丰富的知识、高瞻远瞩的目光和高超的领导才能，才能领导驾驭企业文化变革这个复杂的系统工程；因为具有开放眼光，视野广阔，能够冷静审视和判断企业所处的环境，发现企业存在的问题，能够把握企业发展方向。① 另外，企业文化的变革存在极大的困难，要克服企业文化的路径依赖和既得利益集团的阻碍需要权力作为支撑。企业文化的变革是一项复杂的全局性的系统工程，要广泛动员和人财物的大量投入，都需要权力做后盾来保障。

企业家是企业文化的倡导者、设计者和推行者，自身的素质、价值观念直接决定着企业文化的理念，在企业文化构建中担负着极为重要的角色，发挥着不可替代的作用。很多学者阐述了企业创始人或者领导者在企业文化形成中的决定性作用。如美国波士顿大学研究员斯坦雷·戴维斯说："文化和战略本质上是自上而下的事情"，"企业的领导者总是文化的活水源头"。② 企业创始人的倾向性和假设认为人是可信的、自觉的，则在管理中会倾向于柔性管理，以激励和授权为主要特征，因此企业自然会形成一种"人本化"柔性文化。而假设另一个企业创始人认为人是不可信的、天生懒惰的、不自觉的，他会选择一种基于不信任的专制管理，对员工进行严密的监督与控制。企业也自然形成一种专制的、硬性的文化。企业创始人的个人意识在企业创立之初就会因为其强势的地位而影响团队成员的意识，而且企业创始人一般都会想办法把自己的意识和观点努力传达给其团队的成员，并在实践中予以积极检验，只要在初期的实践中哪怕是个别的事实中获得成功，则会强化创始人的这种意识，使其沉淀下来，逐步从核心扩散到外围，成为群体的意识，形成一种企业内的文化氛围，企业文化主要特性由此形成。这种个人意识很难改变，除非企业遇到重大挫折、内力和外力的强烈扰动才有可能改变。可见，和谐企业文化生成与创

---

① 张群祥、朱永法：《基于新制度经济学视角的企业文化变革研究》，《企业活力》2008 年第 3 期。

② 转引自刘辉文、张幼铭《企业文化的性质和作用》，《浙江大学学报》（人文社会科学版）2002 年第 4 期。

新，领导者是关键。

2. 企业员工的共同参与

企业文化作为企业的一种共识，共同认知的观念体系，也就意味着群体认知度、认同度越高，文化力也就越强。企业文化对于企业的推动作用得以实现，关键在于全体员工的理解认同与身体力行。从制度经济学角度来说，采取诱致性变迁的方式，比强制变迁效果要好。诱致性变迁就是指基于员工自愿支持的观念更新与行为模式的转变。因此和谐企业文化要在企业中茁壮成长需要扩大群众基础，尊重员工的文化主体地位，通过积极地沟通使员工对和谐发展的认识趋于一致。和谐企业文化的本质特征在价值共享、和谐发展，最根本的要求就是要“以人为本”，尊重人、重视人的主体地位和主导作用，激发人的主动性和创新精神，通过文化环境和文化体系的内化功能，实现人的全面进步与企业和谐发展。因此，和谐企业文化生成与创新中全员动员和全员参与是和谐企业文化的内在要求。

三 和谐企业文化生成与创新的策略选择

为了更好地推进和谐企业文化生成与创新实践，在过程中还必须注意策略选择，需要注意以下几点。

（一）兼容并蓄，继承创新

和谐企业文化创新，是一个文化选择、文化组合和文化重构的过程。要在坚持和谐企业文化基本价值观念和基本规定性的基础上在文化传承与创新的过程中通过整合不同文化的优势力量，形成以民族文化为主干成分的相对稳定的“文化基因”，同时兼容并蓄，吸收其他文明的优秀养分的参天大树，支撑并促进企业发展的精神支柱。正如毛泽东所说：“我们的方针是，一切民族、一切国家的长处都要学，政治、经济、科学、技术、文学、艺术的一切真正好的东西都要学。”① 企业一方面要汲取民族营养，

① 《毛泽东文集》第7卷，人民出版社，1999，第41页。

挖掘本企业长期形成的优良文化，撷取“以和为贵”伦理、“天人合一”精神、“义利并举”主张、“勤俭节约”传统、“整体主义”观念与“集体主义”思想作为精神文化的“合理内核”，体现出企业文化的民族特色；另一方面要研究和借鉴西方文化的“人本”“民主”“法治”等文化精髓和与之相应的现代管理制度，结合市场经济与时代特色，培育现代企业精神。[①] 同时还要不断进行文化创新，如新的历史时期，对新形势、现代经济体系进行研究，深入剖析其对企业发展提出的新的要求和挑战，对企业文化创新提出新的要求，在新形势下的新特点和新趋势，如何通过和谐企业文化的进一步变革和创新将新发展理念融入企业文化体系之中，实现企业与社会、自然环境、员工的和谐发展。

（二）系统整合，文化落地

和谐企业文化创新是对企业精神文化、企业制度文化、企业行为文化、企业物质文化的改造与更新。依据四个层面的逻辑关系，既要摒弃简单的搞搞花样、走走过场、喊喊口号的“务虚”做法，也要避免将企业文化等同于企业精神或企业价值观，等同于企业的核心理念或行为规范，使企业文化成为排除在管理之外的空中楼阁。科学发展观引领下的和谐企业文化创新要立足“以人为本”的核心理念，以培育企业精神文化为起点，以建立健全相应的现代企业管理制度为落脚点，有效整合文化自律与制度约束两种规范力量，并将以高尚的行为文化与高品质的物质文化载体形式呈现给社会。

（三）坚持共性，突出个性

企业文化是在某一文化背景下，将企业自身经营发展状况与企业内外环境等多种因素综合考虑而确定的独特的文化管理模式。无论是脱离时代背景，忽略环境因素，还是抛弃自身条件的和谐企业文化建设，都不能形

---

① 许冬梅：《基于科学发展观的国企企业文化创新研究》，硕士学位论文，大庆石油学院，2010，第22页。

成强势文化。和谐企业文化创新事业是一个系统工程，既要坚持以“以人为本”为基本假设，体现出以人为本、服务社会、和谐发展的时代特征和精神风貌，又要依据行业、地域、历史传统、体制模式、员工素质、社会职能、规模大小、企业目标的不同进行准确的文化定位，创造出鲜明的个性特征，最终实现“在共性中求生存，在个性中图发展”的文化目标。

（四）统筹兼顾，和谐发展

和谐企业文化作为一种文化力既要在微观层面起到人心凝聚、行为导向、精神激励的作用，为企业带来可观的经济效益，又要在宏观层面对社会主流文化产生影响与辐射，实现企业文化的社会效益。因此和谐企业文化的创新要兼顾各利益相关者利益，统筹兼顾，全面协调地推进创新进程，实现和谐发展。任何改革如果不建立在不损害任何人利益的基础上都很难顺利推进，如果不能统筹兼顾、利益协调，将会导致创新失败甚至倒退。

第七章　新时代和谐企业文化的塑造

和谐企业文化的塑造，是强化企业和谐发展实现的内在机制，也就是促进实现自律的现代企业价值观体系的构建，为企业生产经营服务和企业长久发展提供保证。文化是考察推进一种社会现象与关系的重要指标与方法。从这个角度放眼世界，可以看到，发达国家企业的演变发展，有一种文化的底蕴在不断地积淀生成，有一条较清晰的文化脉络在不断显现出来，使企业发展呈现一种逐渐人本化、现代化、文化化的趋势。[①] 从文化的角度来认识和把握企业的发展，通过文化的变革来实现企业的可持续发展才是最根本之途，只有和谐企业文化才能从根本上实现企业可持续发展和社会和谐发展。

第一节　中国企业文化建设现状

企业文化虽然在我国已经提出并被大力倡导，一些企业也积极进行了响应，不过通过笔者的调研和现有研究成果的整理，发现我国企业文化建设还只是处于起步阶段，存在很多不足，主要问题归纳如下。

一　观念上重视不够

综合调研结果来看，企业员工对企业文化都比较了解，反映出企业界

① 孟令军：《劳资关系的文化视角》，《工会理论与实践－中国工运学院学报》2002 年第 1 期。

对企业文化的普及程度高，员工的认可程度较高。但从调查和访问的实际情况来看，企业文化建设重视程度还很不够，和企业的市场战略、产品研发等比较起来，更多的企业特别是中小企业仅把企业文化当成一种潮流的和应景的行动，真正体会到企业文化的战略价值并且在实际中获得企业文化建设带来的价值还很少。坚定不移、不遗余力地搞企业文化建设的企业不多。再则，企业思想上重视和落实到实际行动上还有一定差距，而且实际的企业文化建设由于企业条件的不同、方式方法不同，效果也就各不相同。从根源来说企业文化的战略作用没有得到根本的重视，企业文化可有可无，企业文化就是搞搞文娱活动，或者企业文化建设是在企业发展好了之后才需要考虑的事，现在谈企业文化为时尚早等错误认识还依然存在。不少管理者追求经济效益，仍旧抱着传统的文化观念，看不到企业社会化的趋势，看不到企业文化对提高企业经济效益和社会福利、增强企业竞争力、促进企业可持续发展的作用，没有从观念上深刻认识和把握企业文化的重要地位和作用。

二　行动上缺乏科学性、系统性

针对企业文化建设中存在的问题，从调研结果来看，问题最突出的前三位依次是：缺乏企业文化建设的系统规划；重视显性文化建设、忽视隐性文化；企业文化建设没有充分发挥员工的主体作用，缺乏以员工为主导的企业文化建设。虽然现阶段企业文化建设如火如荼，但是大多数企业将企业文化建设停留在表面，如有的企业搞形式主义，做表面文章，将企业文化建设停留在物质文化层面上，如注重企业厂区美化、企业标识规范化；有的企业将企业文化等同于开展文体娱乐活动，将企业文化建设停留于行为文化层面上，如将企业文化等同于集体活动，如聚餐、集体考察、旅游等文体活动，甚至形成量化指标，年终总结的时候汇报企业文化建设成果是搞了多少次各类集体活动，参与人数达到多少等；还有的企业只重视精神文化建设，而忽视了企业文化其他方面的建设，把企业文化建设等同于思想政治工作，而且提出的企业精神多是口号式，千人一面，雷同化、形式化严重，如很多企业提出的企业文化口号里面都有“和谐”，但正式在各方面体现和凸显和谐理念的企业不够多。企业精神文化建设也因为缺乏切实可行的措施而虚化，停留于纸上。

概言之，企业在企业文化实践中，缺乏科学性和系统性，零敲碎打，没有整体目标和长远规划，没有将企业文化的精神文化层、制度层、行为和物质层有机整合，没有将观念的变革、制度的变革以及员工行为的修炼等各个方面结合起来并按其内在的逻辑和运行机制塑造成一个充满生气的自然生态系统，难以有效地发挥企业文化系统的功能和效用；也缺乏切实可行的措施，使企业文化实践无法深入有效地进行下去。这必将导致和谐企业文化构建流于形式、虚化，容易降低人们对企业文化的预期以及进一步探究的信心。

三　与企业经济效益之间的关系处理不当，收效甚微

企业文化的先进性不仅体现在伦理价值上，对于企业来说，其能够有效地增强企业凝聚力、竞争力，实现企业经济效益，因此企业文化建设必须与企业经济效益相结合，才能促进企业良性发展。同时，企业经济效益的提高也会进一步为企业文化发展提供物质保障，进一步激励企业员工，增强企业文化力。当前我国企业文化建设中存在的一个普遍问题是对企业文化建设与企业经济效益之间的关系处理不当。或为文化而文化，不注重经济效益；或狭隘理解企业文化将其等同于慈善活动和员工福利；或功利目的极强，企图收到立竿见影之效。这些观念表明很多企业缺乏对企业文化的准确理解和把握，没有真正认识到企业文化对于企业经济绩效和可持续发展的重要作用，导致企业文化构建走上歧路。面对新旧文化冲突，也难以整合，使得企业管理混乱，也使得企业对企业文化进一步失去信心和兴趣。当然也就谈不上通过对其企业文化中的和谐因子加以提炼、升华、重塑，使企业文化在企业经营与管理过程中发挥重要作用。

总之，反思我国企业文化实践得失，我国企业对企业文化的理解不深，对其重要性认识不足，企业文化构建需求更多的是一种外部需求，企

业缺乏责任意识和和谐价值观念，对企业文化构建规律及过程也缺乏足够的了解，在企业文化建设上或急功近利，或敷衍应付，没有意识到企业文化是企业的长期任务，如果不能持之以恒，必然无疾而终。

第二节　中国和谐企业文化的社会建构

通过对企业文化形成与演化的规律分析，以及和谐企业文化生成和创新的影响因素与途径分析可知，和谐企业文化的形成需要内外部因素的共同作用。如果要有意识地主动塑造和谐企业文化，必须有其生成和创新发展的社会土壤。因此，本书先从宏观上讨论新时代和谐企业生成与创新的外部环境和保障机制的构建。

一　“和谐”思想的宣贯及社会和谐文化氛围的营造

任何一种文化成熟的标志，就是成为人们的自觉意识。和谐企业文化的形成，首先要求人们在观念上认同和谐理念，求同存异，和谐共存，这需要大量的舆论引导。在和谐企业文化形成的初期，一些企业或个人已经意识到和谐的重要性，并逐步树立共享价值观，认识到只有和谐才能使企业实现可持续发展。但在这个阶段整个和谐企业文化尚未成为一种主流文化现象。个人、企业和科研院所虽然进入这个领域，但是其科研开发力量仍是分散的、依赖的、无组织的；创建活动是零星的、局部的、偶然的、不完全自觉，没有与之相适应的制度文化作为依托，没有形成全社会的和谐文化氛围。因此，这阶段政府的主导作用十分重要，政府的核心作用在于引导宣传和谐价值理念的重要性和必然性，创建和谐文化的氛围。需要在政府主导下动员新闻媒体、科研机构、文化团体积极参与，共同进行和谐文化的相关主题宣传和创作，使其能被普遍认识和潜移默化进入每个人头脑，逐渐成为主流文化。

二 和谐治理制度和监管机制的完善

当人们认识到了和谐的重要性之后，接下来的主要任务就是要以“和谐”为核心完善企业治理制度和监管机制，使和谐文化从观念层面全面贯彻到制度及行为层面，努力构建和谐治理环境，包括软环境与物质环境。

制度经济学分析，当正式制度和非正式制度一致时，正式制度的强制约束力就具有强化非正式制度的功能。而且那些个体之间在权衡成本与收益的基础上经过博弈，形成的可以使参与者能获得更高的收益的短暂的或小范围的共识（非正式制度），需要的外部条件也就是正式制度设计。好的制度设计可以改变博弈主体的博弈环境，使他们明了改变后的制度收益会更高，再则因为和谐企业文化从基本价值观上与我国传统文化价值观念一脉相承，也不会带来成员内心较大的矛盾与冲突，较易达成共识。因此基于和谐理念，围绕“以人为本”“注重责任”“尊重自然”价值体系进行制度设计是和谐企业文化构建的有力保证和关键环节。

从利益相关者角度来说我国目前的制度安排，非股东的利益相关者利益难以得到切实的保护，缺乏必要的具体制度支撑。和谐制度安排首先是企业治理模式的选择。我国现行的《公司法》虽对职工代表加入监事会和董事会有相应规定，但并不完善，如《公司法》规定了公司监事会中必须有不低于三分之一的职工代表，但是监事会形成决议需要监事人数过半数才可，这就意味着职工代表在监事会中比例较低，很难实现自己的意愿；《公司法》规定了国有企业或者两个以上其他国有投资主体投资设立的有限责任公司的董事会成员中应当有职工代表，但是并没有具体的比例要求，致使职工代表在董事会中难以发挥实质作用。[①] 显然要构建和谐治理机制必须进一步明确企业员工参与董事会、监事会的形式与办法，进一步建立企业利益相关者权益保护和参与决策与监督的机制。

---

① 李维安、武立冬：《公司治理教程》，上海人民出版社，2002，第431页。

进一步完善约束不良行为的相关法律法规以及监管制度体系，特别是相对薄弱和滞后的关于环境的立法，如关于重污染行业的立法，关于循环经济的立法，环境司法、环境评价、许可证制度以及环境责任在公司设立中的规定等。同时，加大对企业员工和消费者权益的保护力度和相关制度措施的完善。改革地方政府和干部的绩效考核办法，将社会福利和环境评价纳入考核硬性指标，完善企业和政府责任人的奖惩制度，提升地方政府治理的积极性。

三　和谐企业文化建设的政策引导

依据我国企业文化发展历程中政府的支持和积极推动作用优势明显，因此在和谐企业文化构建上应该积极发挥这一优势，通过政策直接引导和推动和谐企业文化建设。首先在国有企业中推行和谐企业文化构建，相关部门可以出台相应的文件，明确要求企业、各类组织开展和谐文化构建，企业将和谐企业文化构建作为企业除了在利润产值指标外的另一重要指标、重大任务，组织落实。同时，出台相应的指导性文件，指导企业开展和谐企业文化构建，并组织人员定期调研、巡检，定期总结并对存在的问题进行研讨。对于非国有企业则是加大宣传、教育、引导的力度，鼓励企业主动开展和谐企业文化构建，采取有效激励措施，激励非国有制企业积极开展和谐企业文化构建。

除了直接政策引导以外，政府作为学界和实务界的桥梁，也可以授予各类企业文化协会、研究会等专业机构组织定期不定期的和谐企业文化专题研讨、成果发布会，进行和谐企业文化构建实效的定期调研、巡检、总结、评比活动。充分发挥政府的主导作用，在人员、资金上予以支持，如在国家社科基金项目立项、相关的学术研究予以资助等。为我国的和谐企业文化在思想舆论、物质条件和激励机制上构建有力的保障机制，以推动和谐企业文化构建。当整个社会都接受和谐，和谐观念成为一种普遍的理念，个人、企业和研发机构都能自觉地进行和谐企业文化构建活动，和谐行为成为一种普遍的行为准则时，和谐文化已成为主流文化。这时，政府的作用重点应当从具体的制度制定转移到宏观上指导、服务协调上来。比如报告和谐文化构建的前沿资讯，引导企业少走弯路。做好研究机构和企业之间的牵线搭桥工作，定期发布和谐企业文化构建报告等。政府所要做的是维护这个和谐的环境，并给予恰当的引导，使和谐企业文化得到不断继承和发扬。

四 构建完善的外部约束机制

政府还需要发动更多的力量参与和谐环境的营造，为和谐企业文化的创新发展构建更为完善的外部约束机制。如为社会团体提供更为宽松的政策环境，促进社群力量的增长，构建企业声誉激励机制和完善排污权交易制度等市场导向型治理机制。结合政府、社群、市场、媒体乃至公众的力量，形成有效的外部约束和激励。[①] 企业会适应性地变革自身观念及行动，逐步由被动到主动地承担社会责任，和谐企业文化不断生成与创新发展。

第三节 中国和谐企业文化的企业自我塑造

企业才是企业文化塑造的主体，本书研究的最终目的也是希望企业能自觉践行新发展理念，营造和谐文化氛围和生存、发展环境，实现高质量、高效率、更公平、更可持续地发展。

一 和谐企业文化塑造的目标

和谐企业文化塑造的目标，具体而言就是企业在新的历史时期，以和谐的理念推进企业文化构建工作，坚持以人为本，不断吸收企业的优

---

① 吴海贤：《企业环境责任研究》，博士学位论文，四川大学，2010，第180~184页。

秀文化成果，营造有时代特色和企业自身特色的和谐企业文化，使新发展理念成为企业的自觉意识，促进企业与人、自然、社会的和谐，实现企业可持续发展。这也是我国企业文化构建的在当前历史条件和要求下的总体任务及目标。具体目标包括和谐的精神文化、制度文化、行为文化和物质文化。

二　和谐企业文化塑造的基本要求

（一）奉行和谐理念、遵循和谐法则

和谐企业文化塑造的首要原则就是要真正认识、理解什么是和谐，和谐的价值准则和和谐的要求。以和谐理念为企业经营的基本理念，用和谐的思维方式去分析和解决问题，遵循和谐法则，以实现企业价值最大化为企业的根本目标。这里的价值不仅仅是商业价值，还包括社会价值，如企业促进员工的全面发展、综合素质的提高，为消费者提供更好的产品和服务，回馈社会，承担更多的社会责任，等等。和谐企业文化与传统的谋利企业文化有着根本的区别，有着更高尚的追求、更深远的意义，当然也有更高的要求。和谐企业文化塑造首先在价值观念上奉行价值共享理念，企业所有者与利益相关者共享企业发展成果。在经营管理理念上明显的特征就是在处理经营管理中出现的复杂关系和矛盾时遵循和谐法则。如在内部关系上，企业与员工的和谐体现在，树立“企业与员工共同发展”的思想，坚持“以人为本”，构建“雇员满意型”企业。在生产经营中，树立“义利兼顾”的思想，坚持义利并举，构建“诚信经营型”企业；在产业关系上树立“价值共享”的思想，坚持竞合共赢的合作理念，构建“友善协作型”企业；在社会责任上树立“感恩回报”的思想，坚持奉献社会的公益理念，构建“热心公益型”企业。在环境责任上，树立“节能环保”的思想，坚持绿色发展，构建“环境友好型”企业。①

① 《中外企业文化2007太原峰会综述》，新浪网，http://news.sina.com.cn/o/2007-11-27/074712976229s.shtml，最后访问日期：2020年1月5日。

（二）坚持“人本”核心，全面落实人本原则

有人才有文化，人才是文化塑造的主体，企业文化的出发点和归宿点都是人，企业文化塑造必须贯彻以人为本的基本原则。“以人为本”在企业文化塑造中始终被提出和强调。但在谋利文化时代，企业以经济利益最大化为目标，“以人为本”很难真正落实下去。只不过是资方为了缓和矛盾，追求更大利益的一些初步的、表面的妥协和让步。在和谐企业文化塑造中，从内部来讲，人的全面发展、员工与企业的共同发展是和谐企业文化追求的终极目标之一，和谐企业文化自始至终以提升人的价值为宗旨。因此，和谐企业文化塑造更需要深入地贯彻这一基本原则，要把以人为中心作为自己的根本原则，并且全面落实，才能实现我们塑造和谐企业文化的目标。同时，只有坚持以人为中心，才能在工作中不偏离方向，破除“以用为本”“雇佣”等旧观念，真正做到尊重人、理解人、培养人，使每个员工在一种和谐的、上进的文化氛围中从事工作，充分发挥他们的聪明才智和创造性。这样可以不断提高工作绩效，实现企业目标，同时也可以不断激励他们追求更高的人生目标，使其人格不断得以完善，素质得到提高。从企业外部来讲，只有以人为本，才能在企业产品定位和服务中充分考虑消费者需求，提供更人性化、符合消费者需求的产品和服务，为企业和社会创造更大的价值，创设和谐的企业成长氛围。同时也只有把以人为本作为企业发展的根本原则，才能促使企业考虑其社会责任、环境责任。总之，从长远来说，只有以人为本，才能实现企业的内外和谐，企业才具有持续发展的活力。

（三）以开放的心态，注重创新精神培养

和谐企业文化可以为企业创设内外和谐的环境条件和文化氛围，从而实现企业可持续发展。在本质上它是一种适应企业发展需要应运而生的一种创新文化，蕴含着顺应外部环境和自身条件的发展变化、克服文化惰性不断创新的精神。企业作为社会系统的一个细胞，必然要在整个社会系统中谋求生存与发展的资源和条件，也必然受社会环境条件的制约和影响。

无论是政治的、经济的还是文化的环境因素的变化都会影响企业的发展。企业本身也在不断演化，在不同发展阶段都会有变化，以固定的思路和模式解决发展问题只可能故步自封，最终被淘汰，只有创新才能使企业始终与外部环境保持平衡协调发展，实现可持续发展。和谐企业文化创新原则就是要求在和谐企业文化塑造中，在和谐理念的指引下，适应企业内外环境条件，创建具有创新精神的企业个性文化。特别指出的是在经济全球化背景下，塑造和谐的企业文化，必须有更为开放的心态、观念和战略，营造一个更为开放的和谐文化氛围。应当主动适应全球化趋势，采取开放的措施和手段，站在知识经济和经济全球化的背景下进行企业文化的创新。

（四）以全局的观念，加强文化融合

塑造企业文化不能离开其所处的时代背景和社会环境。在当前的中国，改革开放、体制转轨所带来观念和文化的冲突、碰撞前所未有。传统文化、马克思主义思想、西方文化等多元文化如何兼收并蓄、重塑国体，关系到中华的崛起。置身于中的企业同样如此，没有优良的文化很难在激烈的市场竞争中立足和发展。和谐企业文化意味着文化本身的和谐，关注企业旧有文化，并与传统文化、社会文化、外来文化有机融合，才能成功塑造和谐企业文化。企业文化作为一种非正式制度，一类是社会公认的行为规则，如风俗、道德规范等这些人们在长期交往、接触中选择、传承下来的软性规则。另一类是内部实施的行为规则，这些规则是适应于特定环境需求，在主体博弈过程中达成的小范围的均衡，一般产生时间较短，而且随着产生条件的变化可能会很快被淘汰。这也就意味着企业文化塑造既要关注经由长期选择、传承而来的传统文化和企业旧有文化中具有悠久历史的文化积淀，也要注意企业随着条件的变化而适应性的文化创新。因此和谐企业文化塑造需要关注企业旧有文化，从全局出发，兼收并蓄、有机融合传统的、外来的多元文化观念，塑造具有自身特色的和谐企业文化。

传统文化源远流长，在我国社会文化中具有持久的生命力和深厚的积淀。日本企业对我国儒家文化优良传统的继承与运用，取得了企业经营的巨大成功。国内外的很多大企业的实践经验都证明，我国传统的儒释道文

化可以有效地解决很多现代企业制度无法解决的瓶颈问题。我国的传统文化中，以和为贵、以人为本，天人合一等追求和谐的精神和思想为和谐企业文化生成和发展提供了良好的思想基础和社会土壤。随着时代的进步，和谐思想的当代价值愈发凸显，因此对于传统文化中的和谐思想体系我们更要继承并发扬光大。但对传统文化消极的一面，如儒家文化的知足常乐、枪打出头鸟等抑制企业创新的观念则要摒弃。因此，在和谐企业文化塑造中，对于传统文化我们要善于鉴别其积极因素和消极因素，合理引导、吸收传统文化积极因子与本企业自身文化的融合。

企业作为社会中的一个细胞离不开当时的社会文化环境，企业文化作为一种微观文化是社会文化的组成部分，必然与社会文化有着互动关系。因此，我们要塑造和谐的企业文化一定要注重与社会文化的优势嫁接、共融互补和协同发展。社会文化包括很多方面，也有着很丰富的内涵，就我国社会主义现代企业这一特定组织来说，必须坚持社会主义核心价值体系，以社会主义核心价值观为指导，围绕企业的目标，对本企业成员施加意识形态和心理的影响。共产党在发展历史过程中形成和积淀的思想政治工作体系和方法值得借鉴。因此，在和谐企业文化塑造中，要形成与社会文化的良性互动，把企业思想政治工作与企业文化塑造结合起来，创建社会主义和谐企业文化。[①] 对于在改革开放、全球化发展趋势中蜂拥而至的外来文化，同样以全局的观念，取其精华去其糟粕，促使其与企业旧有文化、传统文化和社会文化有机融合，形成新的和谐企业文化体系。

（五）“自组织”与“他组织”结合

耗散结构理论创始人普利高津（Ilya Prigogine）最早准确地提出和使用了“自组织”的概念，用以描述那些自发出现或者形成有序结构的过程。[②] 自组织是一种自发、自主的过程，一般系统由于自身的内在的复杂和互动关联性，具有自组织特征。与“自组织”概念相对应的就是“他组

---

① 吴钦春：《刍议和谐企业文化的内涵及构建》，《商场现代化》2007 年第 24 期。

② Nicolis, Prigogine, *Self-organizationin Nonequilibrium System*, *from Dissipative Structures to Orderthrough Fluctuations*, New York: Wiley, 1977.

织”，在一些文献中也称为“组织”或“被组织”。按照哈肯的描述与定义，外界以特定的方式作用、干预系统的一种有组织的行为，系统结构和功能是外界加给系统的。[①] 从外部来讲，对其加以设计、组织和控制的所有人工系统都属于“他组织”模式。而按照系统科学的表述，“组织”对实现系统目标提供可靠保证，具有针对性和计划性，且易于操作，使系统在特定的时空内表现出可预测的节律性运动，并发挥特定的功能；但同时实践也表明，由于人的有限理性，由外部指令来推动的复杂的被组织系统的演化将大大落后于自组织系统。因此，应该根据具体情况合理地运用两种系统演化方式。

企业文化作为一个有机的系统，是一种“自组织”系统，具有自发衍生发展的特性。但并不意味着可以摒弃人力的干预，它作为一种社会系统又不同于自然系统，它不是被动的过程，离不开人的参与。因此，在和谐企业文化塑造的系统工程中，需要借助一只“看得见的手”（文化塑造的自觉意识）来构建自组织的实现条件，在它的轻轻推动下，使现有文化系统向更高层次文化系统自然转化，实现企业文化系统的和谐演进。

三　企业领导者的文化自觉和文化创新

上一章在和谐企业文化生成与创新中我们讨论了领导的关键作用。基于此，我们需要进一步明确在和谐企业文化实践中领导如何发挥作用。

首先，需要启发领导者塑造和谐企业文化的自觉意识，即文化自觉。文化自觉是“指企业管理者对企业存在的价值和经营管理的目标的思考，是对企业运行工作中文化内涵和文化意义的理解，运用文化规律和特点进行管理的理性自觉”[②]。只有领导者真正认识和理解和谐企业文化，把和谐价值观念与自己的价值意识、文化背景、企业实际相结合，形成本企业的和谐企业文化意识，并通过企业家的信念、作风和行为方式等体现出来，

① 转引自沈小峰等《自组织的哲学——一种新的自然观和科学观》，中共中央党校出版社，1993，第 14 页。

② 贾修启：《加强企业文化建设促进企业和谐发展》，《现代商业》2008 年第 29 期。

和谐企业文化才能从一种理想变为现实。

其次，企业文化创新的前提是企业经营管理者观念的转变。因此，进行和谐企业文化创新，企业领导必须转变观念，提高相关理论素养。要对和谐企业文化的内涵有更全面更深层次的理解，要彻底从过去那种认为搞企业文化就是组织唱唱歌、跳跳舞，举办书法、摄影比赛等的思维定式中走出来，真正将和谐企业文化的概念定位在企业经营理念、企业价值观、企业精神和企业形象上；要从原来的自我封闭、行政命令、平均主义和粗放经营中走出来，牢固树立适应社会要求和市场要求的全新的发展理念，认真掌握现代化的管理知识、技能，积极吸收国外优秀的文化管理经验，兼收并蓄，具有开放的心态和开阔的视野；要有强烈的创新精神，思维活动和心理状态要保持一种非凡的活力，不断根据企业环境的变化及企业实际推进和谐企业文化创新发展。

在企业文化创新中，领导者是主导，也是践行者，必须注意加强自身的素质构建，做到自我完善，自我约束，率先垂范，以身作则，才能逐步得到员工的认同，形成良好的和谐文化氛围。

最后，企业文化创新还需要领导者具有坚定的意志和高度的责任感。能够勇于承担风险，积极推动文化变革，坚定不移、百折不挠，担当企业文化创新的领头人。只有具备上述卓越素质的领导者才能有效推动文化变革。当然各级管理者在和谐企业文化创新中的责任重大，都需要学习并懂得和谐企业文化在现代化企业经营管理中的地位、意义和作用，和谐企业文化深刻内涵及如何培育和谐企业文化，如何在各项工作中具体组织落实和推进和谐企业文化创新发展，等等。同时，政府应当积极推动企业家群体素质的提高，采取各种措施引导、鼓励和支持企业家主动进行和谐企业文化的创新。

四　企业和谐管理制度的设计与完善

在企业文化形成的一般机理中我们知道企业文化和企业制度的交互影响、协同演化的运动轨迹，企业文化作为一种非正式制度是正式制度产生的前提和基础，正式制度反过来有效地支持非正式制度功能的有效发挥。实现企业文化从观念性到制度性的演化。因此，企业在确立和谐企业文化观念的同时只有通过正式制度的改革来促进旧有文化的整体变迁，以实现制度的均衡，两者的协调和相容才能使和谐企业文化有效地推动企业和谐发展。和谐企业文化要更快地落地和发挥作用，离不开企业和谐管理制度的完善，包括企业内部的薪酬福利制度、员工培训与发展制度、民主参与决策的制度，以及企业安全生产制度、质量管理制度、废弃物管理制度、环境保护制度等。不少学者注意到人力资源管理在企业文化塑造中的重要作用，认为人力资源管理影响着企业文化的创建、维系和变革。[①] 认为设计符合组织战略需要的人力资源实践规划是获取战略文化的两条途径之一。塑造和谐企业文化是整个社会的需求，而借助人力资源管理可以更简单快捷、更彻底地实现这目标。比如可以通过人力资源管理的一系列员工福利制度的设计，帮助员工感受到组织的关心和爱护，通过民主管理、员工参与决策制度，增强员工主人翁意识，通过职业生涯设计、教育培训制度，促使员工与企业休戚与共、共同发展，通过和谐氛围的营造，增强员工心里归属感和认同感，使得企业的和谐文化塑造得到员工的认同而最终成为企业共同的文化心理。只要企业在管理实践中由物本观转为人本观，在价值共享、尊重职工、参与管理、授权经营等方面深入实践，把人本原则落到实处，和谐发展也就自然水到渠成。

五 全员动员与员工参与

如前所诉，企业文化对于企业的推动作用得以实现，关键在于全体员工的理解认同与身体力行。和谐企业文化生成与创新中全员动员和全员参与是和谐企业文化的内在要求。

全员动员和全员参与要求在和谐企业文化塑造中，不断丰富完善“以人为本”的观念和管理系统，关注人在经济过程中的地位与发展。特别是企业经营管理者要改变价值观念、思维方式和行为方式，重视人的文化主

---

① 宋联可：《构建和谐企业文化的 H－H 模型》，《企业文明》2008 年第 3 期。

体的价值，重视启发人的能动性和创造性。由于文化的“路径依赖”，并不是每个职工都能感到变革的必要性和迫切性，特别是处于垄断地位、效益较好的企业更是如此。为了形成需要变革的风气，营造有利的舆论氛围，领导者需要大肆宣传企业存在的危机或潜在的危机，如小天鹅的“末日”理念，让员工切身感受到实施变革的紧迫性和必要性，以唤醒员工的文化自觉和文化创新意识，使他们有充分的思想准备。

当然，企业文化要深入人心，也要通过各种手段和方式进行文化宣传、教育，让文化力激荡、引领观念的更新和良好风气的形成，使和谐企业文化价值理念逐步转化为员工的自觉行动。如全员培训就是推动企业文化变革的根本手段。为此，在和谐企业文化生成与创新过程中，必须注重培训计划的制定和实施，督促全体员工接受培训、学习。通过专门培训，可以增进员工对和谐企业文化的认识和理解，增强员工的参与积极性，使和谐企业文化能够在员工接受的基础上顺利推进。除了正式或非正式的培训活动外，还可以利用会议以及其他各种舆论工具，如企业内部刊物、标语、板报等大力宣传企业的和谐价值观，使员工时刻都处于充满和谐的氛围之中。例如同仁堂继承了“人和”的老传统，通过系列措施创造了仁爱和谐的企业文化氛围，其通过各种节日庆祝活动、各类丰富多彩的职工文体活动，如歌咏大赛、交谊舞比赛、卡拉 OK 赛、台球赛、时装表演赛和每年有全体职工参加的运动会等，促进企业内关系融洽，职工对企业的感情日益加深。同时广泛开展企业文化系列主题宣传教育活动，运用广播、电视、报纸、宣传橱窗、网络媒体等多种载体，采取职工喜闻乐见的演讲赛、辩论赛、征文比赛、“大家谈”、“知识竞赛”等形式，广泛吸引群众参与，扩大教育面，增强广大职工对塑造企业文化的自觉意识，职工在参与中受到了教育，提高了自身素养，形成维护企业和谐和忠诚于组织的自律行为。

六　和谐企业文化培育过程及控制

在企业管理中，初始的人为设计的制度只有当它逐步被员工认同、内化能够自觉遵守时，制度才能称之为文化，也就意味着正式制度演化为一种非正式制度，由一种外在约束内化成一种自我约束。否则，制度仅仅是一种管理规则，至多只能称之为管理者的“文化”。美国文化人类学家露丝·本尼迪克特（Ruth Benedic）把文化的发展看作一个整合的过程，在这个过程中一些文化特质被吸收，逐步走上规范化，另一些文化特质被排除，最终形成了具有一定价值取向的文化模式。[①] 和谐企业文化也必然在一定社会历史条件下，按其和谐价值取向产生、积累、形成和发展，逐步成为一种稳定的形态，也就是和谐企业文化模式。对我国企业来说和谐企业文化模式的形成，不是一朝一夕就能实现的，也不是光靠热情和搞运动就能实现的。它必然要经历这样一个系统的渐进的过程：在企业现有文化基础上，企业依据企业文化形成与发展规律从植入价值内核，渐进培育，促使其生长，最终得到广泛认同和践行，和谐企业文化形成。当然有效的方法可以大大提高效率，加快进程，甚至关系着成败。无效的方法可能导致劳民伤财，难见实效，很容易流于形式和虚化，这也是我国大多数企业在进行文化塑造中面临的困境。因此本书试图借鉴目前国内外关于企业文化塑造、变革、融合、传播、渗透等相关研究成果，依据前文所述的企业文化形成和演进的规律，从系统、动态的角度探讨和谐企业文化培育的过程及控制方法，以推进我国和谐企业文化的实践。

（一）和谐企业文化基核的植入

价值观是整个组织文化的核心和灵魂，因此选择正确的组织价值观是塑造组织文化的首要战略问题。这一阶段主要是理念的更新，中国自古以来就强调将价值取向的信念伦理置于首要地位，因此，价值观念的转变是我国企业和谐企业文化塑造的核心内容。因此和谐价值基核的植入是和谐企业文化塑造的首要也是最重要的一环。基于我国传统文化中天然具有的和谐思想底蕴，一般优秀的企业文化都孕育着和谐因子，因此，和谐价值基核的植入和原有价值观不会有很大冲突，但也不是一蹴

---

① 〔美〕露丝·本尼迪克特：《文化模式》，王炜等译，三联书店，1992。

而就的事情。

库尔特·勒温（Kurt Lewin）于1950年提出了著名的“解冻—改变—再冻结”三阶段理论，是帮助人们理解组织变革全过程的经典模型。勒温曾指出，不管是对个体、群体或组织的变革，都会经历解冻、变革和再冻结三个阶段。[①] 要将和谐理念植入旧有文化之中，并落地生根，实现文化的变革。需要解冻旧有文化，就是要打破固有的观念、行为方法和程序，告诉人们为何要发生变革、变革给人们带来什么，人们只有接受了变革的需求，才能自觉地加入到变革中，成为变革的支持者和贡献者。对企业而言，就是要打破旧有文化固化状态，唤醒塑造和谐企业文化的自觉意识。正如前面的讨论，随着经济社会的发展、社会思想背景和政府的外部约束和推动，和谐企业文化理念必将逐步由被动转变为企业自身的迫切需要和自然选择。不过这一进程也由于企业的差异而程度不同。有些企业已经具备和谐文化观念并采取积极行动，如瑞德电子（深圳）有限公司的瑞德特色“1+3”恳谈机制，“一个目标”，即“劳资一心，互爱共赢”；“三个平台”，就是CEO与员工直接对话平台、CEO委托中层管理者与员工对话平台、CEO授权生产管理者与员工对话平台。通过多层次、多渠道的沟通，建立和谐企业文化，激发了员工的自主创新意识，从源头解决劳资纠纷。这一机制在政府的提炼与推行宣导下，在众多企业推广。[②] 有些企业则比较滞后，特别是大量的民营企业，如以重庆市荣昌法院2012~2015年劳动争议案件统计分析表明，在劳动争议主体方面，被告主要集中在民营企业，占全部争议的87.2%。[③] 可见，企业文化自觉意识的差异影响文化变革的进程和效果。和谐企业文化塑造的自觉意识，主要体现在领导者身上。领导者要大力倡导和推动企业文化向和谐企业文化变革，以身作则，树立和谐的理想信念，培养和谐的思维方式，树立辩证的积极和谐观，将

① 《管理变革的三阶段——运用“勒温模型”》，意澄创新，http://www.e-how.cn/lewin-organization-change-theory/，最后访问日期：2020年1月5日。

② 王炳乾、邬佳颖：《十佳企业文化案例彰显典型特色》，《深圳晚报》2018年6月12日，第A15版。

③ 刘成琼：《劳动争议案件统计分析及建议》，中国法院网，https://www.chinacourt.org/article/detail/2016/08/id/2052844.shtml，最后访问日期：2020年1月5日。

和谐文化基核植入企业文化系统之中。

和谐文化基核的植入还需要对和谐企业文化基核进行个性化凝练和表达，即和谐企业文化基核植入必须经过组织的甄别、选择和消化。需要全面考察组织自身状态、条件、原有文化系统和文化构建能力，以和谐发展为目标，并紧密结合行业的特点和企业经营发展的实际需要，组织评估现有文化，进行个性化的凝练和表达，使其更适宜于组织吸纳。如在和谐企业文化建设中，不同企业在口号、标识、行动上都各具特色，但殊途同归，都推动了和谐文化的发展。如深圳华侨城都市娱乐投资公司，把和谐融入企业文化，结合企业自身优势实力，围绕生态环保公益，通过各种形式，宣导人与自然的和谐理念，呼吁人们珍惜和爱护大自然，开辟出了独具特色的和谐企业文化发展之路，也产生了良好的社会效益，推动了社会和谐文化的发展。而中建三局集团有限公司深圳分公司则努力建设“争先”文化，即“敢为天下先，永远争第一”。通过“争先”，“为客户提供最优服务，为股东谋求最大价值，为员工提升幸福指数，为人类改善生存环境。”① 从“争先”文化的具体内涵中我们可以看到，通过争先实现与客户、股东、员工、环境的和谐。这种“争先”文化实质就是和谐企业文化。“争先”是企业对和谐价值的个性化表达。

在外部环境的推动和企业自身需要的合力下，根据企业对现有文化的评估，明确企业需要加以改变的范围和需承担的义务，确定并公布企业环境中积极的方面、有必要加以保持的方面、需要改变和弥补的方面。企业统一规划，采取一系列措施，全员动员、全员参与，最终促使和谐企业文化基核逐渐成长，实现文化融合，和谐理念自然生根发芽。

（二）和谐企业文化观念的内化

根据和谐企业文化形成与发展的一般规律，一旦选择和确立了组织价值观和组织文化模式，就应该强化成员认同。和谐企业文化基核植入要能

---

① 王炳乾、邬佳颖：《十佳企业文化案例彰显典型特色》，《深圳晚报》2018 年 6 月 12 日，第 A15 版。

在原有文化中落地生根，就像种植一样，必须创设组织内部适宜其生长发育的条件，构建内部自组织环境条件，并采取相应措施精心培育，加速其生长发育。这样融合了外来文化的新生企业文化通过文化系统内部要素的相互作用而生长。因此，它一方面传承了原有企业文化的精髓，避免了渗透文化与实际文化之间脱节；另一方面又实现了适合于组织自身文化的改进和提升。具体而言，就是要遵循文化构建的内在规律，坚持继承与创新相结合，整体规划，系统设计，抓好文化落地的具体工作。

企业文化落地，就是要把和谐价值观从核心理念扩散到经营理念，落实到组织管理的各个方面和每个环节（见图7-1）。企业着力推进以企业精神文化为核心的企业文化体系构建，进一步建立和完善和谐的价值理念系统、制度规范系统和行为表象系统，从精神层到制度层和物质层，使和谐价值观层层落实，和谐企业文化在组织中逐步生长与发展。

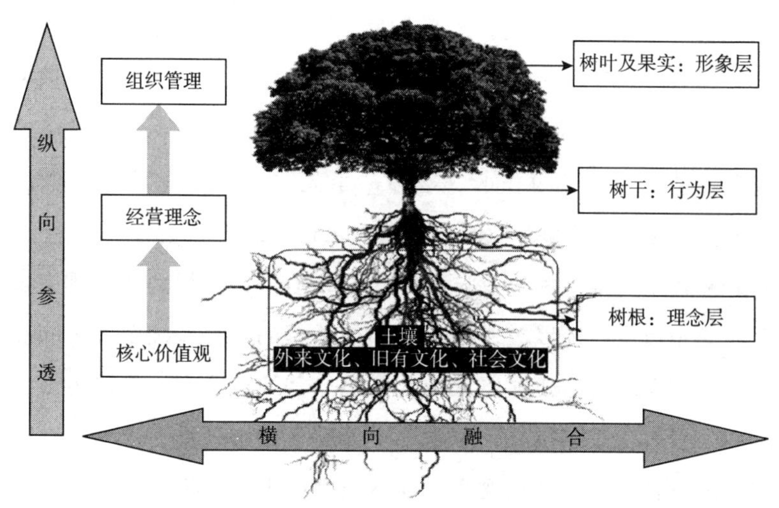

图7-1 和谐企业文化培育树状图

需要强调的是从核心理念到经营理念的扩散是和谐价值观生根发芽的关键环节。经营理念是企业核心理念在生产经营的各环节的具体贯彻与表现，用于指导日常业务工作的精神信仰基本观念体系，如市场竞争理念、人力资源管理理念、社会责任理念等。一般企业都会在核心价值理念的指引下根据自身条件和企业传统提出具有个性特色的经营理念体系。如深圳华侨城提出的“分享”理念、创维提出的“痛苦”理念、中建三局集团有限公司深圳分公司提出的“争先”理念等。这些理念都是其核心理念的外在表现形式。在和谐企业文化创建中，如在企业研发方面，将和谐理念与企业新产品开发结合，企业就会研发出更多消费者欢迎、环境友好的产品。例如中国华西企业有限公司的“善建”企业文化，围绕“传承善建文化，筑造工匠精神”的活动主题，筑造“传承规矩、创新工具、精美建筑、诚信服务”的工匠文化使华西建筑质量品质不断提升。[①] 如在人力资源方面，把“和谐”和“以人为本”相结合，企业就会致力于将企业使命、目标与员工的个人发展结合起来，实现员工与企业的和谐发展。例如中国建筑第二工程局有限公司深圳分公司努力培育知识型、技术型、创新型的高素质、高技能、高效率的职工队伍，广泛开展创新工作室创建活动，鼓励职工技术创新。企业统一部署，充分发挥先进典型示范引领作用，创新工作室成为企业发展的智囊团、培育人才的孵化器，在实践中彰显了极大的创新价值。[②]

在和谐企业文化观念内化的过程中，要注意过程控制，尽可能为和谐企业文化落地生长提供条件，扫清障碍。因此，和谐理念具体贯彻过程中，企业领导者要善于描述理想文化的前景，进行广泛的沟通交流，鼓励员工理解并支持企业文化变革，在变革过程中，不断提供鼓励和支持。同时组织要搭建和谐企业文化生长的载体和平台，包括企业治理模式、基本管理制度以及企业的日常经营管理活动。企业文化变革不单单是企业文化建设活动，实质上是整个管理理念及模式的转变。因此在和谐企业文化培育中，要创造适宜和谐基核生长发育的制度文化，以硬性制度规则来贯彻和谐理念，形成强化和谐的管理机制，使和谐体现在企业经营管理的各个环节和每一个员工的行动中。如通过奖励制度的变革，可以有效减轻因为害怕变革带来利益损失而形成的文化惯性阻力。

---

① 王炳乾、邬佳颖：《十佳企业文化案例彰显典型特色》，《深圳晚报》2018 年 6 月 12 日，第 A15 版。

② 王炳乾、邬佳颖：《十佳企业文化案例彰显典型特色》，《深圳晚报》2018 年 6 月 12 日，第 A15 版。

同时遵循非正式制度形成的规律，通过组织和谐文化氛围与和谐企业文化系统创建活动，突出和谐思想内涵，对员工群体产生心理的、情绪的积极影响，通过长期潜移默化的熏染逐渐形成共识。这一过程，可以采用各种文化建设活动，使和谐企业文化的深刻内涵寓于各种具有公开性和可见性的载体中和喜闻乐见的活动之中，同时注意包括心理学规律的运用，如心理定势、心理强化、从众心理、模仿心理、认同心理等，使人们从心理上无意识地被灌输和影响，接受其观念，自觉遵从和维护，在感染熏陶中内化于心，和谐企业文化深入人心，茁壮成长，最终结出丰硕的果实。

（三）和谐企业文化的评价和冻结

评价和衡量是企业文化变革的重要手段，不仅是衡量成果，也是一种纠偏手段，是人们了解变革进程、所取得的成果及偏差，进而巩固成果，纠正偏差的重要手段。和谐企业文化建设同样需要科学的评价体系，有利于把握和谐企业文化建设的发展水平，指导和推进和谐企业文化建设进程。

目前经典的企业文化评价模型多是来自西方文化背景，而企业文化具有很强的环境依赖性，和谐企业文化就是植根于中国传统和谐思想和现代文化的中国特色企业文化，因此，和谐企业文化评价必须分析研究和谐企业文化的特点和趋势，总结提炼和谐企业文化构成要素，建立符合企业发展规律并有利于实践操作的企业文化评价量表，为推进我国和谐企业文化实践提供参考。和谐企业文化构成要素是构建和谐企业文化评价指标体系的基础。本书从四个维度分析了和谐企业文化构成因子：一致性（和谐信念、以人为本、注重责任、尊重自然）；使命（愿景、战略导向、目标）；相容性（薪酬福利、领导风格、人际关系、民主参与、培养培训）；适应性（创造变革、顾客导向、竞合共赢、社会责任、环境责任）。适应性是指企业如何协调和处理与客户、竞争者、政府等利益相关者之间的关系，如何承担社会责任和环境责任，建立和谐的外部环境。使命和企业适应性，反映的是企业的外部和谐状态。一致性和相容性考察的是企业内部的和谐状态。一致性和使命反映组织的稳定性，相容性和适应性反映组织的灵活性。

在企业文化综合评价中，因为涉及大量复杂、相互影响的指标，学界通常用模糊综合评价的方法进行定量化处理。而模糊综合评价就是以模糊数学为基础，应用模糊关系合成的原理，将一些边界不清，不易定量的因素定量化，进行综合评价的一种方法。① 基于和谐企业文化特质模型进行和谐企业文化评价模型构架，将和谐企业文化4个维度17项特质指标构成多级模糊综合评价指标，设计成问卷，以职工和部分供货商、顾客以及其他社会人员为调查对象，进行问卷调查。然后采用分层抽样方法，将问卷随机发放给被调查人，进行数据收集。具体包括：确定模糊综合评判指标，如取和谐企业文化 u = ｛适应性、使命、一致性、参与性｝ = ｛u1，u2，u3，u4｝，建立综合评判的评价集，如取目标评价集 v = ｛优秀，良好，中等，一般，差｝ = ｛v1，v2，v3，v4，v5｝，再进行单因素模糊评判，构造评价矩阵，最后通过专家意见法评价因素的权向量，确定评判模型、处理评判指标得出结论。上述评价思路与方法是在已有研究基础上，从偏于实操的角度，对和谐企业文化评价一般思路和方法的思考。其具体应用，如指标体系确定、问卷的设计、数据处理还需要进一步在实践中检验和完善。希望随着实践的发展，有更多这方面的研究成果。

根据勒温模型，当人们接受变革并逐渐形成了新的行为方式之后，则应该进入“再冻结”阶段，对变革进行固化。也就是将变革过程中一些好的经验、制度、行为稳定下来，固化为企业整体的心理程序，成为新的企业文化的组成部分。②“再冻结”意味着新企业文化的形成。尽管变革是迅速变化世界的常态，但是通过“再冻结”来创造稳定感的过程仍然相当重要。因为只有在脱离了变革实施过程中的不确定性之后，员工才能摆脱由于变革带来的失衡状态，才能够充满信心地在新的模式下全力工作。

---

① 赵二宁：《基于模糊评价法的企业文化水平研究》，《商》2015年第21期。

② 《管理变革的三阶段——运用“勒温模型”》，意澄创新，http：//www. e - how. cn/lewin - organization - change - theory/，最后访问日期：2020年1月5日。

社会处于不断发展变化之中，企业的管理实践在不断地受到变革创新的挑战，但和谐企业文化最核心的价值和愿景部分应该保持长期稳定。通过和谐发展，实现和谐理想作为和谐企业文化最核心的部分将是企业长期的坚持。随着时代的发展，变化的是追求和谐理想、实现愿景的方法和手段而已。这也是本书研究的根本目的，和谐企业文化代替谋利文化成为新时代企业文化创新的必然趋势，是新时代中国特色企业文化最鲜明的特征。

参考文献

〔德〕马克思：《资本论》，中共中央马克思恩格斯列宁斯大林著作编译局编译，人民出版社，2004。

〔德〕马克思、恩格斯：《马克思恩格斯全集》，中共中央马克思恩格斯列宁斯大林著作编译局编译，人民出版社，2001。

〔德〕马克思、恩格斯：《马克思恩格斯选集》第1卷，中共中央马克思恩格斯列宁斯大林著作编译局编译，人民出版社，1995。

〔德〕马克思：《1844年经济学哲学手稿》，中共中央马克思恩格斯列宁斯大林著作编译局编译，人民出版社，2018。

〔俄〕列宁：《列宁全集》第3卷，中共中央马克思恩格斯列宁斯大林著作编译局编译，人民出版社，2014。

中共中央宣传部：《习近平新时代中国特色社会主义思想学习纲要》，学习出版社，2019。

《习近平谈治国理政》第1卷，外文出版社，2018。

《习近平谈治国理政》第2卷，外文出版社，2017。

中共中央宣传部：《习近平总书记系列重要讲话读本》，学习出版社、人民出版社，2016。

〔英〕亚当·斯密：《国民财富的性质和原因的研究》，郭大力、王亚南译，商务印书馆，1981。

〔美〕威廉·大内：《Z理论——美国企业界怎样迎接日本的挑战》，本书编译组编译，中国社会科学出版社，1984。

〔美〕托马斯·彼得斯、小罗伯特·沃特曼：《寻求优势——美国最成功公司的经验》，管维立等译，中国财经出版社，1985。

〔美〕泰伦斯·狄尔、爱伦·肯尼迪:《企业文化——现代企业的精神支柱》,唐铁军等译,上海科技文献出版社,1989。

〔美〕特伦斯·E. 迪尔、艾伦·A. 肯尼迪:《新企业文化》,孙健敏等译,人民大学出版社,2014。

〔美〕哈默、钱皮:《企业再造》,王珊珊等译,上海译文出版社,2007。

〔美〕爱德加·沙因:《组织文化与领导》,马红宇、王斌译,中国友谊出版社,1989。

〔美〕约翰·科特、詹姆斯·赫斯科特:《企业文化与经营业绩》,李晓涛等译,华夏出版社,1997。

〔德〕曼弗雷德·马丁、加比·波尔纳:《重塑管理形象》,何妙生等译,中国经济出版社,2004。

〔美〕迈克尔·茨威尔:《创建基于能力的企业文化》,王申英等译,华夏出版社,1999。

〔美〕罗伯·高菲等:《公司精神——决定成败的四种企业文化》,林洙如译,哈尔滨出版社,2003。

〔美〕康芒斯:《制度经济学》上册,于树生译,商务印书馆,1983。

〔美〕凡勃伦:《有闲阶级论》,甘平译,武汉大学出版社,2015。

〔美〕道格拉斯·C. 诺斯:《经济史中的结构与变迁》,陈郁、罗华平等译,上海三联书店,1994。

〔美〕诺斯:《制度、制度变迁与经济绩效》,杭行译,格致出版社,2014。

〔美〕盖瑞·J. 米勒:《管理困境》,王勇等译,格致出版社,2014。

〔美〕罗纳德·哈里·科斯:《论生产的制度结构》,盛洪、陈郁译,上海三联书店,1994。

〔美〕奥利弗·E. 威廉姆森、西德尼·G. 温特:《企业的性质:起源、演变和发展》,姚海鑫、邢媛媛译,商务印书馆,2007。

〔美〕A. 阿尔钦、H. 登姆塞茨:《生产、信息费用与经济组织》,载〔美〕科斯等编《财产权利与制度变迁》,刘守英等译,上海人民出版社,2004。

〔美〕柯武刚、史曼飞，《制度经济学》，韩朝华译，商务印书馆，2000。

唐绍欣：《非正式制度经济学》，山东大学出版社，2010。

王文贵：《互动与耦合：非正式制度与经济发展》，中国社会科学出版社，2007。

〔英〕肯·宾默尔：《博弈论与社会契约》，王小卫、钱勇译，上海财经大学出版社，2003。

李兰：《中国企业家成长15年：1993—2008中国企业家成长与发展报告（上）》，机械工业出版社，2009。

罗长海：《企业文化学》，中国人民大学出版社，1999。

罗长海、林坚：《企业文化要义》，清华大学出版社，2003。

刘光明：《企业文化》，经济管理出版社，2006。

陈佳贵主编《企业管理学大辞典》，经济科学出版社，2000。

彭德琳：《新制度经济学》，湖北人民出版社，2002。

赵曙明：《企业文化与企业管理》，中国人事出版社，1995。

忻榕、徐淑英：《国有企业的企业文化：对其维度和影响的归纳性分析》，北京大学出版社，2004。

〔美〕布罗姆利：《经济利益与经济制度》，陈郁译，上海人民出版社，2007。

张宇燕：《经济发展与制度选择——对制度的经济分析》，中国人民大学出版社，1992。

〔日〕青木昌彦：《什么是制度？我们如何理解制度？》，周黎安等译，《经济社会体制比较》2000年第6期。

程民选、罗后清：《企业和谐的实质及其文化支撑》，《当代经济研究》2010年第11期。

李永刚：《文化如何成为经济学研究的对象》，《经济学家》2002年第2期。

李新苗：《加强企业文化构建，促进企业和谐发展》，《山西工人报》2007年12月26日。

肖利平：《培育共享价值观构建和谐企业第五届全国企业文化年会即

将举行》，《中外企业文化》2006 年第 11 期。

杨雨诚、唐欢庆：《企业文化理论综述》，《中外企业家》2006 年第 8 期。

赵曙明、裴宇晶：《企业文化研究脉络梳理与趋势展望》，《外国经济与管理》2011 年第 10 期。

沃伟东：《企业文化的经济学解释》，博士学位论文，复旦大学，2006。

草原：《从“经济人”到“复杂人”——企业文化源流及发展》，《企业文化》2003 年第 8 期。

宋联可：《构建和谐企业文化的 H－H 模型》，《企业文明》2008 年第 3 期。

韩佳泉、刘欣凯、隋玉林：《国内企业文化研究综述》，《黑龙江电力》2005 年第 6 期。

胡晓清：《中国构建现代企业制度的社会文化困扰》，《管理世界》1998 年第 3 期。

路维春：《关于企业文化的几点思考》，《中国统计》1999 年第 10 期。

吴臣军：《企业文化与企业制度》，《合肥工业大学学报》（社会科学版）2004 年第 2 期。

李晓华、吴元元：《企业理论、企业文化与员工激励》，《兰州商学院学报》2006 年第 6 期。

袁媛、王孟钧：《基于核心竞争力的建筑企业文化构建》，《现代管理科学》2006 年第 3 期。

于风雨：《企业文化与核心竞争力》，《商业经济》2006 年第 1 期。

郑宏星：《企业核心能力的文化基础：制度的视角》，《理论界》2007 年第 3 期。

罗志荣：《大力构建中国特色社会主义企业文化——中外企业文化 2008 南宁峰会综述》，《企业文明》2008 年第 12 期。

李国强、周顺栋：《对企业文化构建的几点思考》，《中国科技信息》2005 年第 22 期。

孙慧阳：《构建中国特色的企业文化》，《商业经济》2006 年第 1 期。

李永刚:《文化如何成为经济学研究的对象》,《经济学家》2002 年第 2 期。

周欢:《企业文化测评研究综述》,《价值工程》2008 年第 4 期。

王国顺:《企业文化测量模型研究——基于 Dension 模型的改进及实证》,《中国软科学》2006 年第 3 期。

严跃英:《浅谈构建现代企业制度下的和谐企业文化》,《科技情报开发与经济》2005 年第 24 期。

陈勇:《企业文化与和谐社会构建的理论思考》,《广西社会科学》2007 年第 7 期。

李正光:《浅谈和谐企业的文化基因》,《大庆社会科学》2005 年第 5 期。

屈燕妮:《论和谐社会中的和谐企业文化构建》,《内蒙古财经学院学报》2006 年第 3 期。

肖湘:《构建和谐企业文化的三大基石》,《企业改革与管理》2005 年第 6 期。

宋联可、杨浩:《和谐企业文化内涵与构建研究述评》,《江苏商论》2008 年第 10 期。

程良波、林成景:《和谐企业文化构建初探,集团经济研究》2007 年第 6 期。

宋联可、杨浩:《和谐企业文化内涵与构建研究述评》,《江苏商论》2008 年第 10 期。

孟凡驰:《企业和谐文化与企业社会责任》,《企业文明》2007 年第 12 期。

黄少安、伟倩:《合作行为与合作经济学:一个理论分析框架》,《经济理论与经济管理》2011 年第 2 期。

〔美〕诺斯:《新制度经济学及其发展》,《经济社会体制比较》2002 年第 5 期。

曾小华:《论文化变迁与制度变迁的互动关系》,《中共杭州市委党校学报》2005 年第 5 期。

王金南等：《中国环境政策》，中国环境科学出版社，2009。

〔美〕普特曼、克罗茨纳：《企业的经济性质》，孙经纬译，上海财经大学出版社，2000。

李治：《企业家与诺斯的制度变迁理论》，《生产力研究》2010 年第 10 期。

姜立杰：《美国工业城市环境污染及其治理的历史考察（19 世纪 70 年代－20 世纪 40 年代）》，硕士学位论文，东北师范大学，2002。

〔美〕T. W. 舒尔茨：《制度与人的经济价值的不断提高》，载科斯等编《财产权利与制度变迁》，刘守英等译，上海人民出版社，2004。

杨慧辉：《企业公民与企业价值最大化》，《集团经济研究》2006 年第 1 期。

王阳：《基于社会责任的公司治理模式重塑》，《北师大学报》（社会科学版）2009 年第 1 期。

马智、胜马勇：《试论正式制度和非正式制度的关系》，《江西社会科学》2004 年第 7 期。

唐绍欣：《传统、习俗与非正式制度安排》，《江苏社会科学》2003 年第 5 期。

张雄：《习俗与市场——从康芒斯等人对市场习俗的分析谈起》，《中国社会科学》1996 年第 5 期。

马智、胜马勇：《试论正式制度和非正式制度的关系》，《江西社会科学》2004 年第 7 期。

郭小聪、程鹏：《非正式制度的管理效能及其构建》，《广东行政学院学报》2005 年第 2 期。

王铭洁：《论〈资本论〉中的企业性质——马克思企业理论与西方企业理论的比较分析》，《现代物业》（中旬刊）2010 年第 4 期。

费方域：《企业的契约性质——张五常的企业理论评介》，《外国经济与管理》1996 年第 12 期。

曹艳：《企业文化大盘点之四 企业文化定义种种》，《商业文化》2006 年第 2 期。

罗志荣：《大力构建中国特色社会主义企业文化——中外企业文化2008南宁峰会综述》，《企业文明》2008年第12期。

李艳华、凌文辁：《从新制度经济学看企业文化的性质和功能》，《兰州学刊》2006年第6期。

郭毅：《马克思的企业性质观》，《经济学家》2006年第4期。

刘思华：《马克思再生产理论与可持续经济发展》，《马克思主义研究》1999年第3期。

张秀英：《近代中国公司制度的发展历程》，《广州师范大学学报》2001年第6期。

沈志渔、谬荣：《企业制度改革三十年：回顾与展望》，《首都经济贸易大学学报》2008年第6期。

欧绍华等：《中国企业文化建设的历程与思考》，《中外企业文化》2011年第1期。

王宁、郭伟：《纺织企业文化测度模型构建——以陕西为例》，《西安财经学院学报》2010年第3期。

黎群、唐艳：《企业制度与企业文化的相互渗透》，《中国电力企业管理》2004年第12期。

吉萍：《传统文化中的和谐观念与企业文化构建》，《云南社会科学》，2001。

洪驰：《论传统文化中的和谐理念与企业文化构建》，《中北大学学报》（社会科学版）2008年第6期。

孔泾源：《中国经济生活中的非正式制度安排》，《经济研究》1992年第7期。

严汉平、白永秀：《经济学视野下关于“制度”的文献综述》，《山西师大学报》（社会科学版）2006年第11期。

宋天和：《论行政发展观与和谐发展理念的本质及关系》，《行政论坛》2010年第1期。

黎群：《从新制度经济学谈企业文化的功能》，《中外企业文化杂志》1999年第6期。

徐全忠:《企业文化的构建》,《现代企业教育》2003 年第 1 期。

谢梦珍:《谈传统伦理观念与现代企业文化的融合》,《商业时代》2006 年第 23 期。

赖艳梅:《企业文化与企业核心竞争力》,《中国民营科技与经济》2008 年第 4 期。

张勉、张德:《组织文化测全研究述评》,《外国经济与管理》2004 年第 8 期。

杨艳英:《企业文化的经济效益分析》,《经济界》2003 年第 4 期。

范战江:《我国的劳动争议及其对策》,《经济研究参考》1986 年第 82 期。

陈佳贵主编《中国工业发展报告》,经济管理出版社,1997。

吴星星等:《企业社会责任与经济绩效的关系分析》,《科技情报开发与经济》2006 年第 11 期。

孟令军:《劳资关系的文化视角》,《工会理论与实践 – 中国工运学院学报》2002 年第 1 期。

饶静安、张衔:《企业文化演进发展的回顾与思考》,《管理现代化》2011 年第 4 期。

赵曙明、裴宇晶:《企业文化研究脉络梳理与趋势展望》,《外国经济与管理》2011 年第 10 期。

仝广杰:《透析现代企业文化的塑造》,《大众科技》2005 年第 12 期。

饶静安:《企业文化的形成与演进的博弈分析及启示》,《经济纵横》2009 年第 8 期。

杨鹏:《构建和谐文化构建和谐社会》,《理论导报》2007 年第 7 期。

曹德本:《和谐文化模式论》,《清华大学学报》(哲学社会科学版)2000 年第 3 期。

寇东亮:《和谐文化:依据、主旨与内核》,《华北水利水电学院学报》(社会科学版)2008 年第 5 期。

寇东亮:《“和谐文化”的三重意蕴》,《郑州大学学报》(哲学社会科学版)2007 年第 2 期。

肖艳：《科学发展观与企业的和谐发展》，《企业经济》2009年第8期。

王鲜萍：《解读“企业公民”》，《上海企业》2004年第4期。

汪若涵：《IBM：从“企业公民”到“中国公民”——访原IBM公司大中华区总裁周伟琨》，《时代经贸》2004年Z1期。

寒冬：《解读科学发展观》，《企业文化》2008年第3期。

彭建仿：《刍议客户共生管理》，《商业时代》2005年第11期。

吴飞驰：《企业的共生理论——我看见了看不见的手》，人民出版社，2002。

朱玉强、齐振宏、方丽丽：《工业共生理论的研究述评》，《工业技术经济》2007年第12期。

刘俊海：《公司的社会责任》，法律出版社，1999。

孙晓：《利益相关者理论综述》，《经济研究导刊》2009年第2期。

贾晓慧：《企业理论的演进与企业社会责任观的发展》，《兰州学刊》2008年第5期。

江若玫、靳云汇：《企业利益相关者理论与应用研究》，北京大学出版社，2009。

唐纳森、邓菲：《有约束力的关系——对企业伦理学的一种社会契约论的研究》，上海社会科学院出版社，2001。

李建德：《经济制度演进大纲》，中国财政经济出版社，2000。

宋联可：《构建和谐企业文化的H－H模型》，《企业文明》2008年第3期。

宋宝昌：《企业文化的同心圆模式》，《企业文化》2003年第12期。

何事忠：《构建和谐文化要处理好的若干关系》，《领导科学》2006年第23期。

张秀芬：《核心价值体系的终极指向》，《社会主义论坛》2007年第5期。

丁宁：《从生态学看企业文化的生存与发展》，《中外企业文化》2005年第2期。

欧绍华等：《中国企业文化构建的历程与思考》，《中外企业文化》2011年第1期。

李磊：《时代精神与民族传统的汇融——中国企业文化构建的历史回顾与思考》，《中国劳动关系学院学报》2007 年第 4 期。

张平：《企业文化构建中政府的定位与作用》，《经济论坛》2002 年第 7 期。

刘辉文、张幼铭：《企业文化的性质和作用》，《浙江大学学报》（人文社会科学版）2002 年第 4 期。

贾修启：《加强企业文化构建促进企业和谐发展》，《现代商业》2008 年第 29 期。

陈春花：《企业文化的改造与创新》，《北京大学学报》（社会科学版）1999 年第 3 期。

韩存仓：《企业文化构建评价指标体系的构建》，《现代企业教育》2007 年第 8 期。

许安心、易爱娣：《零售业企业的企业文化评价指标体系构建与实证分析》，《技术经济》2011 年第 7 期。

张宇燕：《经济发展与制度选择——对制度的经济分析》，中国人民大学出版社，1992。

占德干、张炳林：《企业文化构架的实证性分析：对四个不同类型企业的调查与分析》，《管理世界》1996 年第 5 期。

林娜：《中日美三国企业管理差异的社会文化渊源》，《管理世界》1986 年第 6 期。

胡晓清：《中国构建现代企业制度的社会文化困扰》，《管理世界》1998 年第 3 期。

王利平：《中国组织管理过程中的传统文化因素》，载《第四届两岸文化与经营管理学术研讨会论文集》，人民大学出版社，2000。

仲伟周、黄丹：《企业文化理论的兴衰演变及其启示》，载《第四届两岸中华文化与经营管理学术研讨会论文集》，人民大学出版社，2000。

张颢、吴雷、李郭继弘：《企业文化过程评价机制探索》，《中小企业管理与科技》（中旬刊）2018 年第 12 期。

孙金梁：《建立和完善企业文化建设评价体系》，《中国电信业》2015

年第 12 期。

梁显忠、张健楠、赵宏杰:《和谐企业文化评价模型的建立》,《价值工程》2011 年第 30 期。

谢玉国、邹珊刚:《人本和谐企业文化建设的模糊综合评价研究》,《武汉理工大学学报》(信息与管理工程版)2008 年第 4 期。

王建军:《企业文化评价理论研究综述》,《企业管理》2019 年第 5 期。

邵强、王骁洋:《石油装备制造企业文化建设评价》,《辽宁工程技术大学学报》(社会科学版)2017 年第 19 期。

Pascale Richaid Tanner and Athos Anthony G. , *The Art of Japanese Management*, London : Allen Lane, 1982.

Allan Williams Paul Dobson Mike Walters, *Changing Culture*, Institute of Personel Management, 1989.

PamelaS. Lewis, Stephen. H. Goodman, Patrieia. M. Fandt, *Management Challenges in 21st Centurt*, West Publishing ComPany, 1995.

Nicolis Prigogine, *Self-Organizationin Nonequilibrium System*, *From Dissipative Structures to Orderthrough Fluctuations*, New York: Wiley, 1977.

Peter M. Senge, *The Fifth Discipline*: *The Art and Practice of The Learning Organization*, Random House Business, 2006.

Kim S. Cameron, Robert E. Quinn, Diagnosing and Changing Organizational Culture: Based on The Competing Values Framework, San Francisco: Jossey Bass, 2011.

Kotter J. P. & Heskett. J. L. , *Corporate Culture and Performance*, Simon & Schuster, 1992.

Edgar H. Schein, *Coming to a New Awareness of Organizational Culture*, Sloan Management Review, 1984.

Peters Thomas J. , and Watereman H. Robert, *In Search of Excellence Lessons from Americans Best-Run Companies*, Waterman: Jr Warner Books, 1984.

Deal. T. E. , and Kennedy A. , *Corporate Cultures*: *The Rites and Rituals of Corporate Lifecambridge*, MA: Addison-Wesley Reading, 1982.

Ouchi W. G. , Theory Z. , *How American Business Can Meet The Japanese Challenge*, *New Jersey*: *Addison-Wesley*, 1981.

Schein E. H. , *Orgnizational Culture and Leadership*, San Francisco: Jossey - Bass, 1985.

Hofstede, Geert. Neuijen, Bram. et al. , "Measuring Organizational Cultures: A Qualitative and Auantitative Study Across Twenty Cases," *Administrative Science Quarterly* 35 (1990) .

Lewin. klippit and White, R. K. , "Patterns of Aggressive Behavior Inexperimentally Created Social Climate," *Journal of Social Psycholigy* 10 (1939) .

Denison D. R. , "What Is The Difference Between Organizational Culture and Organizational Climate A Native' Point of View on Adecade of Paradigm Wars," *Academy of Management Review* 21 (1996) .

Schein E. H. , "Culture The Missing Concept In Organization Studies," *Administrative Science Quarterly* 14 (1996) .

Sackman S. A. , "Uncovering Culture in Organizations," *Journal of Applied Behavioral Science* 27 (1991) .

Hatch M. , "The Dynamice of Organizational Culture," *Academy of Management Review* 18 (1993) .

Cox T. , *Cultural Diversity in Organization*: *Theory and Practice*, San Francisco: Barret - Koehler, 1994.

Kotter, John P. , and Heskett, James L. , *Culture and Performance*, New York: Simon & Schuster Adule, 1992.

Martin Joanne, Organizational Culture: Mapping The Terrain, *Thous and oaks*: *Sage Publications*, 2002.

Denison D. R. , A. K. Mishra, "Toward A Theory of Organization Culture and Effectiveness," Organization Science 6 (1995) .

Xenikou A. , A. , Furnham A . , "Correlation and Factor Analytic Study of Four Questionnaire Measures of Organizational Culture," *Human Relation* 3 (1996) .

致 谢

时光荏苒，几载寒暑，在求学道路上一路走来，蓦然回首，百感交集，有苦有乐，有泪水亦有欢笑。

本书的写作对我来说是一个巨大的挑战，怀疑自己能否完成，犹豫自己要不要继续，忐忑自己的写作水平，困惑一些自己搞不懂的问题，郁闷于写偏了方向要重新写，沮丧于编辑指出的缺陷与不足，惊喜于终于通过评审……可以说本书的写作让我尝遍了人生的五味。掩卷回想，百般滋味俱上心头，让我久久难以释怀。我相信这将是我一生中永远难忘的经历，也将是我人生中最宝贵的财富。回想、品味、总结，它让我跌跌撞撞、连滚带爬地完成了人生的一个小小成就，上了一个新的台阶，有了继续学术研究与写作的信心，我想这只是一个开始，虽然有点晚了。

回过头来，才明白导师的一片良苦用心，正是他的严格要求，才成就了现在的我，所有的付出在这一刻都是值得的。所以，我首先要感谢我的恩师张衔教授，感谢他领我走进了学术研究大门，是他告诫我要以神圣的态度对待学习和研究，是他的悉心指导让我渐渐找到写作的方向和方法。恩师渊博的知识、严谨的治学态度和孜孜以求的钻研精神我将永铭于心，这激励我继续前行。感谢我博士期间所有的授课老师，朱方明教授、李天德教授、蒋永穆教授，是他们的指导让我在学识、学养、学术上一点点进步，直至顺利完成所有学业。

感谢我的领导陈驰院长一直以来的大力支持，感谢我的同事和团队伙伴董朝霞教授、林胜强教授的鼓励和不遗余力的帮助，感谢社会科学文献出版社政法传媒分社总编辑曹义恒、责任编辑岳梦夏，在整个出版过程中给予了耐心细致的帮助，也感谢我的师弟师妹们：吴海贤、许清清、王帅……是他们不吝相助，让我少走了许多弯路。特别是吴海贤给予我写作很多建设性的意见和建议，使我获益良多。

感谢我的父母、爱人、儿子以及好友，是他们的鼓励和支持才使我能够有足够的信心、时间和精力去完成写作。

最后再次感谢所有给予过我帮助和支持的老师、同学、亲人和朋友，感谢你们，我将在今后的工作和学习中加倍努力来回报您们的深情和厚爱。

2020 年 7 月 27 日于家中

图书在版编目(CIP)数据

新时代和谐企业文化研究 / 饶静安著. -- 北京：社会科学文献出版社，2020.8

ISBN 978 - 7 - 5201 - 6960 - 8

Ⅰ.①新… Ⅱ.①饶… Ⅲ.①企业文化 - 研究 Ⅳ.①F272 - 05

中国版本图书馆 CIP 数据核字（2020）第 134550 号

新时代和谐企业文化研究

著　　者 / 饶静安

出 版 人 / 谢寿光
责任编辑 / 岳梦夏

出　　版 / 社会科学文献出版社 · 政法传媒分社（010）59367156
地址：北京市北三环中路甲 29 号院华龙大厦　邮编：100029
网址：www. ssap. com. cn
发　　行 / 市场营销中心（010）59367081　59367083
印　　装 / 三河市龙林印务有限公司

规　　格 / 开　本：787mm × 1092mm　1/16
印　张：15.5　字　数：237 千字
版　　次 / 2020 年 8 月第 1 版　2020 年 8 月第 1 次印刷
书　　号 / ISBN 978 - 7 - 5201 - 6960 - 8
定　　价 / 99.00 元